国家社科基金
后期资助项目
GUOJIA SHEKE JIJIN HOUQI ZIZHU XIANGMU

犯罪事实调查制度研究

—— 新制度主义政治学的视域

Study on the Institution of Investigating Crime Truth：
the View of New Institutionalism in Political Science

朱德宏　著

WUHAN UNIVERSITY PRESS
武汉大学出版社

图书在版编目(CIP)数据

犯罪事实调查制度研究:新制度主义政治学的视域/朱德宏著.
—武汉:武汉大学出版社,2024.6
ISBN 978-7-307-24229-6

Ⅰ.犯…　Ⅱ.朱…　Ⅲ.犯罪—研究—中国　Ⅳ.D924.04

中国国家版本馆 CIP 数据核字(2024)第 020534 号

责任编辑:田红恩　　责任校对:李孟潇　　版式设计:韩闻锦

出版发行:**武汉大学出版社**　(430072　武昌　珞珈山)
(电子邮箱:cbs22@whu.edu.cn　网址:www.wdp.com.cn)
印刷:武汉邮科印务有限公司
开本:720×1000　1/16　印张:14.25　字数:249 千字　插页:1
版次:2024 年 6 月第 1 版　　2024 年 6 月第 1 次印刷
ISBN 978-7-307-24229-6　　定价:78.00 元

自　　序

　　房龙说，不偏不倚的公正，只有在大自然中才能见到。人类社会组建国家，是超自然的政治现象。在不同的学说中，国家有不同的含义。在法律语词中，国家是保护公民权利的最高伦理政治体，既归属自然，又创造秩序。如果把加洛林纳刑法典比作一把寒峭的刀剑，那么拿破仑民法典可以被称为一首散文诗。人的生命、健康、爱情、情感、财产，既是散文诗诗行，也是刀剑下的盲点。有犯罪就会有刑罚。刑罚指向的条件是犯罪行为，即犯罪行为明确，犯罪行为人唯一，刑事责任主体特定。

　　思想征服刀剑，文明代替野蛮。刑事诉讼制度的历史演进，证明了现代刑事诉讼程序正义体现了自然法思想，也体现了国家查明犯罪事实真相的实定法价值。在刑事诉讼中，国家权力与公民权利的力量对比，不是零和博弈，而是诉讼地位平等原则下查明事实真相的同比合作。即使被告人行使沉默权，也是一种合作方式。

　　查明犯罪事实是国家义务。查明犯罪事实真相和查获行为人是人类维护良善秩序、实施刑罚的必要条件。在知识分解为不同学科的时代，各学科的研究范式相互之间有着明显的区别。现代跨学科学术研究，就是运用其他学科的研究范式，研究本学科的学术对象。任何研究范式都是有限性方法。在有限的和确定的研究方法和研究对象内，我们会假设无穷客体的存在，但我们研究特定客体，以为我们证明某些原理的可证明性。

　　犯罪事实调查制度是我二十年来关注的主题。犯罪事实的认定是国家权力认定的事实。国家权力不仅是法律研究的主题，也是政治学、社会学等其他人文社会科学研究的主题。因而，跨学科研究，既为难越，亦可从头越。新制度主义政治学学说不是一个整体性的证明，而是数个独立或合并而成的学说构成的散光体，是一个松散的学说体系。选择政治学新制度主义学说其中之一学说，解释犯罪事实调查制度中的某一问题，这样，虽缺乏整体流线性美感，但可以分类别、立体式地为研究主题配置逻辑自洽的研究方法。政治学新制度主义方法论为本课题研究提供了犯罪事实调查制度的变迁、制度相关人行为、制度后果、对犯罪事实调查制度的影响等解释方法。

运用这类整体但分立的学说，解释一个法律现象，可以观察到法律思维外的不同景观！

是为序。

朱德宏

2022 年 11 月于赭山

目 录

绪　　论

一、本书的研究目的

学科的融合是建立在学科分化和学科成熟的基础上的。新制度主义政治学进行理论整合过程中，大量借鉴其他社会科学学科最新理论发展，在一个学术转换的过程中形成当代政治学理论和政治学方法论。社会科学本质上是贯通的，打破学科界限进行合作有助于学术和学科的发展。总体上来说，我国学者对新制度主义政治学的关注和研究，主要建立在对国外新制度主义政治学理论的译介和评论基础上，更倾向于对正式制度的研究，而且研究者们所关注的问题多以历史制度主义政治学为主并以该理论应用于探讨中国的实际问题。① 在法律研究领域，我们必须面对日益复杂的现实问题，我们必须关注中国问题。犯罪事实调查制度绩效是一个具有世界性的普遍课题，也是中国法律的特殊性问题。我国的刑事诉讼程序在调查犯罪事实方面的制度，包括侦查制度、检察审查制度和司法裁决案件事实制度，都是在中国法律文化的历史长河中积淀而成，又汲取现代法治国家中有利于查清犯罪事实的刑事诉讼程序制度的优点建立起来的。

"法律就是地方性知识；地方在此处不只是指空间、时间、阶级和各种问题，而且也指特色，即把对所发生的事件的本地认识与对可能发生的事件的本地想象联系在一起。"②根据社会学制度主义观点，制度寓含于文化之中。任何法律的形成和发展都是文化培植的结果。将法学理论研究的领域拓宽到制度领域，体现了文化理性的回归。将新制度主义政治学方法运用于犯罪事实调查制度的研究，探寻作为一种"谈判社会"(negotiation

---

① 岳海涌：《新制度主义政治学发展趋势跟踪研究》，载《兰州交通大学学报》2010 年第 2 期，第 2 页。

② [美]克利福德·吉尔兹：《地方性知识：事实与法律的比较透视》，邓正来译，梁治平编：《法律的文化解释》(增订本)，生活·读书·新知三联书店 1998 年版，第 126 页。

society)的理论,① 对于犯罪事实调查制度的解释意义,置于制度系统的背景中分析,才能探究该制度的本质特征。借鉴新制度主义政治学方法论研究犯罪事实调查制度,分析、阐述我国现存犯罪事实调查制度存在的合理性及其非理性问题,是本书研究的价值和目的所在。

二、本书的研究方法

1949 年以后,刑事诉讼法学的研究方法经历了以下几个发展阶段:(1)研究方法意识形态化:阶级分析法的一元统治;(2)个性化研究方法的初步探索:注释研究方法的普遍化;(3)研究方法多元化努力:比较研究方法的推广、理论联系实际与实证分析方法、阶级分析方法、价值分析方法、结构功能分析方法、比较研究方法、综合研究方法;(4)以经验事实为核心展开的实证研究方法。目前,学界普遍运用的研究方法有:(1)注释方法到概念推演和理论辨析,不太重视资料的收集和数据的分析,也较少注重某种理论在实践中的可行性与操作性;(2)比较研究方法,通过对两种或多种刑事诉讼制度之间进行对比,特别是对中外刑事诉讼制度的比较,以期探寻刑事诉讼的一般规律,发现我国诉讼制度存在的不足和差距,试图通过立法方式完善刑事诉讼制度,包括犯罪调查制度;(3)实证研究方法,借鉴社会学田野调查研究方法,提高法律在实践中的可操作性和实用性,以解决“实践反对理论”的悖论。通过具体的审判实例(判例)、问卷调查、定量分析、跟踪调查以及司法实践办案经验总结等方法,剖析程序的价值、证据的运用原理,构建能够合理地解释司法实践的理性刑事诉讼理论。② 研究方法总体呈现出整体主义方法论,关注于制度的静态构想,立法完善,而对于制度构成背后,制度行动者的行为缺乏动态研究,始终解释不了为什么立法如此而实践运作却如彼,即理论与实践缺失法律秩序意义上的动态协调。甚至专注于立法语言的规范而忽略了语言张力在实践中的涵括力。如威胁、利诱的讯问方法是否属于非法讯问的问题上,学术界的研究就呈现难以为实践运作所接受的状态。法学研究和法治实践的偏离表现在,法学研究主题缺少对中国现实问题的应有关注,法学研究的语境远离中国社会的实际场景,法学研究中潜含着法学人刻意疏离法治

---

① 　[英]简·埃里克·莱恩:《公共部门:概念、模型与途径》(第 3 版),谭功荣等译,经济科学出版社 2004 年版,第 207 页。

② 　参见樊崇义:《迈向理性刑事诉讼法学》(修订版),中国人民公安大学出版社 2020 年版。

实践的姿态。① 近三十年尤其是近十多年来，中国法学家尤其是法学教授，业已成为最主要、最重要的法学知识生产主体。法学院已成为知识生产的基础园地。几乎所有主流的法学理论都存在并运行着作为体系支撑与核心的"元理论"。它们通常表现为一些基本的概念、价值或原则。这些"元理论"构成整个法学知识体系的核心因素，成为一切非元理论的理论、知识的推演出发点和依赖中心；其他理论和知识都受其支配或影响。② 从理论解析和实践需求看，刑事诉讼理论和刑事证据理论的研究方法和理论思维视角，应当发生转型，谋求理论与实践的一致性。

我国法律体系形成过程的特点，造就了同时期法学研究的"立法中心主义"特征，具体表现为以功能设计与规范建构为路径的立法论研究范式、大规模引进域外立法材料引致的外源型研究范式、基于立法引导型建构的学术导向范式。这种"立法中心主义"的研究为法律体系的建构和充实作出了重大贡献。然而，社会主义法律体系形成后，"体系前研究范式"隐含的学术缺陷也日益明显，难以满足法治不断发展的需求，有必要向"体系后研究范式"转型。在建构体系后研究范式时，宜确立以中国问题为中心的学术取向，立足中国场景发现和讨论中国问题，基于平等心态拓展法学知识的域际交流，赋予解释论研究以应有的时代使命。③ 因此，研究包括犯罪事实调查制度在内的法学课题所运用的方法，必须从"后立法"时代的法律规则的有效性及其影响其有效性的各种制度环境中，寻找问题的理论解释原理。本书以新制度主义政治学方法论为分析研究的方法，试图解释犯罪事实调查制度有效性的各种制度子系统因素，分别运用了理性选择制度主义、历史制度主义、社会学制度主义、话语制度主义等方法论，根据新制度主义国家的责任伦理，分析、阐述我国犯罪事实调查制度体系。

三、本书的研究内容

1949 年至 1979 年，我国对于犯罪事实调查行为的规范依赖于条例和行政规章、行政命令。1979 年《刑事诉讼法》颁布施行，犯罪事实调查制度分别由侦查机关(部门)侦查(调查)和法庭调查制度构成。此时的刑事诉讼法是为刑法服务、打击犯罪的手段。学界在此时的研究以教科书为主

---

① 参见顾培东：《也论中国法学向何处去》，载《中国法学》2009 年第 1 期。
② 左卫民：《迈向实践：反思当代中国刑事诉讼知识体系》，载《中外法学》2011 年第 2 期，第 399 页。
③ 参见陈甦：《体系前研究到体系后研究的范式转型》，载《法学研究》2011 年第 5 期。

要研究成果，研究方法以注释法学为主，研究方向以苏联"阶级意识"法律观为主体。[①] 刑事诉讼立法和司法奉行一切为了并服从于惩罚犯罪的片面的一元刑事诉讼目的观。在进入 20 世纪 90 年代以后，伴随公民权利意识的萌发，刑事诉讼理念发生演进，逐渐在所形成的各种二元甚至多元的刑事诉讼目的观中确立起"人权保障"的诉讼观念。[②] 自 1994 年以后，我国社会结构和政治治理方式发生转折性变迁，即与由计划经济向市场经济转型相适应的法律体系和政治制度体系的变迁。刑事诉讼法学研究在"市场经济即法制（治）经济"的理论鼓吹下，开始专注于刑事审判方式的改革，以契约和平等观念，扩展辩护方辩护权，强化法庭审判中对犯罪事实调查的策略和技术，由"审问式"向"控辩式"变革。[③] 1996 年《刑事诉讼法》修改实施，法官的职权性调查证据和事实弱化。庭审方式是一种具有中国特色的混合式庭审方式，是中国传统所固有的制度因素、现代职权主义以及当事人主义三大要素的糅合。[④] 法庭对犯罪事实的调查专注于控辩双方提交到法庭的证据及其证明的案件事实的调查。具有开拓性的审判方式的制度性原理及其规律的研究拓新了刑事审判的政治价值。[⑤]

1996 年《刑事诉讼法》实施后，以抽象、哲理性的价值观对刑事诉讼程序的工具性价值提出反思，借鉴英美法系国家的刑事诉讼程序正义和人格尊严的诉讼价值理论，纠正"重实体、轻程序"的观念和做法。[⑥] 但是刑事诉讼法的保证实体法正确实施的第一价值观仍然普遍存在。[⑦] 刑法正确实施的前提是犯罪事实必须清楚，程序工具价值观未能为查清犯罪事实作出学术贡献和实践指引。刑法理论和实践本体性问题是一个历时持续性的理论纷争的问题，[⑧] 而这些问题必须在程序中注入多主体参与机制，即程

---

① 张子培主编：《刑事诉讼法教程》，群众出版社 1982 年版；裴苍龄主编：《刑事诉讼法学概论》，兰州大学出版社 1988 年版；李学宽主编：《刑事诉讼法学》，科学技术文献出版社 1988 年版；樊凤林主编：《刑事诉讼法学》，中国人民公安大学出版社 1998 年版。

② 参见宋英辉：《刑事诉讼目的论》，中国人民公安大学出版社 1995 年版。

③ 参见程味秋：《庭审方式之比较》，载《政法论坛》1996 年第 4 期。

④ 参见龙宗智：《相对合理主义》，中国政法大学出版社 1999 年版，第 238~239 页。

⑤ 参见陈瑞华：《刑事审判原理论》，北京大学出版社 1997 年版；陈卫东：《刑事二审程序论》，中国方正出版社 1997 年版。

⑥ 参见陈瑞华：《程序正义论——从刑事审判的角度分析》，载《中外法学》1997 年第 2 期；陈瑞华：《程序正义的理论基础——评马修的〈尊严价值理论〉》，载《中国法学》2000 年第 3 期。

⑦ 李忠诚：《中国法学会诉讼法学研究会'97 年会综述（刑事诉讼部分）》，载《中国法学》1998 年第 1 期，第 121 页。

⑧ 参见张明楷：《刑法的基本立场》，中国法制出版社 2002 年版。

序民主化因素，才能在个案中化解纷争。① 中国的刑诉法学在摆脱了真理论的框束，进入价值论的视野之后，面临着价值多元的选择性困惑。当刑事诉讼价值发生冲突时，一是应当避免将某一价值目标推向绝对化的价值倾向；二是需要通过冲突某一方或双方的相对牺牲或割让来实现。② 有学者从政治学的角度，从理论和实践两个方面剖析了刑事诉讼程序的内在价值冲突，论述了1996年刑事诉讼法的价值选择是兼顾效率与公平，以职权主义为基调，其诉讼模式构架是基于"相对工具主义程序理论"的制度设计。他们认为，只有把握这个基础，才能在实现刑事诉讼法双重任务过程中实现相对均衡的追求，才能正确地处理和协调其价值冲突，才能在实践上而不是在理论上，推进我国刑事诉讼制度科学化和民主化的进程。③

　　1999年和2004年，我国《宪法》修正案，规定了"建设法治国家""国家尊重和保障人权"。刑事诉讼作为国家公权力行使的典型场域，必然对公民自由、尊严、财产、隐私等基本权利造成侵害。刑事诉讼目的需强化人权保障意识，加强对人权尤其是被追诉者权利的保护，确保国家公权力的规范行使、公民合法权利保障的有效实现，增加诉讼的透明度，以使我国刑事诉讼制度更加科学、民主，体现人文精神，更加符合国际刑事司法发展的潮流。④ 蕴含在实体和程序公正制度中的犯罪事实调查制度的公正性要求，首先否定了国家权力可以不择手段地"查明事实真相"，因而改革和完善我国的侦查权力运行模式是实现司法公正的客观需要。⑤ 在理论研究和实务操作方面应该奉行"相对合理主义"的方法论，⑥ 即从技术到制度，只能采取一种条件论的、渐进的、逐步改良的方式，追寻的目标只能是"不求最好，只求较好"。犯罪事实调查制度中的侦查制度和审判制度改革，应奉行着相对合理主义模式，应当注意多元价值和灵活的权力技术问题。

---

① 参见谢佑平等：《刑事诉讼法原则：程序正义的基石》，法律出版社2002年版。

② 参见李文健：《转型时期的刑诉法学及其价值论》，载《法学研究》1997年第4期。

③ 参见张正德：《刑事诉讼法价值评析》，载《中国法学》1997年第4期。

④ 参见孙孝福等编：《刑事诉讼人权保障的运行机制研究》，法律出版社2001年版；张品泽：《人本精神与刑事程序——人权保障的一种探索》，中国人民公安大学出版社2006年版。

⑤ 参见宋英辉等：《刑事审判前程序研究》，中国政法大学出版社2002年版；谢佑平、万毅：《刑事侦查制度原理》，中国人民公安大学出版社2003年版；叶青：《刑事诉讼证据问题研究》，中国法制出版社1999年版；陈永生：《侦查程序原理论》，中国人民公安大学出版社2003年版；陈卫东主编：《刑事诉讼法实施问题调研报告》，中国方正出版社2001年版。

⑥ 参见龙宗智：《相对合理主义》，中国政法大学出版社1999年版。

　　1996 年刑事诉讼法实施中的问题，特别是犯罪事实调查制度没有实现立法者设想的制度绩效，典型的冤案、错案引起社会强烈反响。学界研究了刑事错案的生成原因，① 研究了刑事诉讼行为包括犯罪事实调查行为的正当性及其理论基础。② 再次修改刑事诉讼法，保障犯罪事实调查制度实效性，扩大辩护方调查证据的权利和制度保障，成为学界关注的主题。③ 2007 年《律师法》修订，强化律师在刑事诉讼中调查取证的权利范围和制度保障，有学者专题研究辩护方（律师）调查取证权利。④ 2012 年、2017 年律师法经过二次再修订，辩护律师调查取证、申请调取证据制度依然保留。古今中外刑事诉讼的差别在于发现、揭露、证实犯罪的方法，进行刑事诉讼的手段是否文明、是否科学、是否合理、是否公正。中国刑事诉讼程序中犯罪事实调查制度是否以及能否实现现代化转型，关键是刑事诉讼法修改能否准确及时、文明、科学、合理、公正地查明事实真相。刑事诉讼法的直接目的为发现真实、保障人权，诉讼模式应以职权主义为基础，融合当事人主义的一些做法，扩大司法参与，确立程序本位和国际优位的思想。⑤ 学界主持研究刑事诉讼法再修改理论基础及其立法条文拟制稿，⑥ 为立法机关修改刑事诉讼法作出学术贡献。2018 年再次修改的刑事诉讼法，体现了保障人权为新时代主题的现代特征。

　　调取收集证据的方法在不同的刑事诉讼制度中称为调查或侦查。侦查的程序法含义大体可分为两种情形：一种是将一般调查与侦查加以区分，通过一般调查，如果犯罪成立，即由国家授权的侦查机关立案并实施专门调查和采取相应的强制性措施，立案后的专门调查活动称为侦查；另一种是在刑事诉讼程序中不区分调查与侦查，而将罪案调查活动统称为侦查。⑦ 在英美法国家，警检人员实施的调取收集证据的方法和律师调取收

① 参见张丽云主编：《刑事错案与七种证据》，中国法制出版社 2009 年版。
② 参见梁玉霞：《刑事诉讼方式的正当性》，中国法制出版社 2002 年版；邓云：《刑事诉讼行为基础理论研究》，中国人民公安大学出版社 2004 年版。
③ 参见樊崇义主编：《刑事诉讼法修改专题研究报告》，中国人民公安大学出版社 2004 年版。
④ 参见朱德宏：《辩护律师调查取证权研究》，中国人民检察出版社 2010 年版。
⑤ 参见樊崇义：《迈向理性的刑事诉讼法学》（修订版），中国公安大学出版社 2020 年版，第二篇。
⑥ 参见徐静村主编：《21 世纪中国刑事程序改革研究——〈中华人民共和国刑事诉讼法〉第二修正案（学者建议稿）》，法律出版社 2003 年版；陈光中主编：《中华人民共和国刑事诉讼法再修改专家建议稿与论证》，中国法制出版社 2006 年版；陈卫东主编：《模范刑事诉讼法典》，中国人民大学出版社 2005 年版；田文昌、陈瑞华主编：《〈中华人民共和国刑事诉讼法〉再修改律师建议稿》，法律出版社 2007 年版。
⑦ 徐静村：《侦查程序改革要论》，载《中国刑事法杂志》2010 年第 6 期，第 3 页。

集证据的方法，统称为调查（investigation）。我国侦查权属于国家专属权力，除法律规定外，任何机关和个人不得实施侦查行为。对于辩护律师调查取证行为价值的立法认知，仅仅限制于非侦查性质的调查取证，完全排斥刑事侦查双轨制模式的调查取证的制度价值，而且其实施的合法性只存在于审查起诉阶段和审判阶段。由于法官不介入审前程序，对审前程序的辩护律师调查取证制度不能够提供司法裁判保障，因而辩护律师只有在审判阶段的调查取证与法官具有法律上的联系。

犯罪事实调查主旨是调查、收集、确认能够证明犯罪事实成立及其刑罚程度的证据事实。证据制度是刑事诉讼程序价值的独特表现形式。① 刑事诉讼结构、价值、目的及诉讼主体行为方式通过刑事证据制度及证明制度体现出来。在刑事诉讼法学科理论体系基本形成阶段（1976—1990），不少教材或专著将我国现行的证据制度概括为"实事求是"的证据制度。许多学者认为，"实事求是"是执政党的思想路线，用它概括不贴切。于是提出了"循法求实""客观验证""择实使用""客观真实"等十多种概括方法。② 1996 年刑事诉讼法修改后，我国证据制度的理论基础发生争议，马克思辩证唯物主义认识论③和形式理性语境下的程序正义，都成为学术争辩的观点。④ 我国学界对证据制度的研究首先是反映在证据特征的学术争论中。证据合法性是否是诉讼证据的特性，反映了刑事诉讼的程序正义价值，也反映着犯罪事实调查制度的政治合法性。证据法学研究在理论与实践两方面加以研究。⑤ 学术界推进了证据立法进程。⑥ 在证明标准方面，客观真实与法律真实发生争议。2001 年全国诉讼法学年会与会代表讨论了"客观真实"论和"法律真实"论的刑事诉讼证明标准，认为证明标准应当考虑二者的兼顾。"法律真实"与"客观真实"具有共同的基础，即二者均是建立于证据之上的事实，且最终要用客观真实来检验法律真实。"法律真实"与"客观真实"之间不是对立的关系而是辩证统一关系，即整个刑

①　参见史立梅：《程序正义与刑事证据法》，中国人民公安大学出版社 2003 年版。

②　徐鹤喃：《从始点到起点——刑事诉讼法学 50 年回顾与前瞻（上）》，载《国家检察官学院学报》2000 年第 1 期，第 26 页。

③　参见陈光中、陈海光、魏晓娜：《刑事证据制度与认识论——兼与误区论、法律真实论、相对真实论商榷》，载《中国法学》2001 年第 1 期。

④　参见陈瑞华：《从认识论走向价值论——证据法理论基础的反思与重构》，载《法学》2001 年第 1 期。

⑤　樊崇义主编：《刑事证据法原理与适用》，中国人民公安大学出版社 2001 年版。

⑥　参见陈光中主编：《中华人民共和国刑事证据法专家拟制稿——条文、释义与论证》，中国法制出版社 2004 年版。

事诉讼过程均系在程序保护下的实体真实的发现、证明过程，二者同时存在，是刑事程序法与实体法共同运作的过程。① 证明标准的研究呈现多视角、多维度的研究，基本摆脱了单元性质的客观标准说。② 2012 年和 2018 年修正的刑事诉讼法规定"排除合理怀疑"对"证据确实、充分"的解释标准。学界认为，这是刑事诉讼法证明标准由客观真实转向排除合理怀疑的证明标准。但是，无论证明标准如何界定，案件事实认定需要科学、逻辑的证明论证和事实判断程序。③

证据法学理论基础的根本问题，在于形成体现现代证据属性和司法证明活动自身特殊性的具体认知理论；裁判事实与案件事实真相之间的关系具有或然性，应寻求适当法律程序与规则，以保障关于案件事实的认识在最大程度上符合或者接近客观存在的事实，即查明事实真相；应当走出以点带面的偏狭思维，而转向一种动态的证据概念，并在证据的真实性上强调当下社会认知条件所能达到的"真实（属实）"；基于狭义证明理论，裁判并非都以查明事实真相为必要条件和最终目的，但并不能因此而否定法官的照顾义务和消极的实质真实义务；证据法学的研究方法应是一个多元化的、开放性的、与时偕行的体系。④ 在理想与现实之间，探询案件事实和证据规范的关系。⑤

新制度主义政治学的话语制度主义学说认为，犯罪事实调查达到"事实清楚"的程度，是一个话语制度的解释概念。其实，在犯罪事实调查制度方面，我国 2018 年刑事诉讼法建立的认罪认罚从宽制度和现行的最高人民检察院试点的民营企业刑事合规不起诉制度，都是国家将调查犯罪事实的"真相"交由犯罪嫌疑人、被告人自己确认，进而减少国家犯罪事实调查错误的伦理成本和司法成本。尽管立法上和学术界认为认罪认罚从宽制度的目的是多元的——繁简分流、提高诉讼效率、宽严相济、保护人权、"有利于合理配置司法资源，确保无罪的人不受刑事追究，维护当事

---

① 安文录：《2001 年全国诉讼法学年会综述（刑事诉讼法学部分）》，载《政治与法律》2002 年第 1 期，第 111 页。

② 见熊秋红：《对刑事证明标准的思考——以刑事证明中的可能性和确定性为视角》，载《法商研究》2003 年第 1 期；张继成、杨宗辉：《对"法律真实"证明标准的质疑》，载《法学研究》2002 年第 4 期；何家弘：《司法证明标准与乌托邦——答刘金友兼与张卫平、王敏远商榷》，载《法学研究》2004 年第 2 期。

③ 参见张若枫：《刑事审判认识论》，中国人民公安大学 2022 年博士论文。

④ 参见宋英辉等：《证据法学基本问题之反思》，载《法学研究》2005 年第 6 期。

⑤ 参见汪建成：《理想与现实——刑事证据理论的新探索》，北京大学出版社 2006 年版。

人的合法权益，促进司法公正"等，① 不包含减轻犯罪事实认定错误的伦理成本，但是，实质上，真相的调查成本是其存在的根本价值，特别对重大犯罪案件的事实调查，国家应当谨慎地适用认罪认罚从宽制度。民营企业合规不起诉试点制度也是要求犯罪嫌疑人、被告人能够认罪，对犯罪事实自愿表示认可。②

从刑事诉讼法学和证据法学研究脉络中可以看出，受我国刑事诉讼立法文本的限制，对犯罪事实调查制度的研究分散于侦查、辩护方调查取证和法庭证据调查的诉讼环节，而且侦查取证行为的研究落后于审判方式的研究，缺失以审判为中心的犯罪事实调查的集中性研究，而且选题的重复率较高，体现出学术研究的聚合效应，而一些基础性、规律性的东西尚缺乏认真关注。

20 世纪 80 年代以来，制度分析在西方政治学界得到全面复兴，这被视为继行为主义和理性选择理论之后的"政治科学的制度革命"。新制度主义政治学批判吸收了"运用实证方法研究个体或团体的政治行为且研究中保持价值中立"③的行为主义和将制度作为重要变量来解释经济增长和社会变迁的研究路径的新制度经济学的研究理论和研究方法，重新定位国家的性质，将国家作为制度研究的核心地位，提出"找回国家"（bring the state back in）。国家并非是社会力量斗争的舞台，而是有着自身的结构性质和运行逻辑的实体。它能够在一定程度上依照自身的偏好和行为方式来贯彻自己的意志。社会分化（cleavages）一方面会割裂公民社会，另一方面会妨碍公民社会内部不同领域之间的横向联系的增强，而如果不能理解社会分化的这些性质，就无法有效分析国家作为一个行为主体和一种制度组织的权力。④ 与行为主义和理性选择理论不同，"新制度主义（政治学学说）实际就是一种新的国家理论：是对福利国家、公共部门的作用与结构以及富裕社会未来的解释"。⑤ 它对政治行为反应偏好的假定表示质疑，秉持政治权力之外的视野，观察权力的政治结果。新制度主义反对将政治

① 张泽涛：《认罪认罚从宽制度立法目的的波动化及其定位回归》，载《法学杂志》2019 年第 10 期，第 3 页。
② 李玉华、李华晨：《合规不起诉考察程序的启动条件——以最高检企业合规典型案例为样本》，载《北京科技大学学报》（社会科学版）2022 年第 5 期，第 565 页。
③ 叶娟丽：《行为主义政治学研究方法》，武汉大学出版社 2004 年版。
④ ［美］埃文斯、鲁施迈耶、斯考克波编著：《找回国家》，方力维等译，生活·读书·新知三联书店 2009 年版，第 464 页。
⑤ ［英］简·埃里克·莱恩：《公共部门：概念、模型与途径》（第 3 版），谭功荣等译，经济科学出版社 2004 年版，第 207 页。

行为作为政治分析的基本要素，因为行为发生在制度环境中。尽管新制度主义政治学内部流派纷呈，但其共同的主题是，关注制度的研究，强调制度的作用，把制度看作政治生活中的核心要素，以制度为中心来解释政治现象，并对有关制度变革与制度创新的问题表现出了独特的视角和看法。在新制度主义政治学理论视野中，制度不仅包括宪法与各种具体的法律和政治制度安排，而且包括其他各种规范人类行为的正式或非正式的程序、惯例、习惯、规范，甚至拥有这些制度的某个共同体的文化和意识形态也在制度的范围之内。制度一旦形成，在一定时期内是稳定的，但它总要随着环境变化而发生变迁，这就是制度变迁。

　　从某种意义上讲，人类社会政治生活的进步和发展就是不断地进行制度变迁与制度创新的过程。① 新制度主义政治学"每一个流派的文献都真实地揭示了人类行为的不同维度，以及制度对人类行为所产生的不同影响。没有一个流派的文献看起来是错误的或不真实的。而且，每一流派都对既定制度下的作用力提供了部分解释，或者说都抓住了人类行为及相应制度影响的不同维度"。② 新制度主义政治学学说对政治制度（研究对象不同）进行全方位的研究，包括制度定义、制度构成、制度起源、制度变迁、制度变迁的动力源、制度变迁的方式、政治行为与现存政治制度的关系、政治制度与文化的关系等，并将各自学说方法论运用于公共管理研究、国家和社会治理研究、公共政策分析以及比较政治学和国际关系、欧洲一体化研究中。国内应用新制度主义方法论开展学术研究主要涉及三大领域：（1）关于苏联制度变迁的研究；（2）关于中国经济改革的政治经济学分析；（3）关于中国制度变迁与制度建设。③ 国内政治学界的新制度主义研究只限于政治学研究领域，其理论应用的领域极为有限。本课题主题是解释犯罪事实调查制度的变迁、制度相关人行为以及制度运行后果等问题，意在借用新制度主义政治学学说作为解释工具，分析刑事诉讼中犯罪事实调查制度的主体行为、程序规则、证据证明制度以及案件事实标准的解释等。

　　与传统上形式或法律的制度主义相比，新制度主义所关注的重心不是

---

① 虞崇胜、罗亮：《当代中国政治制度创新的路径选择——基于新制度主义政治学的考察》，载《政治学研究》2011年第1期，第7页。

② 何俊志、任军锋、朱德米编译：《新制度主义政治学译文精选》，天津人民出版社2007年版，第68页。

③ 李国强、徐湘林：《新制度主义与中国政治学研究》，载《四川大学学报》（哲学社会科学版）2008年第2期，第117页。

制度本身，而是制度与行为之间的因果机理，即制度的运行是如何引导和协调行为的。本课题以犯罪事实调查制度为研究对象，借鉴新制度主义政治学理论思维和研究方法，以新制度主义政治学学说作为视角，以个体主义方法论为解释方法，关注制度环境下的制度相关人个体及由个体形成的集体行动，探寻为犯罪事实调查制度充满复杂性的实践绩效、制度变迁及其制度行为者的行为能力提供一种解释的方法，解释刑事诉讼程序理论与司法实践一致性趋同的制度机理。

本书共分为绪论、六章和结语。

绪论介绍了本书的研究目的、研究方法，梳理犯罪事实调查制度的学术史，以及总结本成果的创新之处和学术思想。第一章阐述新制度主义政治学的各种学说流派以及各学说流派的研究对象、研究内容，说明新制度主义政治学学说运用于本书研究的方法论意义和论证内容。第二章以政治学视角，论述犯罪事实调查制度合法性溯源，犯罪事实调查制度合法性的价值在于实现国家正义和社会正义。第三章运用新制度主义历史制度主义方法论探讨了刑事证据的调查程序、国家调查证据的伦理要求、我国非法证据排除规则的实践逻辑。第四章以社会学新制度主义方法论为研究方法，阐述了民间组织调查犯罪事实的制度行为及其效果，包括辩护律师调查犯罪事实、陪审团调查犯罪事实等。虽然调查主体含有民间性质，但是，其权力来源于国家权力的授权和许可，且调查结果受国家刑事追诉权力的控制和制约。第五章以理性选择新制度主义方法论论证我国公职人员犯罪事实的调查制度。监察制度是结合我国政治实践和司法实践而创设的国家公职人员违法犯罪事实调查制度，由宪法赋予国家监委政治机关地位，且赋予其对公职人员涉嫌犯罪事实采取政治性调查程序和调查方法。① 但是，监察委员会调查违法犯罪证据必须遵守法律规定，显示其工作性质的法律属性。可以说公职人员职务犯罪事实的调查是双重属性。② 监察委员会调查获取的证据应该在刑事诉讼程序中接受抗辩双方质证，接受法庭调查。第六章以话语制度主义政治学方法论为研究方法，论证我国法庭调查犯罪事实的程序正义要求和刑事证明标准的话语表达。"犯罪事实清楚"和"排除合理怀疑"都是法庭对案件事实调查的结论性语言。观念与语词之间的制度牵连关系，表示出我国刑事证明标准的制度转型。结语

---

① 阎鸣：《监察委员会是政治机关》，载《中国纪检监察报》2018 年 3 月 6 日第 3 版。

② 郭文涛：《论监察委员会的双重属性及其制度优势》，载《深圳社会科学》2020 年第 6 期，第 136 页。

部分对刑事诉讼法典化的犯罪事实调查制度作出展望和列举应当关注的相关制度。

四、本书的学术创新与学术思想

波斯纳认为，交叉学科的法律理论是不可避免的。比如，经济学思考在很大成分上并非来自经济学家，甚至不是来自有经济头脑的法律人，而是来自常规训练出来的、有常规经验的法律人的直觉。[1] 法律人自发性地接受其他社会学科的知识和思维，扩展、深化自己的研究空间。交叉学科的研究有利于从法律外的学科中汲取研究营养，深化对犯罪事实调查制度的研究。本书将政治学与法学原理和知识相互结合，运用新制度主义政治学方法解释犯罪事实调查制度，从法律学科之外的制度主义维度，对立法者确立的规则体系加以研究，有利于避免刑事犯罪事实调查制度改革出现"潮起潮落"的现象，节约试错成本，也可以涤除改革进程中不合理的"路径依赖"。本书研究方法是一种尝试。

犯罪事实调查是国家责任，是国家维护社会稳定和政治安全的法律方法。大陆法系刑法推崇罪刑法定，英美国家刑法推崇遵循先例，皆指向实体规则和程序规则。无论是社会中心主义还是国家中心主义，犯罪事实"真实"都是国家权力运行的结果，即使犯罪事实调查程序中渗入社会权力的参与，如陪审制、参审制，也是纳入国家权力控制犯罪的行为目的之内的调查行为。

---

① ［美］波斯纳：《法理学问题》，苏力译，中国政法大学出版社 2002 年版，第 547 页。

第一章　新制度主义政治学方法论与
本书研究的逻辑关联

作为政治学研究方法的创新性成果，借鉴新制度主义经济学方法，解释政治学的各个研究主题和研究对象。在解释政治学的研究对象等时，形成了新制度主义政治学的各种学说和学术流派，如政治学话语制度主义是在解释国家间之政治比较而形成的一种学说。① 各种学术流派的功能和解释具有自己的局限，而对特定的政治活动的解释，适用于一种解释方法，从而形成新制度主义政治学方法论。

第一节　新制度主义政治学的学说流派

亚里士多德主张，城邦(政治社团)是出于自然的演化。而人类自然地是趋向于城邦生活的动物(人类在本性上，也正是一个政治动物)。凡人由于本性或者由于偶然而不归属于任何城邦的，如果他不是一个鄙夫，那就是一位超人。这类"出族、法外、失去坛火的人"，荷马曾经被视为自然的弃物。这种在本性上孤独的人物往往会成为好战的人；他那离群的情况就恰恰像棋局中的一个闲子。② 在亚氏看来，人的社会属性是政治人，政治学研究对象是公共事务。

政治学研究的主题是国家政治制度和权力。政治制度基本要点有二。其一，为了达到比较与说明的目的，西方历史为政治学提供了确切而详细或全部的政治制度的资料与发展史。其二，政治制度在各方面证明对于近

---

① Dimitris Papadimitriou, Adonis Pegasiou, Sotirios Zartaloudis, European Elites and the Narrative of the Greek Crisis: A Discursive Institutionalist Analysis, European Journal of Political Research, 2019, Vol. 58, pp. 435-464.

② [古希腊]亚里士多德：《政治学》，吴寿彭译，商务印书馆1965年版，第4页。

期政治学所假定的价值与技术具有决定性影响。① 权力是政治学研究的核心概念。权力的多种面孔，首先是作为决策的权力，即以某种方式影响决定内容的有意识行动。其次是作为议程设置的权力，即是阻止决定做出的能力，实际上就是"非决策"（non-decision-making）能力。这要求有能力确定或控制政治议程，一开始就能阻止议题或方案的公开。复次是作为思想控制的权力：权力的第三张面孔是塑造他人的思想、欲望或需求，来施加影响的能力。这种权力表现为意识形态灌输或心理控制。② 国家权力一方面创制着经济制度和经济运行模式，另一方面也塑造着社会结构、社会心理和群体文化。卢梭从社会契约的假设角度论证政治与个人关系，"唯有一种法律，就其本性而言，必须要有全体一致的同意；那就是社会公约。因为政治的结合乃是全世界上最自愿的行为；每一个人既然生来是自由的，并且是自己的主人，所以任何别人在任何可能的借口之下，都不能不得他本人的认可就役使他"。③ 解释政治制度和政治秩序的方法论，既可以是整体主义的，也可以是个体主义的。

一、新制度主义政治学学说类型

新制度主义政治学方法研究制度变迁的解释理论来源于新制度主义经济学对制度变迁的解释和运用。④ 新制度主义与旧制度主义经济学方法存在明显的区别。⑤ 两者之间区别，也许是最微妙的，但绝不是最不重要的：新制度主义似乎仍然在用变量来思考世界。⑥

新制度主义经济学将人称为"经济人"，个人是经济过程的最终决策者和行动者，因此分析经济活动必须从个体开始，经验性地创设理性选择制度主义和历史主义的解释方法。政治过程也是一样。政治学中的新制度

① Dwight Waldo：《政治学的发展：传统、学科、专业、科学、事业》，刘聿新译，载 Fred I. Greenstein，Nelson W. Polsby 主编：《政治科学大全（第一卷）：范围与理论》，台湾幼狮文化事业公司 1984 年版，第 6 页。

② ［英］安德鲁·海伍德：《政治学》（第 2 版），张立鹏译，中国人民大学出版社 2006 年版，第 15 页。

③ ［法］卢梭著：《社会契约论》（修订第 3 版），何兆武译，商务印书馆 2003 年版，第 135 页。

④ Dugger，William M.，Douglass C. North's New Institutionalism，Journal of Economic Issues，Vol. 29，Iss. 2，p. 453.

⑤ Philip Selznick，Institutionalism "Old" and "New"，Administrative Science Quarterly，1996，Vol. 41，No. 2，pp. 270-277.

⑥ Andrew Abbott，An Old Institutionalist Reads the New Institutionalism. Contemporary Sociology，1992，Vol. 21，No. 6，p. 756.

主义的出现，是在对行为主义、理性选择理论和传统制度主义理论批判与
继承的前提下，在吸收并改造新制度主义经济学的基本术语的基础上，重
新把政治制度置于政治分析的核心地位。新制度主义政治学力图把旧制度
主义与行为主义各自关注的制度和政治行为在政治生活中的作用的研究结
合起来。对于制度变迁的动力源、过程、行为、国家与个人等的研究方
法，制度分析为现代政治学主流的研究方法。制度分析的焦点是政治生活
中的结构要素以及结构是如何影响行为、思维方式及其变迁的。政治学利
用经济学新制度主义解释方法，解释政治学研究内容，为政治学研究方法
输入最新颖的创新方法。新制度主义是一门涵盖政治学、经济学、社会学
和组织理论等多学科的理论学说。它不是一个一致的分析框架，而是一组
相关的分析思想。① 新制度主义政治学中的新制度主义最好被看成是寻求
可供选择的观念，它们以一种理论上有用的方式把经验智慧的微妙性简
化了。

　　20 世纪 90 年代（在过去的十年里），制度理论席卷了北美和欧洲的社
会科学，彻底改变了经济学、政治学和社会学等学科。到目前为止，很明
显，制度革命与 20 世纪五六十年代的行为革命一样重要。② 1995 年之前
政治学界就以新制度主义三种学说作为研究对象。③ 1996 年豪尔和泰勒对
政治学新制度主义学说的三种学说或学术流派，即理性选择制度主义、历
史制度主义和社会学制度主义，进行更深入的解释和探讨。④《牛津政治
制度手册》把新制度主义划分为规范制度主义、理性选择制度主义、历史
制度主义、建构制度主义、网络制度主义 5 个流派。⑤ B. 盖伊·彼得斯将
新制度主义学派分为七类，分别是规范制度主义、理性选择理论、历史制
度主义、经验制度主义、社会学制度主义、利益代表制度主义和国际制度
主义。⑥ 学界普遍认为，新制度主义包含历史制度主义、理性选择制度主

---

① Jens Blom-Hansen, A New Institutional Perspective on Policy Networks, Administration, Vol. 75, Winter 1997, p. 673.

② Jens Blom-Hansen, A New Institutional Perspective on Policy Networks, Administration, Vol. 75, Winter 1997, p. 669.

③ Thomas A. Koelble, Review: The New Institutionalism in Political Science and Sociology, Comparative Politics, 1995, Vol. 27, No. 2, p. 232.

④ Peter A. Hall, Rosemary C. R. Taylor, Political Science and the Three New Institutionalisms, Political Studies, 1996, Vol. 44, No. 5, pp. 936-957.

⑤ 朱德米：《理念与制度：新制度主义政治学的最新进展》，载《国外社会科学》2007 年第 4 期，第 30 页。

⑥ 参见［美］B. 盖伊·彼得斯：《政治科学中的制度理论：新制度主义》（第 2 版），王向民、段红伟译，上海人民出版社 2011 年版。

义、社会学制度主义三个基本流派。它们具有三点共识：（1）制度不管怎么定义都是重要的；（2）制度具有连续性；（3）制度（组织）建构了更广泛的人类行为的规律性，因此也增强了社会科学的解释和预测能力。它们各有自己的理论渊源，在制度界定、制度与行为关系、制度绩效、制度变迁与创新、制度连续性、文化、道德和认知模式等研究主题中都有不同的解释和说理，在研究方法、研究层次方面也各不相同，但是，政治行动者的偏好始终被不同流派作为一个重要的中间分析变量。在新制度主义的最新发展中，三种分析路径之间出现了加强交流的趋势，开始分享某些基本的理论假设，比如政治行动者的有限理性、制度的路径依赖趋势和观念的重要作用。[①] 观念、制度与利益三者的结构性关系是新制度主义政治学关注的核心。新制度主义内部的分歧只是反映了不同领域的公共政策对制度的需求，差异只是反映了制度作用的领域不同。

　　方法论意义上的新制度主义政治学强调制度与国家的作用，强调国家作为政治学研究的核心和主要对象，汲取行为主义政治学方法论对行动者个体行为偏好的研究方法而扬弃了其以"政治系统"术语取代国家的研究缺失，扩展了国家制度的概念内涵，以制度作为分析变量，肯定制度的重要价值。制度影响规则、行为和政治结果。新制度主义对制度的强调代表了向政治学旧制度主义的回溯与超越。国家不被超验地认为是追求税额和剩余最大化的利维坦，而是国家的作用范围必须受到限制但同时也是社会福利的组织性政治源泉。

二、新制度主义理性选择理论

　　理性选择理论的思想渊源可以追溯到霍布斯和斯宾诺莎的政治哲学传统学说，追溯到麦迪逊和托克维尔的政治科学源流之中。[②] 早期的自然状态和社会契约理论将国家、政府看作人们基于利益考量，让渡权利、订立契约的产物。新制度主义政治学借用了一套经济学新制度主义的"理性人"假设、产权、交易费用等基本概念和框架来分析政治问题。理性选择制度主义尽管存在制度性委托—代理模式、制度性博弈论模式和以规则为基础的制度模式的分析偏向，但是其共同理论是，把"理性的个体"作为其制度分析的基础，建立了自己的一套独特的行为假设体系，认为个体是

① 高春芽：《方法论范式变迁视野中的新制度主义政治学》，载《政治学研究》2010 年第 5 期，第 128 页。
② ［美］丹尼尔·缪勒：《公共选择论》，张军译，上海三联书店 1993 年版，第 2 页。

政治过程中的核心行动者，个体展开行动的目标是自身利益的最大化。"个体形塑着制度，他们的决策也受着先前制度的形塑。"①新制度主义政治学理性选择主义认为，人的选择不是简单地根据经济利益来作为杠杆，而是受到习俗、惯例、文化等因素的影响。理性选择制度主义理论将惯例解释为重复协调博弈的均衡，将规范解释为重复合作博弈的均衡。"惯例就是使某个解决方法成为默认的规则，惯例的作用是双重的，首先，如果交流是可能的，但需要花费一定成本，惯例能够消除或降低这种成本；其次，如果交流是不可能的，惯例将给出一种突出的解决办法。"②

　　理性选择理论假定个体是理性人，从中推导出的结论不是改造人们的经济动机而是重视制度设计对行为选择的影响，在重视制度效能的意义上成为制度理论复兴的支持力量。理性选择理论是在不确定和风险条件下的决策中存在的最优解释。但是，这一解释只是因为我们制度所有可能的结果，或者说能够给它设定概率。如果一个组织不只是一个目标或两个或两个以上的目标相互冲突，就没有亚理论会告诉我们应该选择哪个目标。在理性选择理论中，行为者必须被假设为一个由个人组成的单一团体，其成员对所有的目标，而不仅仅是部分目标，意见一致。只有在不确定条件下的决策理论允许我们考虑冲突和一致。对概率的主观方法使我们能将不确定性变为风险性，从而就可以在无法运用客观概率的许多事例中运用理性选择。然而概率的精确性究竟无法解决。③ 理性选择模型被认为是社会困境和集体行动研究的基础。斯文·斯泰因莫（Sven Steinmo）、凯萨琳·泰伦（Kathleen Thelen）和弗兰克·朗斯特雷思（Frank Longstreth）认为，理性选择制度主义的缺点之一，是在进行制度分析中形成我们的偏好，并突出出来。他们认为，偏好是由制度决定的，这一观点在彼得·霍尔（Peter Hall）对英国和法国经济政策制定的研究中得到了很好的表达。④ 马奇（March）和奥尔森（Olsen）称该制度为"新"，因为他们认为，无论是20世纪60年代的行为方法，还是理性选择学派，都消除了制度在解释政治结果方面的任何作用。在《重新发现制度》著作中，他们认为，人类的理性

①　何俊志、任军锋、朱德米编译：《新制度主义政治学译文精选》，天津人民出版社2007年版，第91页。

②　[美]戴维·L. 韦默主编：《制度设计》，费方域、朱宝钦译，上海财经大学出版社2004年版，第135页。

③　[美]格林斯坦、波尔斯比：《政治学手册精选》（下卷），储复耘译，商务印书馆1996年版，第118~122页。

④　Thomas A. Koelble, The New Institutionalism in Political Science and Sociology, Comparative Politics, 1995, Vol. 27, No. 2, p. 233.

是有限的(limitied)或"有界的(bounded)"。人类行为是一种"满足"和实现期望的尝试，这种期望与环境有关，深深植根于文化、社会经济和政治领域或结构中。①

理性选择制度主义政治学用来解释公共行为，其侧重或擅长于理论逻辑论证而缺乏实证性、应对性验证与研究，对于官僚制和立法机关的委员会制以及这两种集体行动的行动者所面临的决策问题，以及对于制度在复杂的现实政治行为中的描述预测作用没有发挥的空间。

三、历史制度主义

历史制度主义学说倾向于糅合理性选择制度主义的功利路径和社会学制度主义的文化路径来界定和阐明制度和行为之间的相互关系。因此，更接近于"理论整合者"的身份。② 历史制度主义研究的制度不仅包括正式规则，还包括了文化、规范和惯例等要素。在历史制度主义看来，制度不仅指具体的制度安排，还包括具体制度安排所构成的制度结构。制度的核心其实是一种将传统的国家与社会联系起来的制度框架和网络结构。强调权力和资源的不平衡分配，将制度视为不平等的政治集团之间斗争的产品，同时强调制度在各社会集团间不平等地分配权力的方式，制度给予不同集团的接近决策过程的机会大小是不一样的。③

"路径依赖"是新制度主义政治学说用来解释制度稳定的一个关键概念。路径依赖具有报酬递增或报酬递减的特征。一旦政府在某个政策领域作出了最初的政策和制度选择，那么除非有足够的力量克服最初创造的惯性，这一被创造的模式才将持续下去。这在历史制度主义中被称作路径依赖。④ 历史制度主义将历史看作一个过程(process)，通过追溯事件发生的历史轨迹，在相当长的时期内考察过去对现在的重要影响，强调路径依赖、时间序列(timing and sequence)和关键时刻(conjunctures)在制度演进和变迁中的地位和作用。历史制度主义从历史叙事般的宏观时空上探寻制度是如何生成、变迁及其对人们的行为发生作用的方式，最后导致政治

① [美]詹姆斯·G.马奇、[挪威]约翰·P.奥尔森：《重新发现制度：政治的组织基础》，张伟译，生活·读书·新知三联书店 2011 年版，第 143 页。

② 李晓广：《新制度主义政治学中国化研究及其启示》，载《学术界》2010 年第 4 期，第 213~214 页。

③ Peter A. Hall, Rosemary C. R. Taylor, Political Science and the Three New Institutionalisms, Political Studies, 1996, Vol. 44, No. 5, pp. 936-957, pp. 930-832.

④ [美]B.盖伊·彼得斯：《政治科学中的制度理论：新制度主义》(第 2 版)，王向民、段红伟译，上海人民出版社 2011 年版，第 72 页。

结果。

历史制度主义的研究分析策略是相互关联的，具有跨越时空加以研究模式的特点。运用一套分析方法和理论，对制度的观察不仅仅是过去的，而是在考察一套历时性的过程。历史制度主义集中关注历史和当代世界的重大问题，注重在制度宏观层面上突出制度网络的背景分析与变量的序列研究，通过追寻历史轨迹，探究制度生发、变迁的动力源。观念、制度和利益之间的互动图景及其共同作用之下的政治行为，是历史制度主义分析模式的主要变量，尤其倾向于关注制度与观念、信仰间的相互关系。制度、利益与观念之间的结构性互动，作为分析制度要素变量之间的相互关系，是历史制度主义分析框架。历史制度主义将制度景观视为一个整体，强调了经常被忽视的引发制度生成、路径依赖和制度变迁的制度动力的重要性，赋予某制度以历史意义，具有宏观解释制度变迁的跨时代因素。历史制度主义的逻辑本质上是历史事件的制度解释。历史制度主义实证性研究方法为其解释制度在政治生活中的重要性及其意义奠定了基础。

至少可以说，历史制度文献是多样化的。这种方法广泛地运用于经验性研究。但是，在个案中，这种经验研究之所以吸引人，是因为它提供了一种理论杠杆，用以理解随着时间推移而一国之内的政策连续性以及各国之间的政策变化。① 我国台湾学者黄宗昊对我国政治学历史制度研究提出批评。他认为，在制度理论发展欣欣向荣之际，有两个现象值得关心。首先是"历史制度论"一词有遭到滥用之虞。经验研究的主题几乎都有其历史背景，且大部分比较政治的相关研究也或多或少有制度的成分，这使得许多无法提出明确分析架构后的论文常含混地自称是"历史制度分析"，无视于一项重要事实：并非涉及制度与历史的就是历史制度论。历史制度论有其特定的问题意识与理论观点，不应该是经验研究的大杂烩或理论残差项的垃圾桶。其次是中文文献对制度理论的研究明显不足。既有文献大多是运用制度理论所引导的经验研究，对理论本身的讨论多停留在类型学介绍的阶段，在近十年来理论深化的进展中也甚少参与。在各种制度理论中，尤以历史制度论所引导的经验研究最多，但被理论性探讨的成果却最少。历史制度论的最大特色，就是在出自真实历史的问题意识引导下，从事理论架构，并有伴随而生的方法立场。历史制度论的问题意识、方法立场和理论建构三者间最美结合成一整体，不仅可提供经验研究充分的指

---

① Sven Steinmo, Kathleen Thelen, Frank Longstreth Edited, Structuring Politics——Historical Institutionalism in Comparative Analysis, Cambridge University Press, 1992, p. 10.

引，且透过理论与方法间的相辅相成、互相启发，更是历史制度论不断发展前进的内生动力来源。① 作为新制度主义的分析方法，历史制度主义对政治学中的政治行为、公共政策、制度变迁动力等作出时代的分析。运用其学说思维和经验研究方法，对法学和社会学的研究主题也可以进行跨学科的借鉴研究。

四、社会学制度主义

社会学制度主义流派、理论启蒙于社会学组织理论和组织行为理论。社会学中的许多经典理论家可以算作是制度主义者，其中以韦伯、涂尔干和帕森斯等人最为著名。它将人类行为方式受到深层次的、文化层次的限制问题放到了首位。制度必须塑造行为的观点在社会学对制度的研究中占主流地位，它强调，组织内的个人习惯于接受组织的价值和规范的方式。帕森斯的行动协作系统的结构——功能分析模型和角色、互动的制度化模式较好地说明了社会组织理论的制度化功能。② 社会学制度主义的制度基本上等同于文化，不仅包括正式的规则、程序或规范，而且包括象征系统、认知模式和道德模板，组织所采取的制度形式应该被看成是文化的具体实践模式，即使那些在外表看来最具有官僚性的组织也必须要用文化术语来进行解释。③ 任何一项制度都是包括正式规则和非正式的社会规范的系统。正式规则嵌入非正式社会规范，它们之间发生复杂的相互作用：非正式规范与正式的组织规则的紧密结合带来了组织的效率和效力。社会学制度主义认为，制度与个体行动之间存在高度的互动。当个体面对某种情景时，必须找到一种方式来认识这种情景并做出相应的反应，而制度世界中所固有的模板就为完成这两大任务提供了手段。社会学制度主义既强调"情景"（主要是社会规范）约束，又强调在情景约束下个体的理性选择。社会学制度主义解释了为什么正式制度相同或相似而非正式制度差异甚巨的背景下，文化信仰的差异如何产生了不同的制度结构以及制度中的个人行为的差异。

社会学意义上的新制度主义有三种基本含义：（1）制度构成了社会系统中重要的实体（实体论）；（2）制度现象需要一种特殊的社会科学方法论

---

① 黄宗昊：《历史制度论的方法立场与理论建构》，载《问题与研究》2010年第3期，第146~147页。

② ［美］赖特·米尔斯、塔尔考特·帕森斯等：《社会学与社会组织》，何维凌、黄晓京译，浙江人民出版社1986年版，第141~145页。

③ 何俊志等编译：《新制度主义政治学译文精选》，天津人民出版社2007年版，第59页。

(认识论)；(3)制度决定利益(形而上学)。① 社会学制度主义认为，制度不仅具有对个体行为的制约作用，而且还具有教化与塑造作用。制度影响个体行动的认知版本、范畴和模式。"通过创造新的行为者及身份感，通过给行为者提供成功与失败的标准，通过构建关于恰当行为的规则"，制度在很大程度上规定了个人偏好和构建自我身份认同，为行动者提供了道德或认知上的模板。它认为，个体之所以要遵守制度规范，是因为这些规范早已通过各种社会化途径内化到每一个个体内心世界当中，个体的行为体现了社会规范，无论个体是自觉遵守规范，还是个体无意识地遵守规范。个体行动遵循的是社会适宜性逻辑(logic of social appropriateness)，即不仅仅是追求效用最大化，更为重要的是寻求一种具有社会适应性的方式来界定并表达他们的身份，行动本身反过来对现有的制度产生积极的或消极的反馈。当制度所反映的价值与社会产生矛盾和冲突时，制度就会通过学习和适应逐渐发生调整和创新，制度创新不是因为制度效率能为人们带来物质利益，而是因为它提高了组织及其成员的社会合法性，即"制度个人主义"。制度塑造了偏好，这是社会学制度主义核心的主张。

美国学者通过实证研究认为，人们可能会推断，依赖非正式规范而不是正式的实在法和规则，处于"职业金字塔"的"底部"小型律师事务所律师工作更艰苦、利润更低，司法实践更小城镇化。但金字塔顶部的"大法律"社区并非如此。正如新制度主义所揭示的那样，这种推论是错误的。最近对精英律师事务所实践的实证研究显示，强烈的非正式规范与书本上的法律一起(或先于书本上的法律)同样突出。② 社会学新制度主义方法论的根基，在于对个人与社会(社会其实被理解为由各种制度、规则、惯例、文化、习俗等构成的体系)关系的理解，而这种理解是与自由主义相对的，具有整体主义的特点。这种整体主义使得社会学制度主义研究方法具有与组织概念相同意义和价值符号的话语背景。

五、新制度主义政治学学说流派的新发展

尽管在新制度理论中可以确定一系列不同的"思想流派"，但在社会学和经济学变体之间做出基本区分似乎是公平的。区分这两种基本变体的

---

① ［英］简·埃里克·莱恩：《公共部门：概念、模型与途径》(第3版)，谭功荣等译，经济科学出版社2004年版，第208页。

② Paul R. Tremblay, Judith A. McMorrow, Lawyers and the New Institutionalism, University of St. Thomas Law Journal, 2011, Vol. 9, No. 2, pp. 568-592.

根据是人类行为的基本模型。① "新制度主义"并不构成一个单一而连贯的理论体系，而是包括许多争论和辩论。新制度主义的研究路径是共享核心假设，但朝着许多不同的方向发展。② 对新制度主义政治学流派作出界限分明的类型区分，是不可能的。实际上，每一个学说都是借鉴其他学说的解释能力和克服其缺陷而提出的理论观点。伴随着后现代哲学思潮的涌现，新制度主义政治学学说也出现了新的学说，不同于学界普遍流行的泰勒的三分法。整体主义新制度主义（Holism insittutionalism）是旧制度主义经济学分析方法，是以康芒斯为代表的经济学学说。与此相对应的是经济学新制度主义的个体主义分析方法，以科斯为开创者。政治学整体主义新制度主义学说延续了旧制度主义经济学分析方法，结合社会学整体主义的分析方法，借以分析政治行为和政治结果。规范制度主义（Normative institutionalism）作为旧制度主义经济学分析方法，被马奇和奥尔森借用并改造成新制度主义政治学分析方法。③ 规范制度主义被视为组织的基础理论，其将政治组织社会化，视为社会组织。在社会组织的语境下，个人行为与价值需与组织保持一致。建构主义新制度主义学说（constuctivist institionalism）④认为，制度是组织和个体之间的关系是建构性的，人们通过社会实践和互动的持续过程达致并获得自身的形式。美国学者尼古拉斯·格林伍德·奥努夫（Nicholas Greenwood Onuf）针对冷战后的国际关系，于1989年提出建构主义（constructivism）概念，核心观点是行为体与结构是互相建构的。⑤ 在政治学建构主义新制度主义学者看来，政府（组织）的行为必须与个体的行为者相互依赖，强调理念的一致性。认知主义新制度主义（Cognitive Institutionalism）立论于心理学和人类认知科学。社会行动者利用语言和其他符号积极地建构一定制度背景下的意义。制度变化不仅是由利益团体和存在着的制度安排驱动或制约的，而且由反映制度定义和含义的语言驱动和制约。这是一种对制度变化的符号解释。源自既有制度

---

① Jens Blom-Hansen, A New Institutional Perspective on Policy Networks, Administration, Vol. 75, Winter 1997（669-693）, p. 674.

② Vivien Lownpes, Varieties of New Institutionalism: a Critical Appraisal, Public Administration, Summer1996, Vol. 74, pp. 181-197, pp. 182-185.

③ James G. Marcha, Johan P. Olsen, The New Institutionalism: Organizational Factors in Political Life, American Political Science Review, 1983, Volume78, Issue3, pp. 734-749.

④ Colin hay, The Interdependence of Intra- and Inter-Subjectivity in Constructivist Institutionalism, Critical Review, 2017, Vol. 29, Issue2, pp. 235-247.

⑤ ［美］尼古拉斯·格林伍德·奥努夫：《我们建构的世界》，孙吉胜译，上海人民出版社2018年版，第162页。

语境的认知观念，赋予行动阐释意义并影响行动者的选择，制度输出的秩序由行动者的实践加以建构。认知观念和制度语境作为二阶动力促成制度变迁。整体主义新制度主义、建构新制度主义和认知新制度主义学说都是根源于社会学新制度主义的理论解释，属于社会学新制度主义的分支学说。而且，规范新制度主义、整体主义新制度主义和认知新制度主义学说都可以归结为信念、语境、制度等个体方法论包含的心理学、认知学、教育学等的集合，且与文化概念一体分析。①

克里斯托弗·安瑟尔提出网络制度主义（network institutionalism），认为协同关系是解释制度的分析方法，② 安娜·欧翰亚利用网络制度主义方法论研究非政府组织和国家之间的互动关系。③ 约翰·弗雷约翰于 1991年提出实践制度主义学说（Practical Institionalism），④ 核心概念是文化促成了制度的变迁与转型。施密特提出话语制度主义学说（Discurse Institionalism），认为话语制度主义是独立于豪尔概括的三种新制度主义学说之外的第四种学说。⑤ 施密特在比较历史新制度主义和话语制度主义的关系时，意图将两者分割开来。试图将 DI（Discursive Institutionalism）定位为 NI（New Institutionalism）的一个独特变体，其关键之处在于她对制度变革和思想在这一过程中的作用的方法。⑥ 与 HI（Historical Institutionalism）和社会学制度主义不同，施密特的方法是由机构驱动的，然而（与理性主义制度主义和 HI 不同），"制度"被定义为"内部的（对行为者）"概念构造

---

① Jan Assmann, John Czaplicka, Collective Memory and Cultural Identity, Cultural History / Cultural Studies, Spring—Summer, 1995, No. 65, pp. 126-133.

② Christopher Ansell, Network institutionalism, in edited by Rhodes R. A. W., Binder Sarah A., Rockman Bert A., The Oxford Handbook of Political Institutionalism, Oxford University Press, 2006, pp. 75-76.
　　[美]克里斯托弗·安瑟尔、张贤明：《网络制度主义的理论阐释与领域延展》，载《学习与探索》2021 年第 5 期，第 53~60 页。

③ Anna Ohanyan, Network Institutionalism and NGO Studies, International Studies Perspectives, 2012, Vol. 13, Iss. 4, pp. 366-389; Anna Ohanyan, Network Institutionalism: a New Synthesis for NGO Studies.

④ John ferejohn, Practical Institutionalism, in edited by Daniel Galvin, Ian Shapiro, Stephen Skowronek, Rethinking Political Institutionalism: The Art of the State, New York University Press, 2007, pp. 72-91.

⑤ See Vivien A. Schmidt, Discursive Institutionalism: Ideas and Discourse in Political Analysis, Oxford University Press, 2020.

⑥ Vivien A. Schmidt, From Historical Institutionalism to Discursive Institutionalism: Explaining Chance in Comparative Political Economy, American Political Science Association Meeting (2008)(February), p. 25.

和结构。① 因此，制度变革是通过参考政治行为者的"前景话语能力"来解释的，即对其制度进行批判性沟通，并最终引导其走向变革。②

总的看来，新制度主义作为政治学的分析方法和研究路径，还会出现新的学说。不管哪一种学说，目的都是为了克服其他学说不能解释的政治现象，或难以实现政治目标。

到目前为止，总的来说，政治学新制度主义存在两个基本难题，一是关于制度的普遍的规则性(regularity)与现实生活中大量的违规现象之间的矛盾。这需要新制度主义寻找另外的解释途径，甚至可以这样说，离开了个人主义途径的解释方法，未必是新制度主义的成功之处；二是制度的可验证性问题。新制度主义学说关于制度本身并不具备很强的可验证性，一些组织性制度如国会、官僚制、法院等表面上看它的规则结构很清楚，但实际上其运作规则可能大相径庭。至于关系性结构如家庭、企业、市场、委托—代理结构等制度，其可验证性更差。可验证性最差的是抽象的规范性制度以及使用在国际政治分析中的制度，这些制度很难验证。由于这个原因。这些领域中制度的操作性具有很大的模糊性。③ 但是，作为一种方法论，新制度主义不同学说和学术流派的解释方法，对其他学科，如法学、社会学等研究主题，可以选择不同的解释方法，可能会在本学科内获得知识增长，为本学科研究提供学术贡献。

第二节　新制度主义政治学中国家权力与社会权力

旧制度主义经济学是以组织内部为研究对象，而新制度主义政治学以组织内外关系为研究对象。旧制度主义经济学关注国家和权力，新制度主义政治学不仅关注国家和权力，而且关注社会和文化。历史制度主义和社会学制度主义以及后来发展而生的新的学说，都是在国家、社会、文化的制度变迁因素中寻求动力源和政治活动的结果分析。

---

① Vivien A. Schmidt, Taking Ideas and Discurse Seriously: Explaining Change Through Discursive Institionalism as the Fourth "New Institutionalism", European Political Science Review, 2010, No. 2, pp. 1-25, at16.

② Dimitris Papadimitriou, Adonis Pegasiou & Sotirios Zartaloudis, European elites and the narrative of the Greek crisis: A discursive institutionalist analysis, European Journal of Political Research, 2019, Vol58, pp. 435-464, p. 437.

③ 祝灵君：《政治学的新制度主义：背景、观点及评论》，载《浙江学刊》2003 年第 4 期，第 90 页。

一、政治学中的国家概念

国家主权是为国际间关系，对内则表现为宪法和法律权力。主权者的一切行为都只能是法律。① 政治学的国家概念首先以国家主权为研究条件。根据研究内容和方法的不同，将政治学分为制度主义政治学，即旧制度主义政治学、行为主义政治学和新制度主义政治学。旧制度主义政治学持续、集中关注制度，研究的重心在于国家，其政治哲学基础是卢梭、黑格尔等的国家学说。黑格尔认为，国家存在于风俗习惯中，而间接存在于单个人的自我意识与他的知识和活动中。国家是道德理念的现实，道德理念是通过国家而得到完全实现的。国家直接存在于自身之中。它间接地通过个人而存在，但个人只有通过国家才能拥有其实质性的自由。只有在国家之中，个人才是自由的，因为只有通过国家而且只有在国家中，他的意志才能与普遍意志（或公意）相融合。② 国家将家庭和市民社会以及个人的意志和活动再次带入到实质性的存在之中，并由此通过其不受限制的权力而打碎了附属的领域，以便使它们保持为内在的和实质性的统一体。侧重于制度规范性理论的建立，如宪政主义、法律制度、国家政体、国体的研究。从亚里士多德伊始，城邦制度的善恶及其法律在城邦政体中的作用就成为探讨的话题。"城邦就是追求最高最广的善之团体。"③旧制度主义存在五个特征：①律法主义，关注法律以及法律在治理中的核心地位。②结构主义，强调结构的重要性，认为结构实际上决定着行为，因而倾向于关注政治体系的主要制度特征。③整体主义，倾向于对整个系统进行比较，而不是对立法机构这样的单个机构进行考察。④历史主义，关注的是当代政治体系是如何嵌入历史发展和社会经济以及文化现实中去的。⑤规范分析，认为政治学的产生是基于特定的规范，因而旧制度主义者经常将其描述性的政治论述与对"好政府"的期望联系在一起。④ 在二十世纪五六十年代，美国政治科学和社会学流行的研究视角是多元主义和结构功能主义，其最主要的特征就是，在解释政治和政府的行为时采用社会中心论的方法。在这些视角中，国家被视为过时的概念，代表着对民族国家特定的宪

① ［法］卢梭著：《社会契约论》（修订第 3 版），何兆武译，商务印书馆 2003 年版，第 72 页。
② ［法］狄骥：《公法的变迁·法律与国家》，郑戈、冷静译，辽海出版社、春风文艺出版社 1999 年版，第 311 页。
③ ［古希腊］亚里士多德：《政治学》，吴寿彭译，商务印书馆 1995 年版，第 3 页。
④ 薛晓源、陈家刚：《全球化与新制度主义》，社会科学文献出版社 2004 年版，第 73～78 页。

政原则干瘪无味的法律形式主义研究，取而代之的概念则被认为是更适合的、科学的、普遍性的研究。"政府"主要被视为一个平台，经济性的利益集团或规范化的社会运动在其中或者互相斗争或者彼此结盟，从而塑造公共政策决策。①

行为主义是"二战"前后在美国崛起并迅速占据主流地位的政治学流派，其本质是政治学研究方法的革命，即以自然科学的分析工具、以实证的方法研究政治行为和政治过程。以拉斯韦尔、伊斯顿、阿尔蒙德等人为代表的行为主义政治学主张运用实证方法研究个体或团体的政治行为，主张政治学研究中的价值中立。② 行为主义政治学摈弃制度主义的价值性、思辨性、抽象性、定性分析等的制度主义研究理论和研究方法，倡导政治学研究中的自然科学主义，追随现代自然科学研究方法，抛弃国家静态制度的研究而专注于政治活动过程的实验性研究，综合运用心理学、统计学、社会学以及系统论，吸纳抽样调查、问卷调查、社会访谈等社会调查方法，以及数据分析、概率论等统计学技术，坚持价值中立的研究立场。拉斯韦尔在其《政治学》著作中开篇禀明："政治研究是对权势和权势人物的研究。政治学的任务在于阐明情况，而政治哲学则要为政治选择提供辩护。"③唯实证的研究方法虽然在政治活动的微观层次上丰富了政治学的研究内容，但由于其对政治现实问题缺乏回应和解决能力，只关注权势和权势人物的精英阶层分析，因此政治学实证研究脱离了政治学应关注的国家制度和国家权力的研究对象。新制度主义政治学专注于研究政治行为、政治决策等权力逻辑，并解释国家与权力对制度演进的促进关系。

新制度主义经济学学说是新制度主义政治学学说的学识蓝本。新制度主义经济学关于国家职能的分析有四个方面：第一，作为最大制度供给者的国家；第二，作为产权界定和保护者的国家；第三，作为第三方实施者的国家；第四，作为不同利益集团利益关系协调者的国家。④ 新制度主义政治学借鉴了新制度主义经济学的国家合法暴力及其政治功能的价值理论，认为政治学研究内容依然是国家和国家权力，对于政治活动，如选举过程、投票过程等的微观研究，应以国家基本制度为背景。"新制度主义

---

① ［美］埃文斯、鲁施迈耶、斯考克波编著：《找回国家》，方力维等译，生活·读书·新知三联书店2009年版，第3页。
② 参见叶娟丽：《行为主义政治学研究方法》，武汉大学出版社2004年版。
③ ［美］哈罗德·D. 拉斯韦尔：《政治学：谁得到什么？何时和如何得到？》，杨昌裕译，商务印书馆1992年版，第3页。
④ 卢现祥、朱巧玲：《新制度经济学》，北京大学出版社2007年版，第346~353页。

实际就是一种新的国家理论。"①但是，新制度主义政治学研究者逐渐认识到，以国家为中心的理论并不能解释国家自身的行为。作为制度网络的国家嵌入在社会经济领域中，必须在国家与社会关系互动中推进新制度主义研究。② 保罗·迪马吉奥和沃尔特·鲍威尔通过社会组织视角分析新制度主义，认为新制度主义区别于旧制度主义的三个转向：远离理性行动和功利主义；走向社会涌现主义；走向认知和（或）文化解释。制度主义关注的国家、权力等核心概念边缘化。因而，他们提出"把权力带回"新制度主义。③ 在后现代哲学思潮影响下，许多新制度主义学说滑向后现代主义哲学语境中，一方面丰富了新制度主义政治学说的理论体系，强化国家和社会、文化等之间的行为关系，另一方面更新了国家和权力概念在政治活动、公共管理等研究中的地位。

二、新制度主义政治学对国家权力的重新认识

传统政治学将政府看作一个实体，缺乏对政治过程的行为分析，集中关注政府的正式制度或宪法文本，研究工作围绕着国家、主权、联邦制和立宪政体这样一些基本概念的讨论而展开。政治行为不仅包括一国内之行为，而且包括国家间之行为。新制度主义政治学者将国家作为一种制度组织和一个社会行动者，建构一种创新性的包含国家自主性、自主动力机制、国家能力等理解国家的国家"宏理论"。国家自主性与国家能力之间的相互关系模式、国家能力的普遍性特征，以及国家行为者与其他集团之间的关系，被置于组成国家机器结构的各种正式组织、非正式网络以及共同规范中进行研究。在社会中心论的政治学研究中，国家是一个过时的概念，政府不过是经济性的利益集团或规范化的社会运动在其中或者互相斗争或者彼此结盟，从而塑造公共政策决策的一个平台。这些决策被理解为是对需求群体（demanding groups）间利益的分配。④ 在国家中心论的政治学研究中，国家不仅是社会行动的参与者，而且是塑造社会的权力来源。国家权威不仅仅是通过强制或镇压获得，更多的是通过与社会的理性交往

① [英]简·埃里克·莱恩：《公共部门：概念、模型与途径》（第3版），谭功荣等译，经济科学出版社2004年版，第207页。

② 高春芽：《方法论范式变迁视野中的新制度主义政治学》，载《政治学研究》2010年第5期，第126页。

③ Andrew Abbott, An Old Institutionalist Reads the New Institutionalism, Contemporary Sociology, 1992, Vol. 21, No. 6, pp. 754-756.

④ [美]彼得·埃文斯、迪特里希·鲁施迈耶、西达·斯考克波编著：《找回国家》，方力维等译，三联书店2009年版，第3页。

行为而获得。

国家是个人集合体，是处于个人组成的社会关系的最高协调者。黑格尔主张的个人与国家关系，突出了个人对国家的实质存在依赖感。国家权力首先体现为国家主权，也是最高的国家权力。根据国家权力的抽象性特征，国家权力必须由设置于层级结构的国家机构行使国家权力。行使国家权力的活动内容是政治权力。权力是要求他人或组织服从的强制性命令。权力存在于任何一个组织中。政治的本质是权力。因此，任何一种寻求解开政治之谜的研究本身，在研究过程中，都势必要致力于探究社会中权力的本性和分配。惯常的思维是，在社会中行使权力者，必定是在政治舞台上担任要职者——政府首脑和其他政党领袖等。① 政治权力就是集体或整体社会中行使的完整权力，② 通过法律或其他强制性命令，获得社会一体遵循。政治权力为国家代理机构和代理人提供合法化暴力强制他人服从的合法性认可。国家权力为政治精英行为提供了合法性的基础。借助于国家权力，精英人物的政治行为对制度的发生具有强大的影响力。但是，新制度主义认为，个人行为作为解释"所有的政府现象"是远远不够的，因为个人行为的发生必然在且只能在制度的语境下才能被理解。③ 因而，新制度主义者在解释国家及政治权力时，同样关注个人与制度之间的关系，制度相关人行为对制度绩效的影响。

三、社会权力的制度意义

社会权力是解释自生自发秩序的核心语词。社会权力是相对于国家权力而言的另一种控制社会秩序的自由权利。社会权力的公共性来源于家庭活动及组织化经济活动的去私密化而进入公共领域，从而改变了个人和个人生活的意义。在一个交换为活动主体的社会中，公共性社会权力形成了对社会主体行为的自发规范。如果把社会看作多重交叠和交错的权力网络，那么，社会权力来源于意识形态、经济、军事和政治之间的相互关系。这四个来源的关系可以对社会、它们的结构和它们的历史作总结及加

---

① [美]安东尼·M. 奥罗姆：《政治社会学导论——对政治实体的社会剖析》，董云虎、李云龙译，浙江人民出版社 1989 年版，第 3 页。

② [法]莫里斯迪韦尔热：《政治社会学：政治学要素》，杨祖功、王大东译，东方出版社 2007 年版，第 119 页。

③ Ellen M. Immergut, The Theoretical Core of the New Institutionalism, Political & Society, 1998, Vol. 26, No. 1, pp. 5-34.

以说明。① 但是作为起源于市民社会、与国家政治权力相对应的社会权力，是社会自治、约束政治权力的市民集合性权力。"社会权力即社会主体以其所拥有的社会资源对国家和社会的影响力、支配力。"②社会权力的表现形式是公民自由结社权，即组织非政府组织的权力。

迈克尔·博兰尼话语中的"多中心秩序（Polycentric Order）"一词，是为了证明自发秩序的合理性以及阐明社会管理可能性的限度，充满着自由主义逻辑。多中心学者认为，建立有效的多中心应该具备三个条件：一是不同政府单位与不同公益物品效应的规模相一致；二是在政府单位之间发展合作性安排，采取互利的共同行动；三是有另外的决策安排来处理和解决政府单位之间的冲突。③ "多中心"治理理论强调公共服务的供给不应过分倚重某一种机制为中心，而应该是多种机制共生的。这样会弥补单一由某一主体提供所导致的无效率和对公众需求的回应不足。"多中心"理论的假设是通过各类组织由于其结构、功能、外部运行环境的差异相互补充，从而实现公共服务供给的优化配置。因此，多中心治理的秩序包含两个核心：一是国家权力之间的相互分工性协作。这种协作制度构建的秩序是宪政秩序。二是国家权力权能向体制外放权，与社会合理分权，建立政府之外的新的中心，如社会、市场，形成国家权力与市场、社会之间的制约性合作，任何一种合作主体都不能够对秩序的形成起绝对性的决定作用。国家权力与社会权力的合作，是新制度主义多变体（variant）新潮学说的解释方法。

新制度主义政治学从国家能力视角潜在地分析了社会权力的制度意义。国家能力与社会权力体系构成一个相互依赖的"政策网络"。在国家与社会的相关关系的分析模式中，一项国家政策的全面分析"需要考察国家的组织机构与利益，需要详细说明社会经济集团的组织与利益，还需要调查国家与社会行为主体间互为补充以及相互冲突的关系"。在否认国家垄断一切社会集体行为的动员理论中，社会权力的制度意义正在于提升或降解国家权力能力。

新制度主义政治学理论既关注制度中的个人与制度之间的关系，也分析阐述利益集团对制度形成、制度变迁和制度绩效发生作用的方式。如在

① ［英］迈克尔·曼：《社会权力的来源》（第1卷），刘北成、李少军译，上海人民出版社2002年版，第3页。

② 郭道晖：《社会权力与公民社会》，译林出版社2009年版，第54页。

③ ［美］迈克尔·麦金尼斯：《多中心治理体制与地方公共经济》，毛寿龙、李梅译，上海三联书店2000年版，第70页。

社会学制度主义中，制度不仅指正式规则，正式规则之外的象征系统和道德认知模式等文化元素也被纳入制度的范畴。历史制度主义者也把镶嵌于政治实体或政治经济体中的正式规则、非正式规则、惯例、准则和公约等定义为"制度"。如果我们把社会、经济或者某种文化这些因素中的一种或者全部都看作是独立于国家的组织结构和行为的因素，那么全方位政治的基础就不是单纯地存在于三者当中的某种因素之中。公共生活的意义以及社会集团得以意识到其政治目标并开展实现这些目标的行动的集体形式，并非只是来源于社会，而是处于国家与社会之交会面上。① 在宪政民主国家中，社会权力制约甚至规定着国家权力的能力，使国家权力具有相对性，而国家权力具有在将某些社会冲突政治化的过程中消解社会自主功能、促进社会权力保持和追随国家权力足迹的集合性作用。新制度主义者需要解释制度是如何产生和变化的以及它们出现的时间。新制度主义者面临的挑战是需要创制一个更丰富的制度起源和制度改变理论。这一理论可以用来解释包括国家、组织和群体在内的所有社会制度的大部分表现和变化。这种全面性的实证范式分析也是最令人兴奋的地方。

新制度主义理论有很强解释力。运用新制度主义理论，可以解释经济的历史性差异、议会的结构、二十世纪的特定组织和工业的兴衰，甚至非洲部落中发生的婚姻规范的变革。对制度形式做分类识别和描述。这种方法表明，在分类的各个维度中，制度形式之间存在着相互依赖性：公共制度依赖于私人制度，中心化制度依赖于分散制度。社会学理论在揭示这种相互依赖性方面是有用的。② 因而，在新制度主义政治学说看来，国家权力不是仅仅内部运作的孤立范式，而是与社会、网络、文化甚至话语结构等相互关联的存在。解释制度变迁的动力源，应考量国家和社会的多重因素。

第三节 新制度主义政治学方法论对本课题研究的意义

密尔认为，判断政府优劣的其中一个标准，就是看其政府的形式是否

---

① [美]彼得·埃文斯、鲁施迈耶、西达·斯考切波编著：《找回国家》，毛寿龙、李梅译，北京三联书店 2009 年版，第 36 页。

② Paul Ingram, Karen Clay, The Choice-within-Constraints New Institutionalism and Implications for Sociology, Annual Review of Sociology, 2000, Vol. 26, pp. 525-546.

能够"促进人民本身的美德和智慧"。① 民主的政府应该而且能够促进人民的美德和智慧。新制度主义政治学方法为解释刑事犯罪事实调查制度的动力源、制度演变过程以及制度袭旧的原因，提供了国家和权力双向解释路径。

一、犯罪事实调查制度的权力正当性

犯罪是严重损害人类生活秩序的行为，危及人类安全的价值依托。对犯罪行为实施刑罚是国家在其对社会治理能力达到可以控制社会秩序的条件下必须采取的维护安全的治理措施。但是，实施刑罚的条件是查清犯罪事实，查明犯罪行为人。在国家禁止法律许可范围外的自力救济后，国家履行保护公民的职责，追究调查犯罪事实和追究犯罪行为人的刑事责任，是国家应尽的义务。国家运用权力，在刑事诉讼程序内，调查犯罪事实，达到犯罪事实清楚的程度，满足证明标准要求，是国家的责任。在刑事犯罪事实调查制度演进的历史进程中，存在各种调查制度。在现代法治国家中，如何解释犯罪事实调查制度的正当性，是需要解释的课题。运用新制度主义政治学不同的学说作为解释方法，分析犯罪事实调查制度变迁及其动力源、制度相关人行为、制度生发与社会网络、文化之关系，是一种可以尝试的研究方法。

(一)权力技术的程式化

在西方社会科学研究方法论中，任何一门研究人类社会行为和精神现象的学问，能够称得上"科学"的，必须是可以用数学进行解释和分析的学问。数学作为人类思维的表达方式，反映了人们积极进取的意志、缜密周详的推理以及对完美境界的追求。它的基本要求是：逻辑和直观、分析和构作、一般性和个别性。② 马克斯·韦伯把近代西方世界的形式理性化称为"世界的祛魅"，强调形式理性的内在机理和主要表现就是数学思维，即人们可以通过计算来掌握一切。韦伯从经济行为视角分析经济行为的形式合理性和实质合理性。经济行为形式上的理性在于技术上可能的计算和由它真正应用的计算的程度。③ 法律的形式理性的要义，在于法律的形式

---

① [英]密尔：《论代议制政府》，汪瑄译，商务印书馆1997年版，第82页。

② [美]R.柯朗、H.罗宾：《数学是什么》，左平、张饴慈译，科学出版社1985年版，第1页。

③ [德]马克斯·韦伯：《经济与社会》(上卷)，林荣远译，商务印书馆1997年版，第106页。

主义，即在人类理性的认知中，通过法律将复杂多变的社会关系还原为可以用逻辑推演的结构性程式。清晰明确的法律概念以高度抽象的法规形式，构成并应用于人类交往行为的规则体系。现代法的发展过程表明，"法的形式的品质从原始法律过程中的受魔法制约的形式主义和受默示制约的非理性的结合体发展起来，可能是经由受神权政治或者世袭制度制约的、实质的和无形式的目的理性的曲折道路，发展为愈来愈专业化的、法学的即逻辑的理性和系统性，而这样一来——首先纯粹从外表观察——就发展为法的日益合乎逻辑的升华和归纳的严谨，以及法律过程的愈来愈合理的技术"。① 在近代西方启蒙运动中，数学思维对人们认知观念和认知方式的改造是革命性的，影响也是深远的。在近代西方，数学思维一方面将人们认知方式的合理性从伦理道德分离出来；另一方面又开始将其建立在能够实现确定认知的计算上。②

在程式化的权力技术中，一个工匠式的法律人非常容易陷入法律这部高度形式化、普遍化和程序化的机器，而不必要洞察法律背后的精神。国家权力在完成立法或制度创设后，法律静态规则体系中包含的法律价值中立的法律秩序，以程式化的法律生命取代国家权力，倡导一种没有国家的法律秩序。程序技术思维涵括着程式过程。犯罪事实调查制度是刑事诉讼制度的核心要素，是刑事程序价值是否正义的判断根据。在刑事诉讼中，调查犯罪事实的权力技术，就是遵循着诉讼程序，在诉讼期限内完成事实的程序性判断。法律程式化具有非政治性的特点，依赖于程式化的权力技术，隔离了法律程序与政治的关系。

(二)程式化技术的权力内核

霍姆斯在反驳兰德尔的法律的逻辑神学时指出，法律系统不能仅仅被理解为一套由公理和推论组成的系统，重要的是裁决的正义性和合理性，而不是裁决与传统观念的一致性。法律的哲学并不在于自身的一致性，因为随着法律的发展，这种一致性必然被打破，法律的哲学在于历史和人类的需求。法律外部的力量，如流行的道德和政治理念、社会政策甚至法官

---

① ［德］马克斯·韦伯：《经济与社会》(下卷)，林荣远译，商务印书馆 1997 年版，第 201 页。
② 魏建国：《形式理性、数学思维与现代法治的实现》，载《学术论坛》2006 年第 8 期，第 124 页。

的偏见等，这些力量塑造着法律。① 法律权力不仅仅是一种法律职业技术，而且需要在程式化的权力运作中培育法哲学的反思的能力，这就是"既定的政治法律安排和社会现实是否是正义的"。程式化技术中的权力受到程序的约束，证明国家对犯罪的调查和判断体现了人权普世的政治意识。作为权力民主形式的一种技术，程序技术首先体现为一种职业化知识的自我推崇和认可，因此，犯罪事实调查制度实质上表现为一个国家程序权力自主知识生产或追求真理的形式化层次递减并实现循环的过程。在权力分立的刑事权力中，权力在侦查、公诉和审判的不同程序中的知识互相协调，并处在同一个权力实践的"地层"之上，"法庭"正是这样的一个权力实践的"容器"。② 程式化技术隐蔽地遮盖了权力在规则内的任意性和灵活性，强化了权力在社会价值基础上的对真理的垄断性话语魅力，并获得逻辑的合理证明。

形式理性限制着实质理性。权力在程序中流动，既限制着权力代理人的个体偏好，又约束着任何政治组织机构的犯罪调查权力的任意干涉。美国学者达马斯卡以国家权力组织形态为分析背景，对具有强烈的法律政治工具主义的中世纪教会程序、法国大革命后的程序、苏联国家程序和毛泽东时期的中国法律程序、极权时期的普鲁士法律程序进行了详尽的分析，认为这些"程序规则被认为可以为纯粹的指令所取代，只要程序违规行为旨在促进苏维埃政府的利益或者符合'革命意识'的要求，它便是准确的"。③ 作者将能动型司法的当代美国司法作为其略加赞赏的典型模式，认为美国协作型能动主义司法是国家和社会发展进化进程中内生成的，"严格的法条主义精神并不适合于这里的制度环境：对规范性标准的自由裁量式偏离在这里很容易被接受，有时甚至受到正面的褒奖；为决策者留下充分自由空间的多因素平衡测试比结果确定型规则更受欢迎"。④ 在犯罪事实调查中，权力必须以自身设定的犯罪构成作为权力技术的核心。我国犯罪构成的基本特征是刑事违法性、刑事社会危害性和应受刑罚处罚性。在我国刑法中，决定某种行为是否成立犯罪，关键看行为是否具有一

① ［美］苏珊·哈克：《逻辑与法律》，刘静冲译，陈金钊、谢晖主编：《法律方法》（第八卷），山东大学出版社 2009 年版，第 23 页。
② 强世功：《法制的观念与国家治理的转型——中国的刑事实践（1976—1982 年）》，载《战略与管理》2000 年第 4 期，第 60 页。
③ ［美］达玛斯卡：《司法和国家权力的多种面孔——比较法视野中的法律程序》，郑戈译，中国政法大学出版社 2004 年版，第 294 页。
④ ［美］达玛斯卡：《司法和国家权力的多种面孔——比较法视野中的法律程序》，郑戈译，中国政法大学出版社 2004 年版，第 350~351 页。

定的社会危害及其程度，而非行为样态。① 它是犯罪成立的出发点和归宿。程序技术中的权力行为模式不仅是立法者理性选择的结果，而且受法律文化模式、社会主流意识形态等观念的影响。技术权力与权力技术是国家实现政治共同信仰的统治艺术。

二、犯罪事实调查制度的新制度主义政治学分析方法

新制度主义是一个多学说、多学科类型的概览性概念。自 1984 年马奇和奥斯姆提出这个概念后，美国学界便运用该学说分别解释政治学现象，并相互融合和互补，形成更新的学说。如从新制度主义解释美国由于罗斯福革命，使得从 19 世纪和 20 世纪初的新威尔逊主义统治制度的国会转变为一个以总统为中心的行政国家的政治决策权力中心变化的制度逻辑。② 从这个角度来看，经济学、政治学和社会学中的"新制度主义"确实是一个多层面的现象。虽然这些广泛的方法都关注社会科学中制度的作用，但它们在理论和方法上存在明显分歧。对于理性选择制度主义者来说，制度是一个干预变量，能够影响个人的选择和行为，但不能决定它们。③ 根据豪尔和泰勒的划分，新制度主义包括：主要受政治学影响的历史制度主义，主要受经济学影响的理性选择制度主义和主要受社会学影响的社会学制度主义。历史制度主义的特征表现为：从相对宽泛的意义上界定制度与行为的互动关系；强调在制度运作过程中权力的非对称性；分析制度变迁的路径依赖现象；将制度分析与其他因素整合起来进行研究。理性选择制度主义的特征表现为：采用经济学中的理性人假设；将政治视为一系列集体行动困境；突出策略行为对政治后果的决定性作用；从功能性后果的角度解释制度的产生。社会学制度主义的特征表现为：宽泛地界定制度的内涵，将正式规则之外的象征系统和道德认知模式纳入制度的范畴；从社会认知的方式解释制度对行为的影响；从组织有效性之外的社会合法性的角度解释制度的起源与变迁。④ 新制度主义政治学方法摒弃律法主义的旧制度主义政治学方法，从制度的实践视角，将法律看作是一个立

---

① 彭文华：《犯罪构成的经验与逻辑》，中国政法大学出版社 2021 年版，第 111 页。
② Ronald C. Kahn, Presidential Power and the Appointments Process: Structuralism, Legal Scholarship, and the New Historical Institutionalism, 47 Case W. Res. L. Rev. 1419 (1997), at1444.
③ Thomas A. Koelble, Review: The New Institutionalism in Political Science and Sociology, Comparative Politics, 1995, Vol. 27, No. 2, pp. 231-243, p. 232.
④ 何俊志、任军锋、朱德米编译：《新制度主义政治学译文精选》，天津人民出版社 2007 年版，第 79 页。

法、司法及公民组织参与法律秩序形成的动态过程。制度形塑着制度主体的行为，并提供了有助于理解制度行为者之所以如此的行为背景。

　　法国经济学家阿道夫·布朗基首先在 1827 年使用了"工业革命"这个术语，卡尔·马克思则使它在 1848 年以后成为欧洲普遍流行的用语。法国的政治革命和英国的工业革命实践的看法，是历史学家的事情。持续性的、对进步产生信心的说法是法律。不管行政机构如何偏袒不公（在 18 世纪时，这种偏袒不公的情况常常是明显的），"法治"仍然被公认为是公众所共同享有的。这一论点直到工业革命发生影响以后仍然存在。在 1832 年，年轻议员 T. B. 麦考莱发表演说，主张政治改革以保卫法治，避免专制独裁的横行无忌。"人民在受到法律的摧残时，别无他法，只有诉诸武力；如果法律成了人民的敌人，那么人民也将成为法律的敌人……"让法律"结合"为新的体系，使它们不同于政治制度。这种哲学和工业变革的"革命"后果两相平衡，也与那种意图从这种变革中创造出一种新的政治学的种种努力相平衡。再说，法律的演进为另一些社会和政治变革提供了一个模式。1859 年牛津大学的一篇就职讲演曾说到"上帝自然法中的最美的和最奇妙的法则"，这个法则结果是经济学，但它也可以是法学或地质学。个人道德、技术发明、道地的英国观念，即法律和进步观念的平衡等，都一齐结合到它的强大的潮流中去了。① 从我国目前法学研究的现状看，我国现在是法治国家，法律体系、法治体系已经相当完备，但是，国家将统治的合法性建立在昂格尔称谓的官僚法的法律之上，我们仍然是以政治决策代行合法性论证。政治理论解释我国现行法治体系运行逻辑的方式，是从静态制度的意义上来理解法律和法制。当把法律具体条文视为行为规范时，忽略了法律技术在实践中如何与法律主体的形塑紧密地结合在一起。机械司法现象，滥用刑事追诉权的典型案例，促使我们从法律文本语词的相对语义去理解法律文本。② 相反，应该结合我国社会主义核心价值观，利用制度、社会、文化等因素，作出善法的判决。③ 新制度主义政治学方法和理论，为分析、解释我国刑事程序中的犯罪事实调查制度的具体运作过程，摆脱法律文本主义的教义学局限，提供了深化该项制度研究、具有重要实践意义的途径。

---

① ［英］肯尼思·O. 摩根主编：《牛津英国通史》，王觉非等译，商务印书馆 1993 年版，第 436~439 页。
② 重庆市北碚区人民检察院不起诉决定书（渝碚检刑不诉〔2021〕第 46 号）。广东省广州市中级人民法院刑事判决书（〔2007〕穗中法刑二初字第 196 号）。
③ 广东省惠州市惠阳区人民法院刑事判决书（〔2014〕惠阳法刑二初字第 83 号）。

运用新制度主义政治学学说解释我国刑事诉讼法关于犯罪事实调查制度的研究，是概括性的解释。选择新制度主义多种学说之一种学说，解释我国犯罪事实调查制度之一个方面，加深对该犯罪事实调查制度体系要素的考察，有利于犯罪事实调查制度的学术积累。如我国刑事诉讼证明标准的解释，本课题运用话语制度主义方法论解释刑事诉讼法文本中排除合理怀疑与客观真实之间的话语文化差异，这种差异在实践中会造成证明标准的无所适从，但从根本上说，客观真实和排除合理怀疑又是人类对案件事实认知的一般逻辑知识。再如，运用历史制度主义解释犯罪事实调查制度的证据制度演进，解释我国刑事诉讼证据制度的历史传承性。在解释证据证明案件事实的逻辑体系中，应考量证据形式和证据内容对证明对象和证明责任的影响。而将疑难案件的事实认定，作为刑事司法政策的解释对象，则与政治学公共政策理论建立相通性的联系。

法治是一种英国的传统，但是法治的作用作为"有效"政府的一种意识形态，也曾在英国的国内边界问题上创立起过。当苏格兰人将它们的国家从落后中拉出来的时候，他们把他们具有特色的法律机构作为工具去巩固土地资本，去开发和建立"公民社会"。在爱丁堡，亚当·斯密、威廉·罗伯逊、亚当·费格森和戴维·休谟把经济学、历史、社会学和哲学与法学结合在一起，去创建一种混合的苏格兰的启蒙思想。① 将政治学新制度主义方法论运用于刑事诉讼犯罪事实调查制度研究，在政治合法性的层面上，将会完善刑事诉讼理论体系的结构认知，也有利于反思我国犯罪事实调查制度的诉讼理念，为我国刑事诉讼法典化提供管见智慧。

---

① ［英］肯尼思·O.摩根主编：《牛津英国通史》，王觉非等译，商务印书馆1993年版，第441页。

第二章 犯罪事实调查制度合法性溯源
——一个政治学的阐释

现代国家学说和观念认为，国家是解决社会冲突的合法的暴力机构。国家本身就是反暴力的法律工具。这是悖论，但相容而在。犯罪是社会冲突最剧烈的一种形态。迪尔凯姆认为，犯罪是一种规则现象，任何社会都不可能不存在犯罪。犯罪是一种触犯某些强有力的集体感情的行为，没有理由可以说明从低级社会到文明社会的过程中，犯罪事实逐步减少。犯罪的社会整合功能也是社会进步的推力器。① 为了维护意图构建的社会和政治秩序，国家必须对犯罪者实施惩罚，而惩罚的前提是国家通过正当化的程序规则对犯罪事实进行调查，并达到"犯罪事实清楚"的程度。犯罪事实调查制度是国家刑事追诉机关和人员遵循立法机关制定的程序规范而形成的正式规则与社会非正式规则及其两者结合而构成的制度。在人类的长期交往过程中形成的共享的思维或观念，为人们之间的合作和信任提供了内在的信念支持和情感依附，奠定国家犯罪事实调查制度政治合法性的基础。从审判史角度看，犯罪事实调查制度的合法性标志是实现立法者通过正式规则而意图创制的国家正义和社会文化观念，通过非正式规则而自发形成的至善性社会正义。

第一节 国家治理的刑事法治路径

治理的核心理念，是多元参与、共识驱动、利益协调、合作共治。治理活动可发生于国际、国家、地方、社区、企业与社团等不同社会层面，发生于社会公共生活的各个领域，作用于社会建构或物质建构的不同客体。在国家治理的概念中，治理的客体不是人，而是对一个国家的资源配

---

① [法]迪尔凯姆：《社会学研究方法论》，胡伟译，华夏出版社1988年版，第52~55页。

置方式与运行方式，对国民的生存环境，包括制度环境与自然环境进行治理。即通过对国家体制、权力配置与运行方式、社会资源的配置方式进行治理，通过对政治与经济制度、科技与教育制度、社会与文化制度等各种制度的治理，来实现对国民的公民素质、科学素质与人文素质的塑造，实现更有效的社会资源的动员、整合与配置，实现更有效的对生态环境的保护，从而不断促进政治文明、物质文明、精神文明与生态文明的进步，促进经济社会繁荣，增进社会福祉。① 无论是管理还是治理，大致存在着两种伦理取向，一种是以公共秩序为道德标准的伦理取向，另一种是以公共利益为道德标准的伦理取向。两种不同的伦理取向决定于权力主体在管理或治理中的所扮演的不同角色。前者强调秩序，后者强调正义。中国先秦诸子百家思想中也没有直接论及这两个概念，但先秦思想中可以找到相应的政治价值。《韩非子·难一》中所说的"国无君不可以为治"强调的就是秩序，而《慎子·威德》中所说"立天子以为天下"强调的就是正义。② 国家通过刑事法治立法、司法和执法，实现国家法治治理。刑事法治是国家治理的重要策略和措施，因而，在国家治理体系中，刑事法治是最终的手段，包括刑法规定的犯罪行为、刑罚和刑事诉讼程序制度。刑事诉讼程序是查明犯罪事实和查获犯罪行为人的步骤和方法。刑事诉讼程序反映了一国之刑事法治治理的文明程度和人权保障标准。

一、国家治理的现代化途径

现代化是一种方法论，是社会变迁的解释理论，包括经济上—技术上的变迁，政治上—社会文化上的变迁。"现代"一词是西方思想家提出的，作为摆脱中世纪封建社会的思想而成的新思想。西方现代思想包括进步思想、进化思想和发展思想的理论。③ 国家治理现代化，是指国家治理理念、方法、目标、价值等都应当实现国家和社会的进步发展。从知识社会学角度来看，治理理论是人类在寻求解决公共生活一致性问题上做出的一次深刻的尝试性转折与突破，在一定意义上，这一尝试使政治学知识在一个新的框架下实现了整合，脱离政治学中的统治话语的霸权，转向以个人

---

① 黄健荣：《从国家治理视界认知社会治理》，载《贵州省党校学报》2016 年第 5 期，第 71 页。

② 胡健：《公共管理伦理变迁：从传统社会到大数据时代》，载《中国行政管理》2019 年第 6 期，第 76 页。

③ ［日］富永健一：《社会结构与社会变迁——现代化理论》，董兴华译，云南人民出版社 1988 年版，第 96 页。

与公共事务的关系为中轴。在现代性重建进程中，治理理论框架在合法性、领域、方式和结构这几个重大维度上与统治政治对话，并形成了政治发展新范式。① 国家治理现代化的首要主题是国家权力与公民个人权利之间的法律结构关系。

从政治学新治理模式变革看，美国学者认为，新治理模式存在四种不同的各有优劣势的模式。任何改革的尝试都意味着人们对变革的期望，每一种新的模式本身就说明了人们对政府部门存在的问题的根源有一个清晰的认识。因此，这些新的模式都试图将公民对其政府感到焦虑和不满的模糊感觉，转化成一组具体的因果关系。② 国家治理新模式又称为新公共管理。公共管理定向于治理或合作共治的实质，是以确认社会构成的三分法为前提的，即确认"国家—社会—市场"或"政治社会—公民社会—经济社会"的三元划分，以补救和矫正市场失灵和政府失效为目标，建构政治国家与公民社会、政府与公众的协调合作关系，为实现公共利益的最大化而进行的权力运行向度多元互动的社会管理活动和管理过程。③ 国家治理现代化的价值是公平正义，内容包括制度体系、民主政治体系、法律体系的现代化等。国家治理的对象和核心是国家体制机制中的不符合现代化的制度，而不是治理公民。因此，在制度改革中，现代化要求我们的制度符合进步、进化和发展的理论要求。

党的十八届四中全会决定指出："全面推进依法治国是一个系统工程，是国家治理领域的一场广泛而深刻变革。"党的二十大报告指出，到2035年，我国发展的总体目标是：……基本实现国家治理体系和治理能力现代化，全过程人民民主制度更加健全，基本建成法治国家、法治政府、法治社会；未来五年是全面建设社会主义现代化国家开局起步的关键时期，主要目标任务是……改革开放迈出新步伐，国家治理体系和治理能力现代化深入推进，社会主义市场经济体制更加完善，更高水平开放型经济新体制基本形成；全过程人民民主制度化、规范化、程序化水平进一步提高，中国特色社会主义法治体系更加完善。报告还指出，中国式现代化，是人口众多的现代化，是全体人民共同富裕的现代化，是物质文明和精神文明相协调的现代化，是人与自然而和谐共生的现代化，是走和平发

---

① 孔繁斌：《治理对话统治——一个政治发展范式的阐释》，载《政治学研究》2005年第11期，第64页。

② ［美］B. 盖伊彼得斯（B. Guy Peters）：《政府未来的治理模式》，吴爱明、夏宏图译，中国人民大学出版社2001年版，第21页。

③ 黄健荣等：《新公共管理》，社会科学文献出版社2005年版，第6页。

展道路的现代化。二十大报告关于中国特色的现代化超越了资本主义流行几百年的现代化理论。① 中国式现代化集中体现了习近平新时代中国特色社会主义思想的世界观和方法论，② 成为理解中国各项制度现代化建设的指导思想和方法论。

从法治角度看，以"现代化治理"代替"传统治理"，其实就是一个向法治化治理转型的过程。我国关于国家治理体系和治理能力的建设，需依托于法治建设。推进国家治理现代化，必须坚持全面推进依法治国。国家治理需要在经济、政治、文化、社会、生态文明、改革发展稳定、治党治国治军、内政外交国防等方面提升国家治理能力。国家治理的核心要义在于制度之治。在法治建设方面，衡量是否实现国家治理现代化的重要依据之一就是法治。③ 而现代法治追求的是以良法善治为核心的制度化治理，它以法治的人民性为本质要求、以保障社会公平正义和人民权利为根本价值取向，是制度之治的最高形态。④ 国家治理的途径是良法之治。国家立法权是决定了国家法律之治的文明程度。在立法上完善国家法治治理体系，是国家治理体系和治理现代化的基础条件。

我国法律结构方面，已然从产权制度、人身自由、公民经济文化权利达到法律完善保护，特别是民法典的实施，实现了公法与私法界分规范的结构性功能。各种社会权利、文化权利的立法，基本适应了我国现阶段的国情和社会运行实践。我国执政党的自我革命、挺纪于法律之前的纪律检查制度，国家公职人员的违法犯罪调查制度，为我国现代化的治理理论提供了政治保证。刑法规定的罪刑法定原则，坚决摒弃了擅权入罪的刑罚倾向，发挥刑法的人权保障机能。刑事诉讼法经过四次修改，2018 年刑事诉讼法在诉讼价值、诉讼理念、具体程序制度等方面，坚持人权保障和惩

---

① 姚修杰：《中国式现代化的理论内涵与实践向度——兼论对资本主义现代化的超越》，载《长白学刊》网络首发，2022 年 11 月。网址：https：//kns. cnki. nct/kcms/detail/detail. aspx？dbcode = CAPJ&dbname = CAPJLAST&filename = CBXK20221114000&uniplatform = NZKPT&v = dxnxmYo5oLT9j5HmAaLSgBdjEXZjQojhcokxqEm7lJfAMK5gccYCEWo0QgY0PPoo.

② 陈金龙、李越瀚：《中国式现代化叙事的世界观和方法论》，载《广东社会科学》网络首发，2022 年 11 月。网址：https：//kns. cnki. net/kcms/detail/detail. aspx？dbcode = CAPJ&dbname = CAPJLASTDAY&filename = GDSK2022111600P&uniplatform = NZKPT&v = y-ubqAXDftxTtsh_X-d-p9d6Wd_r-JX3hzgse_dCprfSnPY5s-NRW6aCuZLRbXGl.

③ 杜飞进：《中国的治理：国家治理现代化研究》，商务印书馆 2017 年版，第 142～145 页。

④ 周佑勇：《推进国家治理现代化的法治逻辑》，载《法商研究》2020 年第 4 期，第 3～4 页。

罚犯罪相统一的立法目的。我国特色的现代国家治理模式和治理方法，已融会于社会主义核心价值观和法律价值观中。

二、国家刑事法治化治理

犯罪是伴随人类社会存在的社会现象。国家立法机关，即国家公共意志机关，通过刑法规定犯罪及其刑罚的正当性，引发两个问题：其一，国家到底可以对什么行为施以惩罚，到底可以禁止哪些行为？（犯罪成立要件问题）其二，如果确定要惩罚，那要惩罚些什么？处罚的程度到哪里？这就是刑罚的目的、强度、方式的问题（犯罪法律效果问题）。① 这不仅是法律创制的道德问题，也是国家作为伦理的政治实体的道德合法性问题。设置犯罪和刑罚的正当性是道德的一部分。相对于公民而言，国家的义务不是对公民行为作出道德属性的判断并以此为由介入公民自由，而是对行为的法律判断。概念法学者认为，几乎不存在有利于或促进所有人的福利的社会变迁或法律。但是，法律是道德的体现者。法律也许仅仅因为要求人们去做道德禁止个人作出的特定行为，或仅仅因为它们要求人们力戒道德上有责任去做的那些行为，而在道德上被指责为恶法。所以，有必要用一般术语去表述那些涉及个人行为的原则、规则和标准。它们属于道德范畴或使一定行为称为某种道德责任。② 卢梭反对频繁运用刑罚，他认为，"刑罚频繁总是政府衰落或者无能的一种标志。绝不会有任何一个恶人，是我们在任何事情上都无法使之为善的。我们没有权利把人处死，哪怕仅仅是以儆效尤，除非是对于那些如果保存下来便不会没有危险的人"。③欧洲人权法院通过判例解释了欧洲人权法院对刑罚干预道德限度的司法观点。④

伴随社会风险的增加和经济生活的复杂，国家通过刑法规定某类行为是犯罪，纳入刑罚范畴，是提升国家治理能力的必要措施。系统而言，从社会演化史的角度来看，或早或晚，在现代化的连续进程中，"财富—分配"社会的社会问题和冲突会开始和"风险—分配"社会的相应因素结合起来。作为整体主义的风险社会的转变，会出现实质性的社会变迁，改变我

---

① 林钰雄：《新刑法总则》（第 3 版），元照出版有限公司 2011 年版，第 8 页。

② ［英］哈特：《法律的概念》，张文显等译，中国大百科全书出版社 1996 年版，第 165页。

③ ［法］卢梭：《社会契约论》（修订第 3 版），何兆武译，商务印书馆 2003 年版，第 43～33页。

④ Dudgeon v. the United Kingdom, 1981, Series A no. 45; Norris v. Ireland, 1988, Series A No. 142; Modinos v. Cyprus, 1993, Series A. No. 259.

们的思考和行动模式。① 市场经济行为根生的不均衡性和不公平性，促使刑法对此作出回应，表达国家意志。如，《关于在审理经济纠纷案件中涉及经济犯罪嫌疑若干问题的规定（2020）》第 5 条第 1 款规定，行为人盗窃、盗用单位的公章、业务介绍信、盖有公章的空白合同书，或者私刻单位的公章签订经济合同，骗取财物归个人占有、使用、处分或者进行其他犯罪活动构成犯罪的，单位对行为人该犯罪行为所造成的经济损失不承担民事责任。该条规定的民事责任的承担主体和承担方式，就是对市场经济活动主体更严格的自我规范保护。社会行为方式的变革引起法律调控方式的制度变迁。一方面，法律调控社会生活范围在不断地扩展，除传统的调控范围外，还出现了如社会法、市场经济法等新型领域调控范围；另一方面，科技的发展，如网络技术、电子数据、人工智能等技术的发展，也改变了法律调控范围，促使我们重新认知法律价值。智能互联网时代的深度法律变革，它呈现了从工业社会迈向信息社会的制度转型升级的趋向。一是在法律价值上，会出现新型的数据正义观、代码正义观和算法正义观。数据的公平占有与合理使用、数据阐释的价值判断，代码规制的正当性与合理性、代码编写的价值偏好、对"恶意代码"的控制，算法偏见或歧视、算法黑箱等问题均须解决。二是在法律关系上，新型法律关系主体和客体日益涌现；权利与义务关系面临着根本性的重塑，新型权利大量出现，突破了既有的权利义务范畴所能界定与证明的范围，传统权利义务关系因嵌入数字化、智能化要素而发生了根本性改变，权利义务分配及其实现方式不断被解构和重构；权力与权利的关系发生了结构性转向，私权利与公权力的同步增长，私权利扁平化与私权力崛起相交织，公权力、私权力与私权利之间的复杂博弈。三是在法律行为上，形成了立足双重空间、人机混合、行为协同的复杂行为模式、因果关系和社会后果。② 作为法律调控技术措施的最后措施，刑法必然对诸多新型的社会生活领域作出自己的反应，规定新型领域的犯罪和刑罚，如网络信息行为的犯罪化。从犯罪行为实施方式看，除了强奸罪等必须以行为自身或者他人的人身作为犯罪工具的传统犯罪外，其他犯罪基本可以互联网上实施。即使是传统犯罪，也日益涉及互联网，甚至与互联网交织在一起，如通过互联网雇凶杀人。③ 因此，刑法作为国家治理的方法，不仅继承传统的调控方法，而且扩展且也

---

① ［德］乌尔里·希贝克：《风险社会》，何博闻译，译林出版社 2004 年版，第 17 页。
② 马长山：《智能互联网时代的法律变革》，载《法学研究》2018 年第 4 期，第 25~33 页。
③ 江溯主编：《网络刑法原理》，北京大学出版社 2022 年版，第 2 页。

必须扩展及新型的社会调控范围。

犯罪设置越多，刑罚越严厉，则国家通过刑法对公民个人权利干预越多，刑法规定的犯罪和刑罚可能超出必要的保护公民自由、建立稳定社会秩序的限度时，刑法对社会秩序和公民个人自由的干预程度不利于建立良善的法治秩序。因此，根据犯罪概念的不同，不同国家对行为犯罪化的理念也存在差别。大致比较一致的趋势是，行为设置罪名扩大化，惩罚犯罪行为的刑罚轻缓化和预防犯罪的警示价值。行为设置罪名增多，是社会生活复杂化和社会主体活动流动性而决定的。对于刑罚的轻缓化，由刑罚功能的变迁决定的。刑罚的报应、预防、威慑、谴责、改造、教育、鼓励、抚慰等外部功能，表征刑罚与社会生活之间的关系。刑罚的规范定性功能、评价功能、予效功能等内部功能，体现的是刑罚要素在规范构造过程中的原理性的价值。刑罚的外部功能具有实践上的价值，主要通过司法过程表现出来，刑罚的内部功能主要在立法过程中得以彰显。[①] 刑罚轻缓化趋势是刑罚外部功能和内部功能认知变化的结果。预防犯罪的价值功能是通过刑罚对行为人的人格、自由、财产等的严厉强制性体现出来的，既预防行为人再犯，也预防社会其他主体实施相同或相似的行为。如出借银行储蓄卡为他人接收转款的行为，大众意识可能认为这是平常交往行为，但在刑法上，就成为犯罪构成的要件之一。刑罚轻缓化，也重新确立刑罚在刑法体系中的地位和作用。

有学者认为，国家刑事治理模式，按照我国刑法的立法理念和立法技术的纵向时间划分，可以分为四个阶段，其一是"革命型"刑事治理模式，该阶段特征是国家缺乏系统的刑事法规作为治理依据，以镇压反革命为核心，围绕镇压反革命展开。其二是"运动型"的刑事治理模式。该阶段与刑事治理无关，是一种带有强烈政治性色彩的"口号"与"运动"相结合的反法治的社会治理模式。其三是"政策型"刑事治理模式。该治理模式使得刑事治理介入社会生活范围过广，介入程度过深。其四是"法治型"刑事治理。限制国家权力，保障公民权利，是法治原则的体现。我国刑法的性质从国权刑法转向民权刑法。[②] 我国立法者已经从"以刑为治"转向"以刑维稳"，将现代刑法思想和刑罚思想贯穿于刑事立法体系中。对于严重危害社会治安、人民生命财产安全、严重暴力性、危害公共安全的犯罪行为，仍然坚持重刑主义，如对于黑社会性质的犯罪的严厉打击；但对于涉

---

① 参见周少华：《刑罚的内部功能解释》，载《法律科学》2007 年第 3 期。
② 杨柳：《我国刑事治理模式与理论反思》，载《法学论坛》2021 年第 5 期，第 51~53 页。

嫌危害市场经济秩序、危害后果能够为社会容忍的犯罪行为，采取轻缓化刑罚。如轻微危害后果的绑架罪处罚。在刑事程序方面，2018 年刑事诉讼法规定的认罪认罚从宽制度，最高人民检察院试点民营企业刑事合规不起诉制度等，都为实现社会的良善治理创造刑事法治的制度环境和制度效果。

三、刑事诉讼程序的国家治理

现代汉语解释"程序"是指事情进行的先后次序。刑事诉讼程序是中国近代法制变革的产物。我国古代刑事法律制度相当发达，但是诉讼程序很简单，甚至可以说是没有现代法治意义上办案程序。直至清朝末年法律改制时，才在文本上窥见检察官制度、警察制度，审判之外的事务皆为检察官或检察官指挥司法警察所为。文本还规定了刑事诉讼控审分离的职权原则，审判社会化的公开审判原则等。① 刑事诉讼法是法律体系的部门法，是国家追究犯罪、查获犯罪证据、查获犯罪行为人的国家行为。作为部门法，程序法相对应的分类是实体法。国家机关和人员违反实体法必然承担法律责任，但是违反刑事诉讼程序是否需要承担法律责任，没有任何法典化规范。因而，我国刑事诉讼程序是一个没有法律后果的办事步骤。

究其西方学说，程序权利是自然法产物，保护公民权利应当遵循正当法律程序。反之，公民受到审判的条件就是向该公民颁行可以论辩的书面命令。② 依据自然正义形成的法律程序既是法体审判必须遵守的规则和应履行的法庭义务，也是法庭的行为举止规范。程序要素包含正当性要素和辩说要素。尤以互相辩说为条件。这与我国古代提出的"勿以辩说为必然"③的沉默计谋相反。我国古代审判程序中的"兼听"不是赋予当事人以口头表达意见的权利，而是司法官员查明案件事实的主动性的道德行为。托马斯·阿奎那将自然法置于永恒法之下，而将神法、人法列于自然法之后，且关注人法。人法不仅来自永恒法，也来自自然法。人法是实在法。任何法律可以通过两种方法由自然法产生出来。第一，作为比较一般的原理得出的结论。第二，作为某些一般特征的规定。如"不得杀人"是从"不

① 朱勇主编：《中国法制通史》（第 9 卷），法律出版社 1999 年版，第 313~317 页。

② K. Jurow., Untimely Thoughts: A Reconsidertion of the Origins of Due Process of Law, American Journal of Legal History, 1975, Vol. 19, at 266.

③ 《六韬·（卷三）龙韬·论将（武王问太公曰）》，中州古籍出版社 2008 年版。唐书文：《六韬·三略译注》，上海古籍出版社 2006 年版。

要害人"这一箴言而来的。一个人应当给以某种处罚，乃是自然法的一项特殊的规定。人定法有四个特点，其中之一就是，法律是支配人类行为的法则。① 因此，程序自然法是人们应该遵守的程序行为规则，该规则成为实定法时，应体现理性的特征。在英美法系国家的程序理论学说中，程序限于权利，且程序正义是自然正义的观念，成为社会普遍性认知。与人定法规则不同的是，自然法天然的、固有的本性特征就是权利和正义原则。自然法与自然正义、公平和善良的伦理含义完全相同。自然法被认为不分种族、不分地域地普遍适用，如同自然生命一样，遵循自然法则。自然法可以成为超越实定法，而成为对权利争议的伦理解释的根据。② 程序正义与自然法则相一致。程序正义的构成要素就是自然法则的构成要素。刑事诉讼程序正义，表现在两个方面，其一是赋予被国家追诉的人以完整的人格体验，其二是允许诉讼主体对案件事实提出争议且在法庭上公开答复。

其一是赋予被国家追诉人以完整的人格体验。人格尊严被侵害的多发程序，是在为查明犯罪事实而进行的强制讯问程序中。美国联邦最高法院在 Rhode v. Innis 案件判例中把讯问定义为"明确的质问或与其功能相当"。"与其功能相当"的质问由"警方的语言或行为"组成，并且"警方应该知道由嫌疑人供出犯罪行为具有合理的可能性"。③ 显然，讯问是国家权力意图使被讯问者供出犯罪行为的一种官方行为。因而，讯问权就表现为国家凭借强力介入并解决刑事纠纷的一种权能，是国家权力在刑事解纷机制中的体现。刑事讯问权是用来查明案件真实的。法国后结构主义者米切尔·伏考特（Michel Fukautl）认为，"真实是世俗世界的产物：它仅仅根据多重的制约模式而生成，而且演绎着权力的惯常效应。每个社会都存在着它的关于真实的界域（regime）和通俗的真实政治学；多类型的讲道——它接受并维持其为真的功能"。④ 刑事程序中的真实，本质上不仅仅包含着权力因素，它必须关注比与历史性客观事实同一性更多的东西。我们的讯问权主体要求所有人都踩着同样的鼓点齐步向前，任何对权力事实的差异观点，都被看作和谐秩序的背叛者。正如同英美国家对弹劾式讯问权有着远古的迷恋一样，我们的民众对国家权力寄予深厚的德性期盼和赋予浓重的

---

① 《阿奎那政治著作选》，马清槐译，商务印书馆 1963 年版，第 116~117 页。

② Philip A. Hamburger, Natural Rights, Natural Law, and American Constitutions, Yale Law Journal, Vol. 102, 1993, at 910-912.

③ Innis, 446 U. S. at 301. Transf. ed: Investigation and Police Practice, 34 Geo. L. J. Ann. Rev. Crim. Proc. 3, 2008, at163.

④ Paul Robbins, Political Ecology. Blackwell Publishing, 2004, p. 66.

福祉寄托，对讯问权探究事实真实的纠问主义有着深深的眷恋。封建制法律文化的信仰是：权力者永远代表真理！国家权力的时代观念表明：如果权力者自己拼命靠着肮脏、违法的手段拿到证据，然后说自己是正义的代表、要以此证据惩罚"坏人"，则这自相矛盾的做法，如何服众？① 仅仅有"人权"的抽象理性难以满足讯问权合法性的实践需求，关注无辜者"犯罪"的不幸的世俗化的"民权"才是制约讯问权的实践力量。关注民权，才能理性地探究和理解讯问权探究真实的合法性内涵和真谛。被告人（犯罪嫌疑人）沉默权（米兰达规则）诞生在英美法系国家，是有着深厚的文化土壤的。②

　　2012年《刑事诉讼法》第2条增加了刑事诉讼的任务包含"尊重和保障人权"，第50条增加规定："不得强迫任何人证实自己有罪。"立法文本将"不得强迫任何人证实自己有罪"作为沉默权立法的语言替代。有司法机关高级法官认为："此次刑诉法修改的亮点主要体现在保障人权和宽严相济两方面，但法律制定后，确保贯彻落实才是关键。"③我国刑事诉讼法在结构、条款、规定，甚至概念、术语上与德国有亲缘性的相似处，又紧紧追随、模仿英美法制度，但与它们的本质精神差之甚远。英国《1984年警察与刑事证据法》第76条规定，英国警察在侦查过程中完全独立，不受本系统以外的任何指示，有权自行决定案件的处理。但是警方采取压迫性的任何语言和行为可能导致讯问时的有罪供述不可靠，除非控方能够向法庭证明该供述（尽管可能是真实的）不是以上述方式取得的，并且，此项证明达到排除合理疑问的程度，否则，法庭不得允许将该供述作为不利于被告人的证据提出。因为英美法系特有的、根植于长期形成的、以尊重人的尊严和自由为基本特征的道德和政治哲学传统哺育的浓厚的程序正义观念主张"发现真实的结果并不能使刑讯手段合法化。"④职权主义和当事人主义审判结构只是定罪标准语义学上的细微差异。达马斯卡认为，英美的抗辩式诉讼制度建立了比大陆法系诉讼制度更高的定罪标准的证据阻碍。⑤ 但对于当事人人格尊严的保护是一致的。

---

① 林立：《波斯纳与法律经济分析》，三联书店2005年版，第422页。
② 参见孙长永：《沉默权制度研究》，法律出版社2001年版。
③ 湖南省高级人民法院院长康为民代表认为："刑诉法修改亮点多 确保执行是关键"，中国人大网 www.npc.gov.cn，2012-03-12。
④ ［美］弗洛伊德·菲尼：《非法自白应否在刑事诉讼中作为证据使用》，郭志媛译，《中国法学》2002年第4期。
⑤ See Mirjan Damaska，Evidentiary Barriers to Conviction and Two Models of Criminal Procedure：A Comparative Study，University of Pennsylvania Law Review，1973，at587。

其二是根据刑事诉讼程序而合法调查的证据用以证明案件事实的真相判断标准。大陆法国家检察官有客观义务，英美法国家检察官有公正执法义务，都要求检察官应公平对待当事人，不得为了定罪而不择手段。但是，警察机关运营调查手段调取获得证据的方法，在法定的范围内，赋予警察相当大的自由裁量权。美国联邦最高法院在1961年通过马普诉俄亥俄州案（Mapp v. Ohio）①，阐述了警察通过违反宪法第十四修正案的搜查和扣押而获得的证据，应当予以排除，从而开启了美国非法证据排除规则的实践运用。马普案司法判决意见对于警察调查收集证据的实践作法，虽然没有大的影响，但是对于法庭审判产生了巨大的影响。一方面，这一变化显示出对刑事被告的民事自由给予更多尊重的有益影响，另一方面，这一变化可被视为令人关切的原因，因为它是有效执行麻醉品法的新障碍。② 国家对案件事实的调查义务，不是不择手段的理由，相反，国家权力的伦理实体要求国家权力包括警察权力，应遵循法律的程序规则。

关于案件事实的真伪，东方传统法律制度强调权力主导事实，但是，西方法律传统崇尚交往性的争辩表现出事实。东方国家不注重被刑事追诉人的权利保障，特别是对事实的争辩权利，而西方国家注重国家权力的约束和被刑事追诉人抗辩权的宽容。在制度设计上，自然地存在着路径依赖的历史制度主义解释方法。在现代风险社会中，刑事司法文明最大的阻隔不是查获不到行为人，而是运用非法方法查获行为人，造成冤案。培根的水源论为我们后世提出了警示。

刑事诉讼程序制度对国家治理体现和治理能力的贡献，不仅在于人权保障提升法治文明程度，而且能够有效地查获犯罪证据、查获犯罪行为人，实现诉讼程序目的。有法治而无程序，是不可想象的。罗马法为欧洲中世纪后的法治文明提供了模仿根源，但罗马法并没有拯救罗马衰亡的命运。为此，孟德斯鸠说，法治是令人神往的，但是，"没有比在法律的借口之下和装出公正的姿态所做的事情更加残酷的暴政了，因为在这样的情况下，可以说，不幸的人们正是在他们自己得救的跳板上被溺死的"。③ 刑事法治作为国家治理的最终方法，不能以法治之名而毁坏刑事司法文明。刑事诉讼程序的正义是国家治理文明的测试标本。没有刑事程序正

---

① 367 U. S. 643（1961）.
② Research：Effect of Mapp v. Ohio on Police Search-and-Seizure Practices in Narcotics Cases, 4 Colum. J. L. & Soc. Probs. 87, 1968, at96.
③ ［法］孟德斯鸠：《罗马盛衰原因论》，婉玲译，商务印书馆1962年版，第75页。

义，追求情理规则下的"实体正义"，不会提高国家治理能力。形式理性和实质理性应充分实现均衡，否则，过于强调实质理性和情理规则，最后会失去实质理性。制度的非人格化会使人失去存在的价值和生命的意义。

第二节　国家正义——犯罪事实调查制度合法性之一

一、国家正义的政治特征

正义是社会制度的首要价值，正像真理是思想体系的首要价值一样。作为人类活动的首要价值，真理和正义是决不能妥协的。① "国家正义"即是"大写的正义"，"在我看来之所以要建立一个城邦，是因为我们每个人都不能单靠自己达到自足，我们需要许多东西。因此我们每个人为了各种需要，招来各种各样的人，由于需要许多东西，我们邀集许多人住在一起，作为伙伴和助手，这个公共住宅区，我们叫它城邦。② 柏拉图为城邦（国家）订立了一个总的原则：我们在建立我们这个国家的时候，曾经规定下一条总的原则。我们规定下来并且时常说到的这个原则就是：每个人必须在国家里执行一种最适合他天性的职务。③ 柏拉图重视国家的绝对有效性，即国家利益，提出了一个国家制度的理想。亚里士多德的城邦起源与政治权力起源主要是一种"本性说"，"事实的善一定是使其得以保存的东西……家庭要比个人更自足，城邦又比家庭更自足；而且只有在共同体达到了足够自足时，一个城邦才能形成"。④

孟德斯鸠将国家分为不同的政体。民主政体是全民掌握最高权力的政体，其特点：（1）全体人民都有投票选举的权利；（2）选举应公开进行；（3）用抽签的方式进行选举；（4）只有人民可以制定法律；（5）人民有指派自己的代理人——官吏——的权利。⑤ 在贵族政体中，贵族和平民之间的不平等和由此可能造成的矛盾与冲突；所以他说，最好的贵族政治可能在这样的国家中得到实现；那些没有参与国家权力的人民数目很少并且很

---

① ［美］约翰・罗尔斯：《正义论》，何怀宏译，中国社会科学出版社1988年版，第1页。
② ［古希腊］柏拉图：《理想国》，郭斌和、张竹明译，商务印书馆1986年版，第58页。
③ ［古希腊］柏拉图：《理想国》，郭斌和、张竹明译，商务印书馆1986年版，第154页。
④ 苗力田：《亚里士多德全集》（第9卷），中国人民大学出版社1994年版，第33~34页。
⑤ ［法］孟德斯鸠：《论法的精神》（上册），张雁深译，商务印书馆1961年版，第8~12页。

穷，那么，占支配地位的那部分人民（即贵族）就没有兴趣去压迫他们了。① 专制政体的一个基本法律是设置宰相，而君主实际上是将全部权力委托给这个人，自己什么都不干，躲在后宫享乐；而在君主政体中，君主亲自执政，在授予臣下权力时又加以限制，给自己保留了更大的权力。② 在每一种国家政体中，国家正义都有着不同的伦理判断标准。有多种国家政体，就有着多重正义的面孔。为了回答何谓正义，我们不得不作出改变而先行提问何谓非正义。非正义和正义所指示的是相关的而不是相反的两个概念。一般来讲，非正义与对权利的侵害和漠视有关。与国家相联系，非正义在当代显示为这样的事态：在实际条件下，国家通过它的机构侵害了部分公民的基本权利，或者没有实现部分公民的基本权利的意蕴；国家没有通过适当机构有效制止对权利的侵害和漠视。③

从国家起源的学说共性中可以看出，国家解决社会冲突的合法的暴力性机构。社会冲突意味着，在那些结果中有着对抗利益的有意的行为人之间的互动。理性选择理论为社会冲突提供了解释的理论基础：个体为追求各种目标和利益而行动，并且为了更有效率地满足这些利益而选择他们的行为。④ 而犯罪是社会冲突最剧烈的一种形态。迪尔凯姆认为，犯罪不但存在于某些社会，而且存在于一切社会中，没有一个社会可以例外。犯罪的形态、行为在不同的社会中有不同的表现，在同一社会中也有不同的表现。但是可以说在任何社会、任何时候，都有这样一些人，他们做出的一些行为举动是要受到惩罚的，然而，没有任何理由可以说明从低级社会到文明社会的过程中，犯罪事实是逐步减少的。⑤ 科塞从社会学视角对社会冲突的正向功能加以分析，将社会冲突分为内群体冲突和外群体冲突，社会冲突具有聚合群体团结的功能。"道德和法律的原则限制着权力在不同集体和个人之间的不平等分配。政府的主要功能之一就是对利益的冲突作出最后的公断。"⑥为了维护国家意图且现实构建的社会和政治秩序，国家必须对犯罪事实进行调查，对犯罪者实施惩罚。似然从审判史角度看，惩罚犯罪者并不必然以查明犯罪事实为前提条件，如在远古时期和中世纪宗

---

① ［法］孟德斯鸠：《论法的精神》（上册），张雁深译，商务印书馆 1961 年版，第 15 页。
② ［法］孟德斯鸠：《论法的精神》（上册），张雁深译，商务印书馆 1961 年版，第 65～66 页。
③ ［土耳其］I. 库苏拉蒂：《正义：社会正义和全球正义》，赵剑译，载《世界哲学》2010 年第 2 期，第 146～147 页。
④ ［美］杰克奈特：《制度与社会冲突》，周伟林译，上海人民出版社 2009 年版，第 16 页。
⑤ ［法］迪尔凯姆：《社会学方法的规则》，胡伟译，华夏出版社 1997 年版，第 53、90 页。
⑥ ［美］L. 科塞：《社会冲突的功能》，孙立平等译，华夏出版社 1989 年版，第 120 页。

教裁判时期如是，但在现代国家中，犯罪事实不清楚，没有达到法律和道德确定的保障，就不可以对犯罪者施以国家报复。这是国家正义在犯罪事实调查制度中的法律内涵本质。

二、国家正义的表现形式

在社会组织结构层面，柏拉图把城邦组成人员划分为三个阶层：统治者(rulers)、护卫者(guardians)、劳动者(husbandmen and craftsmen)。柏拉图认为治理国家是一门非常复杂的"技艺"，统治者阶层需要具有超凡脱俗的素质和能力的人来担任。这些人就是拥有高超智慧和真正知识的少数哲学家，即"哲学王"，这些人在城邦中只是极少的一部分人，人数最少的那个部分和这个部分中的最小一部分，这些人领导着和统治着他的人们。① 护卫者阶层主要从事战争、保卫国家，他须具备勇敢的品质，防止一个个独立的个体为了争夺土地和财富在城邦间发动战争。劳动者阶层是从事具体劳动工作的匠人、农夫和商人等。这些人在国家中人数众多，地位比较低下，一生从事艰苦的劳动，要接受统治者的领导，对自己加以控制和引导。在近现代国家，社会契约学说创设了人生而平等的政治理念，政治社会中的人人平等成为国家正义存在的政治形式之一。平等是专属于人类精神状态的一种理念性追求——动物之间只存在"弱肉强食"的自然法则而绝无平等可言。平等观念贯穿着三个法则：第一法则是，平等知会是弱者发出的呼唤；第二个法则是，被要求平等(均分物质财富)的主体之间本无平等可言——平等主体之间原本只存在利益的争夺和实力的较量；第三个法则是，平等只能依靠一种超越平等主体的权威力量才能求得——这种力量一定比强者更强，且为弱者所拥戴、所推崇。② "宣称对全体公民拥有统治权并要求他们忠诚的政府，如果它对于他们的命运没有表现出平等的关切，他也不可能是个合法的政府。平等的关切是政治社会至上的美德——没有这种美德的政府，只能是专制的政府。所以，当一国的财富分配像甚至非常繁荣的国家目前的财富状况那样极不平等，它的平等关切就是值得怀疑的。"③平等是政治弱者获得与政治强者相互政治身份认同、崇尚权力至善的政治符号。平等不仅要求每一个人在政治秩序中遵守政治规则，而

---

① [古希腊]柏拉图：《理想国》，郭斌和、张竹明译，商务印书馆 1986 年版，第 47 页。
② 冯亚东：《平等、自由与中西文明》，法律出版社 2002 年版，第 1~5 页。
③ [美]德沃金：《至上的美德：平等的理论与实践》，江苏人民出版社 2003 年版。

且要求要求任何人都被他人平等地对待："他人普遍遵守正义规范是每一个人遵守正义规范的前提。"①

自由是平等的同生物。平等必须以自由为实现条件。柏林曾将自由分为积极自由和消极自由，把政治自由看作消极自由。② 人类从诞生时就有着追求自由的自然本性，如同追求平等。自由从史前人类进化到现代社会，无时不是在与社会的强权或国家的强权发生争斗而谋求平等的政治秩序。政治秩序（political order）可表示为通过法律系统和政府"自上而下"地强制实施的社会控制。这个意义上的秩序，是与纪律、管制及权威等观念相联系的。③ 罗尔斯认为，某些法律和制度，不管它们如何有效率和有条理，只要它们不正义，就必须加以改造或废除。每个人都拥有一种基于正义的不可侵犯性，这种不可侵犯性即使以社会整体利益之名也不能逾越。因此，正义否认为了一些人分享更大利益而剥夺另一些人的自由是正当的，不承认许多人享受的较大利益能绰绰有余地补偿强加于少数人的牺牲。所以，在一个正义的社会里，平等的公民自由是确定不移的，由正义所保障的权利决不受制于政治的交易或社会利益的权衡。允许人们默认一种有错误的理论的唯一前提是尚无一种较好的理论，同样，使人们忍受一种不正义只能是在需要用它来避免另一种更大的不正义的情况下才有可能。

犯罪是对政治秩序和自然秩序的严重侵犯。国家以超越社会的身份调查犯罪事实，需以保障公民平等和法律下的自由为条件，由此而形成的制度事实才是正义的。

三、国家正义的实现途径

国家正义的实现途径有三个充要条件，即正义的法律、合适的分权和正义的意识形态。

亚里士多德认为，"人类在本性上，也正是一个政治动物"。"人类所不同于其他动物的特性就在于他对善恶和是否合乎正义以及其他类似观念的辨认［这些都由言语为之互相传达］，而家庭和城邦的结合则正是这类义理的结合。"④亚氏讨论了国家（城邦）正义的实现途径，即法

---

① 慈继伟：《正义的两面》，三联书店 2001 年版，第 18 页。
② Isaiah Berlin, Two Concepts of Liberty, Farrar, Straus, Giroux, 1997, p. 169.
③ ［英］安德鲁·海伍德：《政治学核心概念》，吴勇译，天津人民出版社 2008 年版，第36 页。
④ ［古希腊］亚里士多德：《政治学》，吴寿彭译，商务印书馆 1965 年版，第 7 页。

治。"谁说应该让一个个人来统治，这就在政治中混入了兽性的因素。常人既不能完全消除兽欲，虽最好的人们（贤良）也未免有热忱，这就往往在执政的时候引起偏向。"①克服理性局限的根本之道就是实行法治，"法治应当优于一人之治"，②"法律是最优良的统治者"，③因为，"法律恰恰正是免除一切情欲影响的神祇和理智的体现"④，法律是没有欲望的理智。正是由于法律没有欲望和情感，我们才可能利用法律来克服个人理性的局限。以法律克服欲望与情感，亚里士多德采取了两个重要步骤：首先，他赋予法律高于个人包括统治者的至上地位，由法律进行统治，并以此控制和规范个人的权力。他说，"法治应包含两重意义：已成立的法律获得普遍的服从，而大家所服从的法律又应该本身是制订得良好的法律"。⑤"法律获得普遍的服从"也即法律至上，统治者也必须服从法律。法律利益权衡的最高准则依据。"要使事物合于正义（公平），须有毫无偏私的权衡；法律恰恰正是这样一个中道的权衡。"⑥"凡不能维持法律威信的城邦都不能说它已经建立了任何政体。"⑦洛克从人的自然理性出发，认为，"法律按其真正的含义而言，与其说是限制还不如说是指导一个自由而有智慧的人去追求他的正当利益，它并不在受这法律约束的人们的一般福利范围之外作出规定。假如没有法律他们会更快乐的话，那么法律作为一件无用之物自己就会消灭；而单单为了使我们不致堕落泥坑和悬崖而作的防范，就不应称为限制。所以，不管会引起人们怎样的误解，法律的目的不是废除或限制自由，而是保护或扩大自由。这是因为在一切能够接受法律支配的人类的状态中，哪里没有法律，哪里就没有自由"。⑧

但是有法律的存在并非有法治。平衡的政体是实现法治的必然条件。孟德斯鸠在论述国家三权分立的政治原则时设计由人民集体掌握立法权力，秉承政治宽和的精神，制定临时或永久的法律，并修正或废止已制定

① ［古希腊］亚里士多德：《政治学》，吴寿彭译，商务印书馆1965年版，第169页。
② ［古希腊］亚里士多德：《政治学》，吴寿彭译，商务印书馆1965年版，第167页以下。
③ ［古希腊］亚里士多德：《政治学》，吴寿彭译，商务印书馆1965年版，第171页。
④ ［古希腊］亚里士多德：《政治学》，吴寿彭译，商务印书馆1965年版，第169页。
⑤ ［古希腊］亚里士多德：《政治学》，吴寿彭译，商务印书馆1965年版，第199页。
⑥ ［古希腊］亚里士多德：《政治学》，吴寿彭译，商务印书馆1965年版，第169页。
⑦ ［古希腊］亚里士多德：《政治学》，吴寿彭译，商务印书馆1965年版，第191页以下。
⑧ ［英］洛克：《政府论》（下篇），商务印书馆1964年版，第35页以下。

的法律，并阐述了司法权的作用："在君主政体中，君主真正的职务是任命审判官，而不是自己当审判官。"①由此并得出结论："欧洲大多数王国是政体宽和的，因为享有前两种权力(立法权和行政权)的国王把第三种权力(司法权)留给他的臣民去行使。"②"在亚洲，权力总是专制的，在那个地方的一切历史中，是连一段表现自由精神的记录都不可能找到；那里除了极端的奴役以外，永远看不到其他任何东西。"③巴泽尔根据"法治政权"即委托人控制了保护组织的政权理论，认为，不论采取什么方式、体制和形式，只要能够真正地控制国家权力不滥用，不损害和侵犯人们的利益的国家才是法治国家，在法治政权下，人们形成了集体行动机制或采取其他一些措施约束和控制了国家，国家会按其提供的服务成本来收费即征税，分享合适的收益弥补它实施合约的成本。控制国家过分的索取，国家也能获得相应的收益并提供服务，在满足服务需求和控制国家没收之间达到了平衡，国家与社会之间处于和谐状态。④

在早期国家社会中，意识形态权力基础的起源，可能是对宗教的或对民众观念上的超自然象征物的控制。这种控制可用来威吓民众或向他们预言各种各样宗教的或超自然的惩罚，还可以用来操纵社会意识形态的变化。⑤ 在现代政治社会中，政治领域的核心原则是代议制民主(政党、议会等)中的公民参与。决策以及对政治权力的运用，遵循合法性原则和权力与统治只有经过被统治者的同意才能实施的原则。⑥ 充满自由、平等精神的正义的意识形态可以使权力行使合法化，并且减少控制是行政费用社会治理费用，也可以预防权力分立而产生的权力分化或异化。权力的财富分配威严是民众服从的有力的保证，却不是治理社会、调控社会秩序的有效措施。法律的有效实施仍需意识形态整合权力和实施法律的文化力量和价值功能。"家庭和教育会灌输给人们一种价值观念，使每个人的个人行为受一整套习惯、准则和行为规范的协调。""意识形态是一种行为方式，这种方式通过提供给人们一种'世界观'而是行为决策更为经济，同时它不可避免地与人们有关世界是否公平的道德和伦理方面

---

① [法]孟德斯鸠：《论法的精神》(上册)，张雁深译，商务印书馆1961年版，第169页。
② [法]孟德斯鸠：《论法的精神》(上册)，张雁深译，商务印书馆1961年版，第156页。
③ [法]孟德斯鸠：《论法的精神》(上册)，张雁深译，商务印书馆1961年版，第127页。
④ [美]约拉姆·巴泽尔：《国家理论》，钱勇译，上海财经大学出版社2006年版，第37页。
⑤ [美]乔纳森·哈斯：《史前国家的演进》，罗林平等译，求实出版社1988年版，第162页。
⑥ [德]乌尔里希·贝克：《风险社会》，何博闻译，译林出版社2004年版，第226页。

的评判交织在一起，一旦人们发现其经验与他不服，人们就会试图改变其意识形态。"①

犯罪事实调查制度形成的刑事程序法治，实现国家正义，不仅依赖于完备的法律文本，而且依赖于立法的良善、司法独立和正义的意识形态的文化观念。

第三节　社会正义——犯罪事实调查制度合法性之二

社会学制度主义认为，在人类的长期交往过程中形成了共享的思维或观念。这种共享的观念或思维被内化于所有相关人的行为中而形成了制度。共享观念是建立在合法性的基础之上，即这些观念超越了个人私利，为大家所共同接受的观念。因此，制度不仅要具有规范性特征，而且也要具有社会正义和至善性的特征。制度文化和规范形式影响了人们的观念意识和社会心理，从而为人们之间的合作和信任提供了内在的信念支持和情感依附。在新制度主义学说看来，制度是由正式规则、非正式规则和两者的强制性所组成，它们三者共同决定了政治绩效。虽然正式规则可以一夜间改变，但非正式规则的改变只能是渐进的。非正式规则给任何一套正式规则提供了根本的"合法性"。犯罪事实调查制度的合法性之二是实现社会正义。

一、社会正义含义的历史变迁

社会正义的含义是伴随国家与社会的分离而产生的市民社会的正义理论。在古代，国家与私人领域统为一体，即古代的市民社会与政治国家相统一，社会正义与国家正义重合；在近代，工业化与现代化的发展促进了政治国家与市民社会的真正分离并抽象化，社会正义的理论内涵才具有独立的意义。近代早期哲学家们在讨论社会正义时与古代哲学家相似，把社会正义的观念简单地当作分配正义的一种扩展形式，即把它看作更系统地追求并涉及更广大利益的分配正义，区别于惩罚正义。19世纪晚期的各种政治经济学和社会伦理学著述中偶然的方式使用该术

---

① [美]道格拉斯·诺斯：《经济史中的结构与变迁》，刘瑞华译，上海人民出版社1994年版，第55页。

语。19世纪末欧洲大陆的进步的天主教徒开始发展社会正义的观念。
20世纪早期社会正义的理论成为主要的关切之点。1900年约翰斯·霍
普金斯大学的政治学教授威斯特尔·韦洛比出版了第一本以《社会正
义》命名的著述。①

　　社会正义观念及其理论的形成与近代社会契约学说和人权观念具有天
然的联系，意在否定国家吞噬社会、抹杀个人人格独立的国家正义理论。
潘恩认为，由社会产生的政府完全不同于由迷信或征服产生的政府，其建
立的情况应当是，"许多个个人以他自己的自主权利互相订立一种契约以
产生政府，这是政府有权利由此产生的唯一方式，也是政府有权利赖以存
在的唯一原则"。② 社会契约思想促生了市民社会的生成。市民社会的基
本特征体现在市场经济、契约法理、组织自治、公共领域、多元文化五个
方面，市民社会的发展能够使社会主体的个体自由得以张扬。同时，人权
作为一种实践状态，具有双重意义。在基本的体系上，人权是人类相互间
的权利要求，在辅助的体系上，人权也是对应当保护这种权利要求机构即
国家提出的要求。因为人权不仅会受到他人方面的危害，所以要由国家来
保护。受到"保护权力"本身危害的权利要求也是这样。近代的人权讨论
因此而起。在国家权力的极权主义倾向中，自由权利采取对国家权力的反
权力形态；按照近代宪法理论，自由权利是国家不应干预的主体的公共权
利。且在这种反权力范围内，宗教自由、言论自由和个人（英国1679年颁
布的人身保护法的基本权利：保护不受任意逮捕）是最重要的自由权利。③
人人平等和自由的社会理念，促使公民的正义观念发生变迁，使得国家正
义和社会正义发生分离。人权观念注入政治活动，使得权力政治步入权利
政治，"从根本上颠覆了传统社会的权利与权力的关系模型"。④ 近现代的
任何一种正义理论的核心要素是对公民的基本权利的说明，这就包括各种
各样的具体自由如迁徙自由和言论自由的权利。这些权利的确切性质和程
度依赖于正义理论是如何理解公民身份的，但是一般来说，社会正义的要
求本身就把基本自由的一个广泛的领域包含进去了。⑤ 土耳其哲学家库苏

---

① ［英］戴维·米勒：《社会正义原则》，应奇译，江苏人民出版社2001年版，第3页。

② 《潘恩选集》，马清槐等译，商务印书馆1981年版，第145页。

③ ［德］奥特弗里德·赫费：《政治的正义性——法和国家的批判哲学之基础》，庞学铨、
李张林译，上海译文出版社2005年版，第329页。

④ 范学进：《权利政治论》，山东人民出版社2003年版，第35页。

⑤ ［英］戴维·米勒：《社会正义原则》，应奇译，江苏人民出版社2001年版，第14页。

拉蒂认为，可将社会正义阐明为这样的要求：所有公民的间接受保护权利，如食物权、健康权及受教育权等，构成了人类潜能发展的普遍前提条件，对此，国家或者拥有权力的政府，必须永不间断地提供各种可能从而使它们得到同等保护。这意味着，在某一国家的实际条件下，在起草处理社会经济问题的法律时，必须考虑到这些法律给所有公民的人权带来的可预见意蕴。① 而且，社会正义观念的变迁常常以一种非政治的方式发生。在这种意义上，对政治的不满不仅是一种对政治自身的不满，而且源自以下两者不成比例的关系：一方面是政治性的行动权威以及它逐渐失去力量的过程；另一方面是脱离了社会决策的大规模社会变迁，这一过程是在非政治掩盖下不可阻止但又无声地到来的。相应地，政治和非政治的概念变得模糊了，它们需要系统的修正。②

穆勒总结说："一部社会改良的历史，就是一系列的社会变迁，在这一系列的变迁中，曾经被认为是社会存在的基本必需品的风习或制度，一个接一个地不断转变成了人人唾弃的非正义的残暴的东西。以前奴隶与自由人、贵族与农奴、贵族与平民的区别曾经是如此，现在由肤色、种族和性别歧视构成的贵族政治也将如此，而且在某种程度上已经是如此了。"③社会正义包含着群体正义和个人正义，即社会群体权利和个人权利。现代国家的犯罪事实调查制度需以实现自由、平等的社会正义为核心价值观念，在垄断国家强制性刑事追惩权时，人权保障和公民权利政治实践化成为制度构筑的至善正义。

二、社会正义的群体权利特征

权利的政治化程序是公民个体权利获得政治和文化认同的正当化过程。"在某些制度中，当对基本权利和义务的分配没有在个人之间作出任何任意的区分时，当规范使各种对社会生活利益的冲突要求之间有一恰当的平衡时，这些制度就是正义的。"因此，"一个社会，当它不仅被设计得旨在推进它们成员的利益，而且也有效地受着一种公开的正义观管理时，它就是组织良好的社会，亦即，它是一个这样的社会，在那里，（1）每个人都接受、也知道别人接受同样的正义原则；（2）基本的社会制度普遍地

① ［土耳其］I. 库苏拉蒂：《正义：社会正义和全球正义》，赵剑译，载《世界哲学》2010 年第 2 期，第 150~151 页。

② ［德］乌尔里希·贝克：《风险社会》，何博闻译，译林出版社 2004 年版，第 228 页。

③ ［英］约翰·穆勒：《功利主义》，徐大建译，上海人民出版社 2007 年版，第 64 页。

满足、也普遍为人所知地满足这些原则。在这种情况下，当人们可能相互提出过分的要求时，他们总还承认一种共同的观点，他们的要求可以按这种观点来裁定。如果说人们对自己利益的爱好使他们必然相互提防，那么他们共同的正义感又使他们牢固的合作成为可能。在目标互异的个人之间，一种共有的正义观和对正义的普遍欲望限制着对其他目标的追逐"。①在社会正义的理论含义中，包含公民个体正义观念的社会群体的正义观念具有优先于国家正义的权利原则："要达到社会正义，我们必须具有这样的政治社群，公民以跨越边界的方式被当作平等者来对待，公共政策适合于满足每个成员的内在需要，而经济以这样的方式组织起来并受到约束：使人们得到的收入和与工作相关的其他利益符合他们各自的应得。"②这也是社会正义的群体权利观念赖以凭借的基础。

　　社会正义主体性问题首先是社会群体和个人的差异。对于西方社会中以自我为中心、无节制、贪婪、脱离社群等问题，社群主义提供一个解决这些问题的道德基础。③社群主义者认为社群是一个拥有某种共同的价值、规范和目标的实体，其每个成员都把共同的目标当作其自己的目标。社群是一个整体个人都是主体的成员，拥有一种成员资格。社群有许多向度，如地理的、文化的和种族的。④社群主义者赞同社会整体正义观念，认为政治合理性是建立在每个社群内最深处的共识之上的。但什么程度的共识是"深处"的，异议颇多，是民族历史的还是个人信念的，或是社群的道德信念和直觉，并没有准确的概念界定。功利主义者是最大的社群主义者，"最大多数人最大的幸福"的功利思想突出了社会整体正义的思维。"正义其实是一类道德规则的名称，这类道德规则就人类福利的基本要素而言要比其他任何生活指导规则具有更加密切的关系，因此具有更加的绝对的义务性。而那个被我们发现构成了正义观念之本质的概念，即个人权利的概念，则蕴含并证明了这种更具约束力的义务。"⑤穆勒承认正义的本质是个人权利，但是正义的目的是赋予个人更加绝对的义务，即服从最大多数人幸福需要的义务。即使是新自

①　[美]约翰·罗尔斯：《正义论》，何怀宏译，中国社会科学出版社1988年版，第3页。
②　[英]戴维·米勒：《社会正义原则》，应奇译，江苏人民出版社2001年版。
③　[美]丹尼尔·贝尔：《社群主义及其批评者》，李琨译，三联书店2002年版，"引言"第2页。
④　俞可平：《社群主义》，中国社会科学出版社1998年版，第55页。
⑤　[英]约翰·穆勒：《功利主义》，徐大建译，上海人民出版社2007年版，第60页。

由主义者也认为，个人自由和权利只有在民权和政治自由的社会整体性环境中才能得以行使。

　　但是，哈耶克以方法论个人主义和自生自发的自由秩序原理为基点，对分配正义的"社会正义"表示出反驳："社会正义"是正义观念被滥用的结果，而且是与正义本身相对立的，自由主义与社会主义在价值观上的一个重要区别就是"正义"与"社会正义"的区别。① "个人或群体的地位越是变得依附于政府的行动，他们就越会坚持要求政府去实现某种可以得到他们认可的正义分配方案；而政府越是竭尽全力去实现某种前设的可欲的分配模式，它们也就越是会把不同的个人和群体的地位置于它们的掌控之中。只要人们对'社会正义'的这种笃信支配了政治行动，那么这个过程就必定会以一种渐进的方式越来越趋近于一种全权性体制。"②哈耶克批判"社会正义"论，认为它如" 一块道德的石头"的说法一样是"彻头彻尾且毫无意义的胡言"。③ 人们对"社会正义"这个空中楼阁的全面追求，就是以这样一个粗暴的观念为基础的，即"应当由政治权力机构来决定不同的个人和群体的物质地位"。④ 哈耶克误将社会正义等同于国家正义，并因此否认社会正义的"正义性"。把国家视为超越甚至替代群体权利观念的政治实体。社会正义中的社群利益与国家正义中的超越社会的"公共利益"具有本质的不同。庞德把利益分为三类：个人利益、公共利益和社会利益。公共利益等同于国家利益，即公共利益包括在政治生活中并从政治生活的角度所提出的主张、要求和愿望，主要有国家作为法人的利益和国家行为政治组织的利益，而社会利益是存在于社会生活中并为了维护社会的正常秩序和活动而提出的主张、要求和愿望。主要有公共安全、和平和秩序的保障；保障家庭、宗教、政治和经济制度的安全；道德方面的利益；保护社会资源方面的利益；政治、经济、文化方面的进步；个人生活

---

① ［英］哈耶克：《法律、立法与自由》(第 2、3 卷），邓正来、张守东、李静冰译，中国大百科全书出版社 2000 年版，第 121 页。

② ［英］哈耶克：《法律、立法与自由》(第 2、3 卷），邓正来、张守东、李静冰译，中国大百科全书出版社 2000 年版，第 124 页。

③ ［英］哈耶克：《法律、立法与自由》(第 2、3 卷），邓正来、张守东、李静冰译，中国大百科全书出版社 2000 年版，第 139 页。

④ ［英］哈耶克：《法律、立法与自由》(第 2、3 卷），邓正来、张守东、李静冰译，中国大百科全书出版社 2000 年版，第 168 页。

方面的利益。① 庞德强调，三类利益中，以社会利益为最重要的利益。社会利益是包含着个人生活利益的社会正义中的群体正义。

犯罪事实调查制度是维护社会群体利益需要而显存的制度。社会群体的共同信念的社会正义应在该项制度中获得承认并执行。

三、社会正义的个体权利特征

根据"社会正义"论的逻辑，政府可以采用如美德、平等、需求等许多分配原则，以实现"社会正义"。但是哈耶克提醒人们，在一个多元的、自生自发的社会秩序中，不可能就何种为正义分配方式达成一致意见。不同的团体和个人将采取各种方式确保他们主观认为的正义份额，对"社会正义"的诉求不再是高尚的理想而是不同利益集团激烈角逐资源的借口，政府和立法堕落成强势集团谋利的工具。具有讽刺意味的是，要求政府为了特定群体的利益而采取行动的绝大多数主张是以"社会正义"名义提出的，形形色色的现代威权政府和专制政府也都宣称以实现"社会正义"为首要目标。② 所以说，在哈耶克，"'社会正义'绝非人们对不幸者怀有的善意之'真诚表达'，毋宁是特定集团为了获致特殊待遇要求之借口，也许更加糟糕的是，'社会正义'就是真正正义的敌人，而真正正义的实现凭靠的乃是被接受的正当规则和对不同个人团体的平等对待"。

社会正义的个体权利观念和人权观念已经成为国际社会确认的社会正义的本质精神。《公民权利和政治权利国际公约》第9条规定了人身自由及逮捕程序，对于限制国家行为具有国际性约束意义。该条规定：任何人不得加以任意逮捕或拘禁，除非依照法律所确定的根据和程序，任何人不得被剥夺自由。任何被逮捕的人都有权要求迅速被带至审判官面前，并有

---

① 庞德就把公共利益等同于国家利益，即利益分为三类：个人利益、公共利益和社会利益。个人利益包括在个人生活中并从个人的角度提出的主张、要求或愿望主要有人格利益(意志自由、荣誉和名誉、私人秘密、信仰和言论自由等)、家庭关系方面的利益(父母、子女、夫妻的利益等)和物质利益(财产、契约自由、结社自由等)。公共利益包括在政治生活中并从政治生活的角度所提出的主张、要求和愿望，主要有国家作为法人的利益(国家人格完整、行动自由和荣誉、债务方面的利益等)和国家行为政治组织的利益(国家的尊严、效率等)。社会利益是存在于社会生活中并为了维护社会的正常秩序和活动而提出的主张、要求和愿望。主要有公共安全、和平和秩序的保障；保障家庭、宗教、政治和经济制度的安全；道德方面的利益(制止卖淫、酗酒、赌博等)；保护社会资源方面的利益；政治、经济、文化方面的进步；个人生活方面的利益(自主、机会、条件等)。庞德强调，三类利益中，以社会利益为最重要的利益。参见谷春德主编：《西方法律思想史》(第2版)，中国人民大学出版社2006年版，第349～350页。

② [英]哈耶克：《自由秩序原理》，邓正来译，三联书店1997年版，第103～105页。

权对非法限制人身自由的官方行为提出诉讼。任何遭受非法逮捕或拘禁的受害者，有得到赔偿的权利。《公民权利和政治权利国际公约》第 14 条（接受公正裁判之权利）之一规定：所有的人在法庭和裁判面前一律平等。在判定对任何人提出的任何刑事指控或确定他在一件诉讼案中的权利和义务时，人人有资格由一个依法设立的合格的、独立的和无偏倚的法庭进行公正的和公开的审讯。《公民权利和政治权利国际盟约任择议定书》确认，联合国人权事务委员会依照本议定书所定办法，接受并审查个人声称因盟约所载任何权利遭受侵害而为受害人的来文。凡声称其在盟约规定下的任何权利遭受侵害的个人，如对可以运用的国内补救办法，悉已援用无遗，得向委员会书面提出申请，由委员会审查。经济、社会、文化权利国际公约，宣言"对人类家庭所有成员的固有尊严及其平等的和不移的权利的承认，乃是世界自由、正义与和平的基础"，"确认这些权利是源于人身的固有尊严"。人身权利是政治权利和政治自由中必要且是首要的权利。社会正义的个体权利维护着国家政治秩序和社会安全："如果公民们相信制度或社会运作方式是正义或公平的，他们便能够并愿意履行自己在其中的责任，只要他们确信别人也会履行这一责任。"①

---

① ［美］约翰·罗尔斯：《政治自由主义》，万俊人译，译林出版社 2000 年版，第 86 页。

第三章 犯罪事实调查制度的国家行为
——历史制度主义的分析

历史制度主义将历史看作一个过程(process)，通过追溯事件发生的历史轨迹在相当长的时期内考察过去对现在的重要影响，强调路径依赖、时间序列(timing and sequence)和关键时刻(conjunctures)的重要性。其中，路径依赖是从经济学中借用的概念，诺斯就从规模经济、技术互补性和网络外部性等方面来解释制度变迁具有的不断累积和路径依赖特性。作为整个制度变迁背景的是整个社会由传统社会向现代社会的变迁，这个过程起始于制度变迁之前，贯穿于整个制度变迁期始终。在一个宏大历史背景下的旧制度体系，在本身历史因素和不断变化、演进的外部环境的共同作用下，不断地处在变化过程之中，而这个变化过程随着其向发生制度变迁的阈值临界点的靠近而稳定性逐渐减弱。国家权力对犯罪事实的调查制度，是一个不断更新制度体系的历史过程。在权力体系中，国家调查犯罪事实是国家的责任。刑事诉讼模式和证据制度是体现犯罪事实调查制度发生、变迁的显性标志。

第一节 犯罪事实调查制度的行为主体

在惩罚犯罪由个人责任转为国家责任之后，国家和国家指定的组织以及一系列程序和证据规则构成犯罪事实的调查制度。伴随刑事诉讼模式的不断演进和变化，犯罪事实调查制度的行为主体由国家法定机关和国家法定的调查机构组成。

一、国家调查犯罪事实单一行为主体

在没有权力分立的专制国家中，犯罪事实调查主体呈现为单一主体，即犯罪事实调查由法官同一主体完成，没有现代刑事诉讼意义上的侦控审

的分立。在中国古代春秋战国时期，纠问制刑事诉讼模式开始形成。司法中，专门的司法机构外，古代朝廷大官几乎人人可称之为法官，都有参与司法审判的职权。秦汉时起，凡有廷尉不能断之疑案，就由三公九卿等中央高级官员讨论定案，尤其丞相作为最高长官往往有最终决定权。唐宋时，作为宰相之一的中书、门下往往是最高审级。明清的内阁首辅或首席军机大臣作为替皇帝草拟批答奏章的近臣，实际上代行了皇帝拥有的一切案件的终审权力。皇帝亲自审理案件，调查犯罪事实，也不是没有先例的。现代意义上的侦查与审判分立调查犯罪事实制度，在中国古代是缺失的。而且秘密调查犯罪证据主体与秘密审判主体常常是同一的。秘密侦查发展史表明，我国自战国时期开始，在不同的朝代都有一些从事秘密侦查工作的专职人员：如西汉时汉武帝设立的"侯"；三国时魏、蜀、吴设立的"校事"；西晋、南北朝时期，北魏道武帝拓跋珪设立的"侯官"；隋朝时设立的"侯人"；唐朝肃宗时设立的"察事"等。明朝建立了专门的秘密侦查机构，即由皇帝贴身侍卫组成的锦衣卫；由宦官组成的东厂、西厂、内行厂。① 中国古代国家观念对犯罪整治采取镇压的态度，"政治领域内的集权趋势在刑事司法领域中得到相应体现"。②

二、国家调查犯罪事实多重行为主体

在现代法治国家中，侦查、公诉和法官职能发生分立。侦查行为由警察完成，在建立大陪审团制度的美国，大陪审团行使重大案件的侦查权；公诉职能由检察官履行；法庭调查犯罪事实由审判法官完成，在建立陪审团制度的国家，如英国、美国等英美法系国家，陪审团负责犯罪事实调查的审判功能；在参审制的国家，参审员与职业法官在法庭上共同调查犯罪事实。我国犯罪事实的调查是职业警察、职业检察官和职业法官调查犯罪事实。在实行陪审制的案件中，人民陪审员与职业法官一起参与对犯罪事实的调查。

警察是享有国家授予的在国家领土范围内使用暴力的一般权力的机构或个人。③ 美国学者认为，警察史（至少英美警察史）是从非正式警务经过过渡性警务向正式警务过渡的历史。警务的演变受社会组织形式、社会精

---

① 谢佑平、邓立军：《中国封建社会秘密侦查史略考》，载《中国人民公安大学学报》(社会科学版)2006 年第 2 期，第 111 页。

② 王立民主编：《中国传统侦查和审判文化研究》，法律出版社 2009 年版，第 30 页。

③ ［美］罗伯特·兰沃西等：《什么是警察：美国的经验》，尤小文译，群众出版社 2004 年版，第 5 页。

英的利益以及犯罪率及其社会影响三种因素影响。① 在社会演变上，警务的出现是与作为政府单位的国家出现紧密相连的。随着政治权力集中成为一个国家政府实体，国家创立了正式警察，以执行法律。作为国家的延伸，警察权力来源于国家权力。② 警察是国家的社会控制机构，具有根据法律授权而合法使用暴力，维护法律秩序的权力。现代国家中警察的职责是维护社会公共秩序，保障社会公共安全，保护个人权利。国家设立警察机构，是为社会控制需要。"国家警察权力就是，国家或者地方政府为了保护社群的健康、安全、福利和道德而行使的权力。"③在追究和惩罚犯罪中，警察承担着调查收集证据、保全犯罪嫌疑人和证明犯罪成立的各种证据的职责。

检察制度滥觞于 18 世纪的法国。比较而言，大陆法系早于英美法系（19 世纪末 20 世纪初），英美法系早于中华法系（1908 年），中华法系早于社会主义法系（1924 年）。检察官为中世纪法国国王代理个人民事事务而起，后因刑事诉讼方式之变化与王政状态之迁移，生为国家官吏之代理人，行刑事控告义务。此为检察制度之第一期。至 17 世纪中叶，成文法始设置检察官及检察机构。检察官之主要职务，是实施刑事追诉（诉追者，即公诉之准备提起实行。）④清朝最初于 1906 年拟定的检察机关为"检事局"，检事局配置于各级法院，⑤ 检察官专司控诉职能。自 1949 年新中国检察制度及其工作发展至今，58 年间经历了"三个时期六个阶段"：第一，由新民主主义向社会主义过渡时期，包括初创（1949—1954 年）一个阶段。以《共同纲领》和《中央人民政府组织法》（1949 年 9 月 21 日）的颁布施行以及最高人民检察署的成立为始，以《五四宪法》（1954 年 9 月 20 日）和《五四检察院组织法》（1954 年 9 月 21 日）的颁布施行为终。第二，社会主义时期，包括发展和波折（1954—1966 年）、中断（1966—1976 年）、重建和发展（1976—1982 年）三个阶段。以"五四"宪法和《检察院组织法》颁布施行为始，以党的"十二大"（1982 年 9 月 1—11 日）胜利闭幕

---

① ［美］罗伯特·兰沃西等：《什么是警察：美国的经验》，尤小文译，群众出版社 2004 年版，第 34 页。

② ［美］罗伯特·兰沃西等：《什么是警察：美国的经验》，尤小文译，群众出版社 2004 年版，第 43 页。

③ 雷少华：《美国宪法、国家警察权力与土地管理》，北京大学中国与世界研究中心主办：《研究报告（内部交流）》，No. 2009-12，第 8 页。

④ ［日］冈田朝太郎等口授，郑言笔述：《检察制度》，蒋士宜编译，中国政法大学出版社 2002 年版，第 12 页以下。

⑤ 张培田：《检察制度在中国的形成》，载《中国刑事法杂志》2001 年第 3 期，第 114 页。

为终。第三，中国特色社会主义时期，包括全面发展（1982—1997 年）、调整和深入发展（1997 年至今）两个阶段。以党的"十二大"举行为始。[①]现在我国检察机关行使部分案件的侦查权、公诉案件在公诉权和刑事诉讼监督权。

法庭调查犯罪事实的模式伴随国家权力结构和刑事诉讼模式的不同而演进。在古代弹劾式和中世纪纠问式模式中，法官行使调查证据、指控犯罪和法庭审判的权能。在控辩式模式中，法官专司法庭调查证据、确认犯罪事实成立与否及其定罪处刑的职能。现代社会是"按照民有、民治、民享原则构筑而成的法治社会"，"如果把现代社会视为一种宏大的构造，那么贯穿其始终的基本设计思想，则是维护和实现民权。从这个意义上说，现代社会的一切制度设计，在根本上都可以、也应该以民权为基本衡量尺度"。[②] 现代法庭审判的核心职能是在调查犯罪事实的正当程序中，保障被告人的公正审判权。

三、国家与社会组织调查犯罪事实复合行为主体

国家调查犯罪事实与民间社会组织调查犯罪事实的复合性主体，包括属于国家权力的警察权、检察权和审判权。民间组织调查犯罪事实的主体是英美国家的大陪审团和辩护律师。

普通法是民间组织调查犯罪事实制度的滥觞者。大陪审团和律师调查犯罪事实是民间组织调查的两个组织体。普通法产生和发展的意义不限于法律制度领域，它犹如巨大的多维网络，时时刻刻地影响着国家的政治生活，制约着国民的行为，潜移默化地增强着不列颠民众的向心力和凝聚力。[③] 美国大陪审团制度继承了英国 17 世纪大陪审团审查被告人控告证据的传统，与陪审团支持控告的起源思想相一致，其职能是审查起诉和调查犯罪事实。在调查犯罪事实时，不受美国联邦宪法第 4 修正案的限制。[④] 美国联邦最高法院法官 Salia 在 United States v. Willims 判例中说："大陪审团仅仅怀疑违法行为正在发生或者甚至因为它要确证未发生就可以侦查。""大陪审团不需要任何'它的组成法庭'的授权就可以启动侦查；

① 单民、薛伟宏：《新中国检察制度的演变与特色》，载《法学杂志》2008 年第 1 期，第 114 页。
② 张志铭：《当代中国的律师业——以民权为基本尺度》，夏勇主编：《走向权利的时代》（修订本），中国政法大学出版社 2000 年版，第 110 页。
③ 闫照祥：《英国政治制度史》，人民出版社 1999 年版，第 76 页。
④ 甄贞、王丽：《美国大陪审团与人民监督员制度比较》，载《人民检察》2007 年第 9 期，第 60 页。

公诉人不需要法庭准允提请一个陪审团起诉，陪审团日常的工作也无须一位主审法官的干涉。"①现代大陪审团的功能可能不是拒绝起诉，而是强迫控方在提起控告之前以一种条理清晰、内在一致的方式收集和提供证据。② 美国的大陪审团除了有审查起诉职能以外，还有调查职能。大陪审团可以对检察机关出于政治需要或种族歧视等隐含特别因素不便起诉的案件进行调查和起诉，并且在揭露政府腐败问题中起着独特的作用。③

　　大陪审团讯问是强制性的，且秘密进行，被讯问者不可拒绝回答，除非回答讯问可能导致其自证其罪。这样会使被讯问者处于被肯定的怀疑其犯罪的不利推论。如果不主张反对自证其罪的特权，那么在以后的程序中就失去主张该特权的机会。这对于被讯问者来说，是相当不利的。英美国家中嫌疑人、被告人作为证人，在程序中任何阶段都可以保持沉默，但一旦开口却必须讲真话，说出事实真情，不允许其如大陆法国家嫌疑人和被告人那样有选择地回答讯问，甚至可以撒谎，否则就构成伪证罪和藐视法庭罪。与其他讯问权主体相比，大陪审团讯问颇有纠问制遗风，它强迫证人（包括潜在的犯罪嫌疑人）依宣誓回答讯问。这种理论基础来自大陪审团是民权维系机构，对检察官自由裁量权进行独立于司法裁决机构的司法监督，以保证保护无辜者免受无法定理由（unwarranted）的公诉。尽管实际效果却是仅由公诉人控诉的被告人在指控程序中常常比大陪审团指控的被告人受到更好的程序保护。④

　　律师调查犯罪事实的权利缘起于英国普通法。在现代刑事诉讼制度中，律师调查取证权在英美国家获得保障的法律制度环境优先于欧陆成文法国家。欧陆国家建立了律师参与国家侦查制度，但其实质法律效果与理论设置并不一致。我国 2012 年《刑事诉讼法》和 2008 年《律师法》都规定了辩护律师调查取证权，但其本质并没有受到政治文化的肯定和鼓励。

---

① Ali Lombardo, The Grand Jury and Exculpatory Evidence：Shoud the Prosecutor Be Required to Disclose Exculpatory Evidence to the Grand Jury ? 48 CLEV . St. L. REV. 829（2000），at837, N68.

② Ali Lombardo . The Grand Jury and Exculpatory Evidence：Shoud the Prosecutor Be Required to Disclose Exculpatory Evidence to the Grand Jury ? 48 CLEV . St. L. REV. 829（2000），at 835.

③ 晏向华：《美国大陪审团与检察官的公诉权》，载《人民检察》2004 年第 10 期，第 72 页。

④ Niki Kuckes, The Useful, Dangerous Fiction of Grand Jury Independence, 41Am. Crim. L. Rev. 1（2004），at19.

第二节　证明犯罪事实的证据形态演进

犯罪事实调查方式是调查收集、获取证明犯罪事实成立与否的证据。因而证据是调查行为主体按照一定的程序证明案件事实的根据。无证据即无事实。古希腊始人类始探求认识自我的功能、途径和方法。人类对犯罪行为的确证性认知，伴随着"证据"的形态变化而发生着历史性的变迁。刑事证据的历史形态分别经历了神示证据、法定形式证据和自由心证的证据形式制度的变迁。

一、神示证据形态

就人类早期评断认识正确与否的标准来说，权威性比合理性或科学性更为重要。没有权威性，这个标准就不能被人们普遍接受。当人类还无法通过客观的科学的途径确立认识评断标准的时候，树立权威并遵从权威就是评断认识的自然路径。人类最初在评断认识正确与否时借助的权威往往都带有神的色彩，而这显然是与早期人类对神的崇拜和信仰一脉相通的。各种宗教的教义都代表着上帝或神的旨意，当然也就是检验其他认识是否正确的标准。神判是人们企图借助神灵的力量判断或裁决各种疑难案件所使用的一种手段，从实质上说，它是一种巫术行为，是原始宗教的特殊表现形式。法律所具有的仪式性、传统性、权威性、普遍性，以及习俗、约束力等属性，与原始宗教支配下的神判所具有的基本属性形成了互相交叉的关系。具体说来，神判的首要属性是必须具有公认的神灵。神灵是参加神判者的精神支柱，是人们崇拜和信仰的某种超自然力量，具有主持公道、分辨是非、惩恶扬善的能力。神示证据制度，即依靠一些超自然的力量审判案件或者说案件的胜负寄托于对神的信仰上的证据制度，就是人类社会早期审理案件的主要证明方法或主要证明标准。神示证据蕴含在神判制度中。神判不是原始的、大众的或异教徒的，它最初兴盛于高度意识形态化的基督教王权之下，神职人员参与世俗审判的运作成为那种环境的一部分。①

神示证据表现了人类童年时期对超自然现象的存在意义的推崇和茫

① ［英］罗伯特·巴特莱特：《中世纪神判》，徐昕、喻中胜、徐昀译，浙江人民出版社2007年版，第132页。

然。霍贝尔在论述神意和审判的关系时认为，每一个原始社会的公理中都毫无例外地存在着神和超自然的权力，他们都把人的智慧归因于神灵的存在，并相信神灵会对人们的特殊行为以赞成或不赞成作为回报。他们认为人的生命必须与神灵的意愿、命令相一致。这种超自然东西的公理也像法律的规则一样，在所有典型的社会制度中都出现过。① 神示证据制度伴随着神判制度的正当性质疑被抛弃，最终步入历史沉积。② 神判消亡的基本逻辑是："一种像神判的制度或习惯具有某种合乎需要的效用；具有合乎需要效用的某事物将不会被废弃。除非那些效用不再合乎需要或不再重要。因此。解释诸如神判的废除这样一种变革，方法是着眼于促使这些效用更少合乎需要或更不重要的种种变革。"③

二、法定证据形态

随着科学技术的进步，随着认识能力的提高，人类社会中评断认识的标准发生了重大的变迁。这种变迁表现为从遵从权威的标准转向崇尚理性的标准，从愚昧标准转向科学标准，从主观标准转向客观标准。法定证据制度的出现，说明人类在解决纠纷过程中，在事实探知模式上已从以直觉经验为主的模糊真实发展到以理性经验为主的形式真实。这是人类在解决纠纷过程中事实认知水平提高的结果。

法定证据制度实施时期，正是欧洲大陆国家社会等级制度定型化时期。无论是世俗的封建等级制度还是教会的僧侣等级制度，都是社会的基本组织形式，因而都在很大程度上影响着人们的思想观念。既然人是可以分成许多等级的，那么司法活动中的证据也是可以分成许多等级的，于是，法律明确规定了各种证据的效力等级。有些国家的法律还对不同等级的人提供的证言规定了不同的效力，例如，贵族证言的效力高于平民的证言；僧侣证言的效力高于世俗证人的证言；基督徒证言的效力高于犹太人的证言；男子证言的效力高于女子的证言等。这些都是社会等级制度在司

---

① ［美］E. 霍贝尔：《原始人的法》，严存生等译，贵州人民出版社 1992 年版，第 230 页。
② 中外最早期的神示证据类型包括：起誓——主要有砍鸡砍狗、洒血酒、喝清水、对天起誓、对雷起誓、告阴状、钻牛皮、吃枪尖肉等；身体——装袋、称重、嚼米、扎手、磨掌、打头等；能力——主要形式有潜水、泅水、踏火、拔火桩、火中取物、上刀梯、捏鸡蛋、踏鸡蛋、猎兽、徒手搏斗、闷水等；灵物——如烧线香、挂芒锣、漂灯草、斗田螺、叠瓢壶、站土窝、看水影等；铁火——烧铁、捧铁、捧桦、捧斧头等；捞沸——捞油锅、捞汤锅、捞开水、捞稀饭、捞铁斧、捞神石、捞金环、捞热水、摸蛋、探汤等。
③ ［英］罗伯特·巴特莱特：《中世纪神判》，徐昕、喻中胜、徐昀译，浙江人民出版社 2007 年版，第 158 页。

法证明活动中的反映。从 16 世纪开始，欧洲大陆国家相继确立了法定证据制度。罗马帝国 1532 年的《加洛林纳法典》和法兰西王国 1670 年的《刑事法令》都是这种证据制度的代表。法国 1670 年的《刑事敕令》规定，必须有两名适格的目击证人就同一犯罪事实提供相互一致的证词，才能证明案件事实。① 在有些大陆法系国家，这种证据制度一直延续到 19 世纪。例如 1853 年的《奥地利刑事诉讼法》和 1857 年的《俄罗斯帝国法规全书》中就都保留有法定证据制度的内容。尽管法定证据制度在司法实践中产生了诸多弊端，但是这种带有"定量分析"特征的证据制度则是人类为了统一规范司法证明活动而做出的一次尝试。

16 世纪在欧洲大陆国家流行的法定证据制度主要是对各种证据的证明力作出了具体的规定，并在此基础上明确规定了法官判决所必须达到的证明标准：a. 有了完整的证明就必须作出判决，没有完整的证明就不能作出判决；b. 最好的完整证明是两个可靠的证人，其证言内容的一致性是认定被告人有罪或无罪的结论性证明标准；c. 无论多么可靠，一个证人证言只能构成二分之一的证明；d. 其他可以构成二分之一证明的证据包括被告人的有罪供述、商人的财务记录、专门为一方当事人的诚实性或其主张之事实所做的经过宣誓的辅助证言、能够证实前半个证明的传闻证据或品格证据；e. 与案件有利害关系或个人信誉有瑕疵的证人证言是四分之一的证明，而受到对方有效质疑的证据的证明力减半；f. 任何两个二分之一的证明相加都可以构成完整的证明；任何两个四分之一的证明或者四个八分之一的证明相加都可以构成半个证明。

总之，只要法官把起诉方提交的证据加在一起可以构成一个完整的证明，他就必须作出有罪判决；如果不能构成一个完整的证明，他就必须作出无罪判决。无论个人内心对具体证据的确信程度如何，法官在审判中必须严格遵守上述规则。这种制度完全否定了法官在审查证据和认定事实时的自由裁量权，使法官只能机械地按照法定程式和标准判案，因此，有人把这种制度下的法官说成是立法者所设计和建造的机器的操作者。不过，随着司法实践的发展，法官还是找到了一些发挥其自由裁量权的空间，这主要体现在确定那些受到质疑之证据的证明价值问题上。法国证据学家波尼尼尔在其颇具影响的著作《证据论》中就曾具体讲述了 17 世纪法国一些地区的法官在评价对方质疑对证据价值的影响以及对证据价值进行加减的

---

① A. Esmein, A History of Continental Criminal Procedure, little brown and company, 1913, at622.

作法。他指出：如果一个证言受到对方的质疑，那么法官将酌情减低其证明价值。法官不会一笔勾销该证言的价值，而是酌情将其降低为八分之一、四分之一、二分之一或四分之三个证言。这些降低了价值的证言需要其他证据佐证才能构成一个完整的证言。假设在一起案件中，一方当事人的四个证言都受到对方的质疑，根据质疑的情况，其中两个证言的价值减半，一个减为四分之一，一个减为四分之三，那么加在一起，就是两个证言。①

当法定证据制度流行于欧洲大陆的时候，司法证明方法处于以人证为主的历史时期。刑讯流行由此制度而生。② 在当时的审判中，证人证言是最常用、最重要的证据形式，而且以直接证明案件主要事实的证言——直接证据为主。由此可见，当时法官对证据的审查有两个特点：其一，作为审查对象的证据种类比较少，除证人证言之外还有当事人陈述和某些书证；其二，审查的要点就是证据的真实可靠性，因为直接证据的证明价值是显而易见的。这两个特点为法定证据制度的确立提供了可能性。

三、自由心证证据形态

自由心证证据制度：是指一切证据证明力的大小以及证据的取舍及其证明运用，法律不预先作出规定，均由法官或陪审团根据自己的理性和良心自由判断，根据其形成的内心确信认定案情的一种证据制度。自由心证证据制度产生的制度条件有三：其一是近代欧洲启蒙思想家们崇尚自由、理性和良心的社会思潮以及经验主义哲学的社会化流行，推动了对法定证据制度和证据形态的否定。16世纪开始，在法兰西王国兴起的人文主义法学派试图用人权否定神权，用理性反对蒙昧，并开始向封建专制的权威挑战。与此同时，德国的宗教改革运动也在一定程度上解放了人们的思想。而17世纪席卷欧洲的文艺复兴运动和启蒙运动，进一步在人们的思想观念上改变了尊崇权威的习惯。这一切都推动人们认真思考认识标准的问题，开始寻求科学的合理的认识检验标准。③ 1790年法国议员杜波尔向宪法会议提交了一份改革议案，最早提出了自由心证制度，随后的《法兰

---

① 何家弘：《对法定证据制度的再认识与证据采信标准的规范化》，载《中国法学》2005年第3期，第146页。

② Aaron M. Schreiber, The Jurisprudence of Dealing with Unsatisfactory Fundamental Law: A Comparative Glance at the Different Approaches in Medieval Criminal Law, Jewish Law and the United States Supreme Court, Pace Law Review, summer, 1991, at538.

③ 何家弘：《司法证明标准与乌托邦——答刘金友兼与张卫平、王敏远商榷》，载《法学研究》2004年第6期，第96~97页。

西刑事诉讼法典》对此予以确认。其二是近代科学技术的进步和发展，为自由心证证据制度和证据形态提供了技术性支持。人类探索与发现自然知识的历史，本身就是通过知识认识自己的历史。科学知识是人类文明史中最引以为自豪的财富，它揭示了比人类自身古老得多的整个宇宙的奥秘，以及人类自身的秘密；它创造出了一个足够丰富的知识世界，同时也创造了人类自身的非凡智慧。其三是法庭审判程序和犯罪事实判断主体制度发生变迁。法国大革命时期引入了被视为"民众自由的守护神"的陪审制度，试图实现由普通人司法的理想。由于证据以当庭口头辩论的形式出现，没有受过专门训练的陪审员难以适用法定证据制度那种机械的证明计算公式，授权政治上不可靠的法官指导被视为人民主权代表的陪审员显然不合适，证据的审查与运用只能依据陪审员们日常生活中的经验，以自己的理性和良心进行。

在自由评价模式中，评价证据的主体是以个体身份存在的裁判者。但是，评价证据的经验知识应当是具有公共属性的普遍知识而非裁判者纯粹的个人知识，一般将其称之为经验规则。如陈朴生教授认为："经验法则，系本吾人生活之经验，而为判断证据证明力之基础，且非事理所无，并在客观上应认为确实之定则；既非仅凭裁判官之知识及办案经验，亦非违背事理，或为不合理之判断，尤非单纯为裁判官之主观经验作用。"①台湾学者李学灯对自由心证有过精辟的考察："评估是方法，心证是结果，由评估而得心证。自由评估，系对机械评估而言，意在不受法定或机械方法的束缚而为自由正确地评估，借以获得正确的心证，不得违背伦理及经验的法则。有时虽有正确评估，亦有不得心证的可能。并非不经正确评估，即可以自由心证。"②

第三节　刑事证据制度的国家权力伦理

"一般说来，确定事实阶段可以说目的在于把已经证明是可信可靠的资料源材料变成对事实的表述。"③刑事诉讼制度的程序机制和证据规则既规范证据资料的收集源，规范着诉讼主体对证据可信性和可靠性的解读，

---

① 陈朴生：《刑事诉讼法论文选集》，台湾五南图书出版公司 1984 年版，第 211 页。
② 李学灯：《证据法之基本问题》，世界书局 1983 年版，第 231 页。
③ ［波］托波尔斯基：《历史学方法论》，张家哲等译，华夏出版社 1990 年版，第 449 页。

又规范着主体构成事实的表述。

一、刑事证据制度的国家权力伦理性

与实物概念相对，刑事证据概念本身就是人为概念。现代刑事诉讼制度化事实以和谐解决权力和权利的关系构成了事实真相的制度性特征。案件事实是国家权力主导的诉讼程序中形成的事实，属于社会主体自我规范的产物。根据刑法规范对刑事冲突进行类型化事实构成的比拟，并将冲突事实真相的探知制约在程序规范内，是人类文明自我发展的需要。在法律规范和客观事实之间确立一个可参照的、可比较查明事实真相的一系列程式标准，借以形成的案件真相是具有规范意义上的制度性事实。

伦理含义有二：人际行为事实如何的规律及其应该如何的规范。① 国家作为一定地域共同体的最高组织形式和人际利益协调机构，抽象化地典型垂范人际行为的善观念，并把国家权力以宪法的规范准则实现自我至善的证明，以至善的伦理观念构建各种政治制度，尤以刑事证据制度体现得最完整、透明。现代刑事诉讼通过证据查明案件事实所体现的制度性正义可以说是一种国家权力政治的美德。现代国家理论中，国家权力的伦理性体现于具有人本和自由思想的宪法制度。宪法制度的立本之据就是"人本和自由这一基本的道德价值"。"宪法和宪政的核心价值目标是保护政治社会中具有尊严和价值的自我。宪政主义在把人类尊严确定为核心价值时，采取了一种道德客观主义或道德现实主义形式。"②在这种形式下，国家权力的伦理价值通过保障公民个体的基本权利而得到立证，公民个体的基本权利不再是抽象的，而是具有人类伦理源泉的本性意义。国家权力的强制力在于维护公民个人和市民社会伦理美德，在法的统治下，形成个人自然伦理与国家伦理的统一演化，从中获得至善的社会道德情感的忠诚。人本和自由伦理性的政治理念转化为现代宪政思想，为刑事诉讼中的国家权力通过证据查明事实真相的途径和方式奠定程序法则的国家权力的伦理根据。

二、刑事证据制度的国家权力的合伦理性需求

现代刑事证明制度是一种世俗化的证明主体运用(法律)逻辑和经验

---

① 王海明：《伦理学原理》，北京大学出版社 2001 年版，第 66 页。

② 夏勇：《中国宪法改革的几个基本理论问题》，载《中国社会科学》2003 年第 2 期，第 7 页。

乃至于伦理法则完成证明过程的证明方式。（法律）逻辑证明从本质上是经验思维规则的哲学抽象。经验乃是平凡人普通生活常识的自我体系化总结，它包含有个人的智力自信和接受他人尊敬的理性原则。运用经验法则证明事实必须是理性社会秩序中形成的、且随时代正义的伦理和法律规范进步而发展的，任何非理性或反理性的经验都应该被排斥于证明体系之外。伦理法则既规范检控机关的客观义务的职业伦理，也规范裁判者的职业人格理想。

　　从证明主体和证明过程来看，现代证明制度一方面提倡当事人的主体性合作的证明权利，另一方面强调法官和陪审员在职业高尚的社会环境中凭借伦理化言语、"理智"和"良心"这样的"法官的全部职责"对案件进行裁判。当事人自由证明，如认罪答辩，表示当事人与国家合作的自愿性。在当事人进行事实真相的探知中，实现诉讼主体的人格尊严的价值诉求，包含着多重价值主体冲突的"真理"判断。在自由证明的程序机制作用下，当事人对案件事实的自由证明不仅可以缓解国家权力强制性的公众认同，降低权力的伦理成本，如对非法证据给予合法化而不予以排除，而且增加事实真相裁判的合法性权威，实现刑事纠纷解决的高效率。在这种意义上，证据的证明力就不再是单纯的自然证明效用的意义，而且还具有程序道德价值的正确选择因素，满足了证据证明的正当化要求。

　　真理和价值具有相对性的根本原因，是人类实践活动的社会历史性。查明案件客观真实是任何刑事司法制度的至纯选择。理想的状态是对案件事实的认识越靠近客观真实，国家权力越可能获得民众的伦理忠诚。任何刑事诉讼制度都以标榜诉讼事实为符合"客观存在"的"真"而自我证明为"正义"的化身。台湾学者林立认为，司法固然以标榜追求客观的事实，但"客观事实的可被发现性"终究只是"实践上必要的设定"而已，即不管是不是真的有这回事，法官必须如此主张其判决是基于客观事实的；否则无异承认判决是武断、不严谨、草菅人命的，则人民对司法的信赖将崩溃。因此"客观事实的可被发现性"乃为了要维系司法之威信的续存而不得不被坚称是真的。① 在这个意义上，法律观念下的案件事实就包含有道德观念下的、被法律强化或抛弃的道德事实。不论证据认定案件事实的哲学基础是什么，伦理价值这种抽象的观念性产物始终内涵在诉讼认识的本质之中，推进着国家刑事证明规则和体系的正义化建构，推进着国家权力的正当化行使。刑事诉讼中，当事人主张的事实包含有：寻求于国家权力

---

① 林立：《波斯纳与法律经济分析》，三联书店 2005 年版，第 366 页。

维护伦理正义的情感期待，期盼国家权力传播道德光辉，普照正义之路。

三、犯罪事实调查制度变迁的权利源泉

在刑事制度发展史上，国家专制权力与刑事诉讼纠问制模式具有连体共生关系。国家专制权力通过刑罚强化公民的服从意识。在刑事程序中实行秘密侦查、秘密审判。王权及其代理人——国家司法官员将被害人、被告人、证人客体化、工具化。在纠问制诉讼中，国家垄断对案件事实的确认，并通过刑讯使被告人认罪，强化刑罚权正当性。刑事程序不仅控制犯罪，而且控制个人，不仅触及肉体，还要触及真诚忏悔的灵魂。"被法律体系所控制的犯罪者的灵魂，这一附加因素在表面上只是附加性和限定性的，而实际上却具有扩张性。"①专制制度主要关心的是自己的政权是否受到威胁，而不是如何管理臣民的生活。法庭的判决和执行不仅是维护权力的温柔的面纱，而且是获取公众憎恶"犯罪者"的道德纯洁的仪式，完成刑罚权力的道德和政治论证。在 20 世纪上半叶的德国法西斯和苏联斯大林时期，专制权力又一次向人类灵魂展现其狰狞龌龊的面孔：秘密侦探、秘密法庭审判、隶属于权力者的法官不受限制的秘密调查权。所有证据及官员活动记载于官方案卷中，案件以书面证据记录为裁判根据。

现代大陆法国家的权力组织结构仍呈现官僚科层制形态。"层级制概念只能依据被认为是合法的权威地位和被认为是有约束力的行为规则，即通过界定上下级之间关系的规范秩序加以鉴别。"②国家权威主义使得官僚制是必不可少的社会形态，并且是一种根植于现代社会的最为独特的社会形态。同时，官僚制有效的行政管理体制要求体制内有大范围协调行动的能力、持续的运作的能力、对专门知识的垄断和档案的控制以及内在的社会凝聚力。但是官僚制权力具有易于无限扩散性和无情扩张性，威胁着个人的自由主义价值。故此，国家权力科层制官僚体制必须建立除横向分权制约外的纵向的上下级之间的制约和审查制度。刑事司法体制并行于科层制，权力差序结构适应于垂直的司法权力分层与科层式审查之间的联系，上级审查不仅是常规的，而且是全面深入的，下级法官逐渐学会了按照能够经受住上级审查的方式来正当化自己的判定，上级法院的质量控制通常被认为是公正、有序的司法活动的必要保障，或者是个案中的正当程序的

---

① ［法］米歇尔·福柯：《规训与惩罚——监狱的诞生》，刘北成、杨远婴译，三联书店 2003 年版，第 20 页。

② ［英］戴维·毕瑟姆：《官僚制》（第 2 版），韩志明、张毅译，吉林人民出版社 2005 年版，第 34 页。

重要组成部分。程序性权力组织奉行严密的逻辑法条主义。下级机构决策的方方面面都难以避免上级的监督：事实、法律和逻辑都可能受到仔细的复审和纠正。① 复审和纠正的根据是记录权力行为过程的案卷制度。侦查、起诉以及审判案卷成为最终确立案件裁判依据的必需程序。

公民权利的演进是国家犯罪事实调查模式变迁的外生变量。人类的自然权利来源于自然法。古代自然法意味着曾经一度由自然法支配的一种"自然"状态，具有远古的自然统治的意思。自然法从实际效果讲，是属于现代的产物，是和现存制度交织在一起的东西，是一个有资格的观察家可以从现存制度中区分出来的东西。一般的看法，现代自然法是现存法律的基础，并且要通过现存法律才能找到它。这一点，恰恰就是现代对于"自然法"的见解常常不再和古代见解相同的地方。② 霍布斯借助作为人类历史起点的"自然状态"去解构客观法则或自然正当性，从而彰显由非政治的自然人而来的公民所不可剥夺的"自然权利"，并以此为核心建构新的道德和政治秩序。霍布斯主张在自然状态下，没有财产、没有正义或不义，有的只是暴力。他拥护专制，但主张一切人生来平等。③ 霍布斯、洛克、卢梭、伏尔泰等资产阶级思想家的自然权利和天赋人权的思想为近代公民权利和人权的发展奠定了思想基础。

第二次世界大战彻底摧毁了人类对美好生活的向往。践踏人权的暴力激起人类对自身的暴行进行反思。1948 年《世界人权宣言》、1966 年《公民权利与政治权利国际公约》和《经济、社会、文化权利国际公约》以及《公民与政治权利国际公约任择议定书》，对人权的基本内容作出了详细规定。《世界人权宣言》在"序言"中宣言，人类家庭所有成员的固有尊严及其平等的和不移的权利，乃是世界自由、正义与和平的基础；对人权的无视和侮蔑已发展为野蛮暴行，这些暴行玷污了人类的良心，而一个人人享有言论和信仰自由并免予恐惧和匮乏的世界的来临，已被宣布为普通人民的最高愿望；为使人类不致迫不得已铤而走险对暴政和压迫进行反抗，有必要使人权受法治的保护。《公民权利与政治权利国际公约》在第 9 条至第 17 条规定了公民应当享有并应获得所在国依法保障的基本人身权利。20 世纪 60 年代发生在美国的民权运动席卷全球，进一步引导包括中国在

---

① ［美］达玛斯卡：《司法和国家权力的多种面孔——比较法视野中的法律程序》，中国政法大学出版社 2004 年版，第 74 页。

② ［英］梅因：《古代法》，沈景一译，商务印书馆 1959 年版，第 42~43 页。

③ ［英］罗素：《西方哲学史》（下册），何兆武、李约瑟译，商务印书馆 1963 年版，第 71 页。

内的发展中国家的人权和公民权利的发展和进步。正当程序的权利革命为刑事诉讼模式的演进提供了社会动力源泉。

中国自辛亥革命始，权利的观念体系和保护机制的进步，不是出自法律传统与社会革命的互相协调互相促进，不是出自人文传统的自然演化，而是以毁弃固有的包括法律传统在内的人文传统为代价，以移植西方人的概念、术语和规范为捷径。① 改革开放以后，中国人权和公民权利进入了新的时代。"《国家人权行动计划（2009—2010）》"和"《国家人权行动计划（2012—2015）》"规划并执行了人权发展战略。宪法和刑事诉讼法都规定了国家尊重和保障人权，尊重和保障公民基本权利是国家的责任。因而中国刑事诉讼模式也是沿着权利时代的方向演进。2013 年 1 月 1 日生效实施的刑事诉讼法体现出的刑事模式具有中国特色，既保障人权，又能够有效打击犯罪，维护社会安全。

第四节　非法证据排除规则有效性的制度逻辑

与西方民主国家诱致型制度变迁的需求决定论模式不同，我国的制度变迁属于强制性制度变迁，即供给主导型制度变迁："在一定的宪法秩序和行为的伦理道德规范下，权力中心提供新的制度安排的能力和意愿是决定制度变迁的主导因素，而这种能力和意愿（制度创新的供给）主要决定于一个社会的各既得利益集团的权力结构和力量对比。"②我国刑事非法证据排除规则是国家主导型制度供给，是刑事诉讼制度体系内生变量与外生变量的产物。"制度变迁的内生性过程是不同群体和个人带着各自的利益参与制度变迁的过程，反映了各自领域的制度逻辑；而他们之间相互作用的状况和时间性也制约了随后演变的轨迹和途径。"③非法证据排除制度是国家调查犯罪事实最有效的约束制度。历史制度主义解释了国家调查犯罪事实制度的行为伦理体现在排除非法证据制度。

---

① 夏勇：《走向权利的时代——中国公民权利发展研究》，中国政法大学出版社 1999 年版，第 28~29 页。

② 杨瑞龙：《论制度供给》，载《经济研究》1993 年第 8 期，第 46 页。

③ 周雪光、艾云：《多重逻辑下的制度变迁：一个分析框架》，载《中国社会科学》2010 年第 4 期，第 134 页。

一、我国立法排除非法证据的规定

1996 年刑事诉讼法和最高人民法院、最高人民检察院关于适用刑事诉讼法的司法解释所规定的排除非法言词证据，在实践中成为一种无效率的文本意义的制度安排。实践案例表明，非法言词证据排除规则在我国审判实践中遭遇到重大阻力。① 2010 年最高人民法院等两院三部联合制定的《关于办理刑事案件非法证据排除若干问题的规定》是我国刑事证据制度变迁的转折点。"非法证据排除规定"是"血泪催生的新制度"，该规定明确了"非法证据"的内涵和外延，明确违反法律（尤其是刑讯逼供）取得的证据不能作为定案根据，并专门安排一整套的程序机制，明确了动议提出、举证责任以及讯问人员出庭等规则。在"两个规定"正式实施 4 个月后，有媒体以电话、面谈、电邮等方式遍访全国律协刑事业务委员会近 50 名委员，试图了解"非法证据排除规则"正式实施后效果如何。"从收到的反馈来看，只有不到五分之一的律师表示用过'非法证据排除规则'，但一致反映新规作用有限。"②在社会所有制度安排中，维持一种无效率的制度安排和国家不能采取行动来消除制度不均衡，这二者都属于政策失败。③

全国人大 2011 年 8 月 30 日公布的《刑事诉讼法修正案（草案）》（以下简称"刑诉法修正草案"）第 17 条拟修："采用刑讯逼供等非法方法收集的犯罪嫌疑人、被告人供述和采用暴力、威胁等非法方法收集的证人证言、被害人陈述，应当予以排除。违反法律规定收集物证、书证，严重影响司法公正的，对该证据应当予以排除。"学界企望通过构建非法证据排除制度，消除刑事司法实践中长期存在的刑讯逼供行为。从《非法证据排除规定》到修正案拟修的《非法证据排除规则》，既是我国刑事法治进程自在进化的要求，也是刑事诉讼制度有效性内在变迁的产物。《刑诉法修正草案》确立通过刑讯、体罚、虐待等非法方法收集的犯罪嫌疑人、被告人供述和采用暴力、威胁等非法方法收集的证人证言、被害人陈述应当排除；违反法律规定收集的严重影响司法公正的物证、书证也应当排除；明确规

---

① 刘品新主编：《刑事错案的原因与对策》第 7 章"中国刑事错案实证调研的结论"，中国法制出版社 2009 年版，第 205~337 页。

② 刘炜：《多元力量博弈刑诉法大修》，载《民主与法制时报》2011 年 8 月 29 日第 A01 版。

③ 政策失败的起因有以下几种："统治者的偏好和有界理性、意识形态刚性、官僚政治、集团利益冲突和社会科学知识的局限性。"［美］R. 科斯等：《财产权利与制度变迁——产权学派与新制度学派译文集》，上海三联书店 1992 年版，第 397 页。

定非法证据排除的阶段、程序、证明责任和证明标准等。① 有学者认为，非法证据排除制度，与当事人不得强迫其自证其罪的权利立法及讯问全程录音录像的法律制度及措施，共同构成了严禁刑讯逼供的机制。②

2012 年《刑事诉讼法》第 2 条增加了刑事诉讼的任务包含"尊重和保障人权"，第 50 条增加规定："不得强迫任何人证实自己有罪。"立法文本将"不得强迫任何人证实自己有罪"作为沉默权立法的语言替代。有司法机关高级法官认为："此次刑诉法修改的亮点主要体现在保障人权和宽严相济两方面，但法律制定后，确保贯彻落实才是关键。"③我国刑事诉讼法在结构、条款、规定，甚至概念、术语上与德国有亲缘性的相似处，又紧紧追随、模仿英美法制度，但与它们的本质精神差之甚远。《1984 年警察与刑事证据法》第 76 条规定，英国警察在侦查过程中完全独立，不受本系统以外的任何指示，有权自行决定案件的处理。但是警方采取压迫性的任何语言和行为均可能导致讯问时的有罪供述不可靠，除非控方能够向法庭证明该供述（尽管可能是真实的）不是以上述方式取得的，并且，此项证明达到排除合理疑问的程度，否则，法庭不得允许将该供述作为不利于被告人的证据提出。因为英美人所特有的、根植于长期形成的、以尊重人的尊严和自由为基本特征的道德和政治哲学传统哺育的浓厚的程序正义观念主张"发现真实的结果并不能使刑讯手段合法化"。④ 大陆法国家检察官有客观义务，英美法国家检察官有公正执法义务，都要求检察官应公平对待当事人，不得为了定罪而不择手段。职权主义和当事人主义审判只是定罪标准语义学上的细微差异，⑤ 但对于当事人人格尊严的保护是一致的。

现代宪政秩序的社会治理策略要求，国家是公共产品包括社会安全保障制度的提供者。追究犯罪、保卫社会是国家的责任，但是国家权力的宪政界限，以人权保障为首端。西方国家建立非法证据排除规则，先后经历

① 陈光中：《刑诉法修改中的几个重点问题》，载《人民法院报》2011 年 8 月 24 日，第 6 版。

② 杜萌：《不得强迫自证其罪 完善非法证据排除规则 要求审讯全程录音录像：刑诉法修正案草案三方面规定严禁刑讯逼供》，载《法制日报》2011 年 9 月 19 日，第 4 版。

③ "湖南省高级人民法院院长康为民代表认为：刑诉法修改亮点多 确保执行是关键"，中国人大网 www.npc.gov.cn，2012-03-12。

④ ［美］弗洛伊德·菲尼：《非法自白应否在刑事诉讼中作为证据使用》，郭志媛译，载《中国法学》2002 年第 4 期。

⑤ 达马斯卡认为，英美的抗辩式诉讼制度建立了比大陆法系诉讼制度更高的定罪标准的证据阻碍。See Mirjan Damaska, Evidentiary Barriers to Conviction and Two Models of Criminal Procedure: A Comparative Study, 121 University of Pennsylvania Law Review, 506(1973), at587.

了虚伪排除理论、违法控制理论和人权保障理论的历程。非法证据排除规则在人类历史上的产生与发展，其基本精神是围绕着宪法保障的人权理念和精神而展开的。虽然在政治哲学和法律哲学领域，与主权相比较，人权是一个内涵漂移的术语，但是，在转化为具有人皆备有的普遍性意义的社会语言时，人权的定义性特质就是公民对抗国家权力专制的有效动力和精神支点。在政治话语主导的我国刑事诉讼制度体系中，保障人权是一个难以法律化解释的实践逻辑。与西方法治国家构建非法证据排除制度宗旨不同，中国构建非法证据排除制度，注重适用于非法言词证据，主旨是为了排除虚假供述，以规范国家刑事追诉行为，避免冤假错案。基于证据真实和预防冤案错案的要求，我国非法证据排除规则有效性的制度逻辑在于警察制度、检察制度、律师制度、审判制度等制度化国家权力和社会权力网络的相互作用的实践动态过程中呈现出不同的行为样态。《非法证据排除规定》第 3 条、《刑诉法修正草案》拟修的第 17 条、第 18 条明确规定非法证据排除规则不仅适用于审判阶段，而且还适用于侦查阶段、审查批准逮捕和审查起诉阶段。基于检察机关在我国理性建构的宪政秩序中的司法机关的地位和控制犯罪的控诉者地位和职能，以及负有的"客观公正"义务，履行监督侦查和审判的法律监督职能，在排除非法证据的制度安排中，检察机关对该制度的实践绩效具有显著的"蝴蝶效应"，在审查批捕和审查起诉过程中排除侦查机关违法获取的证据，能有效地纠正违法侦查行为，维护侦查阶段犯罪嫌疑人的合法权利不受侵犯。①

二、动态侦查行为的程序自由空间

制度发生学认为，"制度是为约束在谋求财富或本人效用最大化中个人行为而制定的一组规章、依循程序和伦理道德行为准则"。② 在供给主导型制度变迁模式中，国家在向社会提供制度时，首先满足自身经济利益和政治利益最大化，在制度实施中需赋予国家代理人执行该项制度的自由裁量权力空间。国家提供非法证据排除制度首先需满足国家惩罚犯罪的经济成本最小化，即查明案件事实真相最大化和提升国家政治合法性，促进惩罚犯罪的刑事司法制度实现帕累托最优。由于国家警察机构承担查获犯罪嫌疑人的国家责任，因而非法证据排除制度与警察侦查行为合法性之间

---

① 陈光中：《刑事证据制度改革若干理论与实践问题之探讨——以两院三部〈两个证据规定〉之公布为视角》，载《中国法学》2010 年第 6 期，第 14 页。

② ［美］道格拉斯·C. 诺斯：《经济史上的结构和变革》，厉以平译，商务印书馆 1992 年版，第 227~228 页。

存在着制度性的紧张关系。从美国排除警察非法搜集的物证的非法证据排除制度起始原因看，遏制警察非法行为是非法证据排除规则产生的导火索，但不是该规则发展的主要推动力。人民的宪法权利以及表达宪法权利彰显的宪法身份，并有足够的力量参与宪法政治秩序形成，恰是排除警方非法搜集的物证及证明讯问合法性的米兰达规则形成的真正的原动力。在英国 19 世纪初期，拒绝警察对被逮捕或羁押的犯罪嫌疑人进行讯问，原因是警察讯问不仅违宪，而且是具有危险性，因为它生产本质上不可靠的证据。① 在英美国家，如果自白是通过刑讯或者以刑讯相威胁而获得的，它就被认为是不自愿的，应当被排除。即使确认性证据实际上确定自白是真实的，该自白也要被排除。德国非法讯问所获有罪供述的证据绝对禁止主义和法国的非法供述排除原则首要的基本价值，是保证警察收集的证据具有绝对可靠性。通过排除非法证据进而制约警察非法侦查行为，既是涉讼当事人宪法权利的具体实现，又是保障证据真实有效的权力运作性技术主义手段和措施。如果将非法证据排除制度从终极化抽象意义上理解，那么非法证据排除规则的基本功能是伴随着国际化人权运动及新的国家学说而生成的"保障人权，主要是保障犯罪嫌疑人和被告人的权利，还兼顾了维护司法公正和规范侦查行为等价值考量"。② 美国的诸多法官与学者都视非法证据排除规则为遏制警察非法行为的良药圭臬，甚至得出"警察与法官是天然的敌人"之结论。侦查实践表明，"以法官为'操盘手'的非法证据排除规则对警察违法行为的遏制功能却非常有限，甚至可以说具有天然的不足。美国联邦最高法院建立的一系列非法证据排除的例外规则，缓解和调和了警察侦查行为合法性审查及排除非法证据的制度性内在矛盾。其内在原因则是非法证据排除规则与警察自由裁量权存在难以调和的紧张关系"。③

我国检察机关实施批准逮捕权和审查起诉权在刑事诉讼法语境中归属于宪法规范意义上的检察机关法律监督权。《检察刑诉规则》第 250 条第 9 项列明审查起诉时审查"侦查活动是否合法"。该规则关于审查批准逮捕和审查起诉阶段中没有对言词证据取证是否合法如何进行审查的具体规

---

① ［英］麦高伟、杰弗里·威尔逊：《英国刑事司法程序》，姚永吉等译，法律出版社 2003 年版，第 43 页。

② 何家弘：《证据的语言——法学新思维录》，中国人民公安大学出版社 2009 年版，第 71~72 页。

③ 马明亮：《非法证据排除规则与警察自由裁量权》，载《政法论坛》2010 年第 4 期，第 136 页。

定，也没有规定排除违法收集的书证和物证。"非法证据排除规定"强调检察机关在审查批捕和审查起诉阶段，对非法言词证据和收集程序不可补正而获知的书证、物证应予依法排除的法律义务，以制约和监督侦查行为。在办理死刑案件中，根据两院三高的《关于办理死刑案件审查判断证据若干问题的规定》（以下简称《死刑案件证据规定》）程序规范，检察人员在办理死刑案件时，在审查起诉阶段，检察人员应按照该规定设置的侦查诉讼行为无效制度，对于书证、物证等程序不可补正或不作出合理解释的，应归于无效行为，收集的证据应直接予以排除。按照两个规定的要求，在我国保障证据真实而排除非法证据的制度环境中，刑事诉讼法规定的"证明案件真实情况的一切事实，都是证据"在非法证据排除规则中可以概括一个不可反驳的推论：查明某项证据属于非法证据，则该项证据即属于不能够证明案件真实情况的虚假证据事实。在我们的知识体系难以确认历史追溯性的案件事实调查所需要的现实制度中，否定侦查行为合法性是排除非法证据的前提。按照司法审查原理，我国检察官与警察处于"证据法律属性"牵连机制内的紧张关系。如果说美国联邦最高法院通过例外规则，缓解警察自由侦查行为与非法证据排除制度之间的紧张关系，那么我国作为成文法国家则是通过语言的语义弹性和法律用语的整体性解释空间，为警察自由裁量的侦查行为提供了活动界域。检察机关通过排除非法证据而否定侦查行为合法性，建立公诉合法性的制度逻辑，受制并适应于地方权力政治中心化形成的"警检一体"和警察科层制职业风险规避的制度逻辑。

三、地方权力中心化的"警检一体"

我国的制度供给模式虽然是中央权力强制供给制度，但各级地方政府对中央权力创设的供给制度并不是完全依照中央权力而行为。[①] 各级地方政府在其行政区域里也是权力中心，在创设制度时既要追求政府垄断租金最大化，又要考虑降低社会交易费用和促进本地区稳定秩序和经济增长。地方权力制度供给功能避免中央集权而产生的理性偏失的秩序规制，是社会公共秩序多中心治理的治理方式。它是个缩小了的"权力中心"，在其

---

① 许多省市区政法委员会召集公检法司或公检法司自愿组织而联合制定刑事诉讼的程序细则或刑事证据细则。甚至设区的中等城市的政法部门也就刑事诉讼中的程序规则执行问题专门下发文件交由公检法司（律师）执行，如关于律师会见权的制度安排等事项，兹为一例。

区域里常常是其所需要的制度的强制供给者。① 虽然地方权力的制度供给不是介于"自愿制度创新者"与"制度强制供给者"之间的中介性制度创新主体或组织，其主导的制度创新也不是介于"不同微观主体自愿契约"与"权力中心强制供给"之间的第三种变迁方式，但是，地方政府之间的竞争不言而喻地现实存在，尤以表现着政治潜焦虑性的招商引资、经济社会发展、地方维稳等政绩性指标。这也是中央和地方分权而治、积极稳妥地推进良性社会秩序形成的新模式。

　　警察机关属于政府行政机关，是隶属于地方化的政治组织体。其承担的刑事侦查司法职能并行于政府维护社会治安的行政义务。构建并维护良好稳定的社会公共秩序是政府组织体获得民众信赖的先决条件。因为组织内部的激励机制和组织外部环境诱导了相应的组织行为；换言之，组织行为是对组织激励机制和组织环境适应的结果，所以警察机关需接受政府组织内部设定的组织行为规则。犯罪行为是对社会秩序破坏力最大的反组织机能和反社会秩序良性构建的行为，对民众的稳定心理和民众对政府的信任感产生巨大的反叛意向。在中国尤其如此，因为中国民众对犯罪的承受心理异常脆弱。如果政府无法回应公民的期待和信任，就有可能出现责任危机和信任危机。② 为了确保政府部门和官员能够与公众进行良好的沟通，使前者能积极地履行义务、承担责任，以利于实现公共利益最大化，就必须建立明确的覆盖各级政府、政府部门及政府官员的责任机制、激励机制和责任追究机制。运行这样的复合机制，使得前者的行为无论是基于民主授权或是行政授权，都能从政治责任、行政责任、法律责任与伦理责任四个维度受到正确和有效的导引、激励、规范和约束。按照新制度主义的"制度和组织实际上是同一个结构"的合成逻辑，在国家政治组织体内封闭的职业化规范压力下，地方实际权力支配下的检察机关会自发遵从地方政治权力中心化的适宜性逻辑而形成并实际制度性地强化"警检一体"结构和机能。在组织行为中出于政治价值主导的规范性压力下所形成的职业化同构特征，排斥了检察机关独立、有力、有效地废除警察违法侦查行为的制度支撑点，而使检察机关难以实施排除其根据法律文本语言和案件情节认为是非法证据的监督性检察行为。

---

① 黄少安：《制度变迁主体角色转换假说及其对中国制度变革的解释——兼评杨瑞龙的"中间扩散型假说"和"三阶段论"》，载《经济研究》1999年第1期，第71页。
② 中国特色的"严打"运动就是对政府信任危机的急救性挽救措施之一。

四、警察科层制风险规避和职业升迁的制度逻辑

现代政府有效率的组织机制是科层制。科层制逻辑意味着，这些官员们会选择那些最为有利于职业晋升的做法，或最大程度上避免那些威胁其职业生涯的做法。[①] 地方权力中心化表示着政府层级的竞争，并将竞争原则一般化。竞争产生知识。知识社会学维系"生存决定思维"的理论，在生存主义和观念渗透两个思想领域证明了该事实客观存在。[②] 在竞争的环境中，生存决定思想的理论不仅是个体思想和观念的经验假设，而且是群体性的思想和观念的经验假设，并形成具有群体认知功能的"群体精神"。当发生严重犯罪案件，特别是具有社会可视性和煽动性的暴力犯罪时，"限期破案""命案必破""立军令状"等快速直线型消解行政责任、缓解民众紧张心理的侦查导向，是警务部门的必然选择。警察承载偏离规则的激励，追求功利主义的后果论价值，游离于程序规则的边缘之外，满足于对该制度的自我理解，尽力模糊调查收集证据的程序行为的合法性界定。检察机关无力为警察承担应然状态的社会治安良性治理的制度压力，对于警察机关的职业风险和职务升迁不可能通过司法化方式，解除其科层制制度逻辑中的行动压力。因为中国现行司法制度的弊病，"最为核心的问题是司法权力的地方化"。[③]

我国刑事证据制度演变的性质表明，刑事非法证据排除制度的演变与警察制度、检察官制度的演化变革是非共时性变革，制度演化变革具有非帕累托性质，所以，尽管作为该项制度创立者的国家最高权力机关和中央权力代理者(即中央权力的"六院部")期待制度演化过程的改制净收益和新制度系统的实施净收益应该大于零，即达成认知共识，避免认知偏差，

---

① 周雪光、艾云：《多重逻辑下的制度变迁：一个分析框架》，载《中国社会科学》2010 年第 4 期，第 139 页。

② 生存决定思想的逻辑论证路径是：(1)从历史的角度来看，认识过程实际上并不是按照各种内在的法则发展的，并不是仅仅由人们从"事物的本性"或者"纯粹的逻辑可能性"中推论出来的，而且也不受某种"内在的辩证法"所推动，与此相反，在许多具有决定性意义的关节点上，实际思想的出现和结晶都受到那些理论之外的、最多种多样的因素的影响。这些因素称为生存因素。(2)如果这些生存因素对具体的知识内容的影响并不仅仅具有纯粹边缘性的重要意义，如果它们不仅与各种观念的发生有关联，而且还渗透到这些观念的形式和内容中，那么，我们就必须认为这种生存对思想的决定是一个事实。参见[德]卡尔·曼海姆：《意识形态和乌托邦》，艾彦译，华夏出版社 2001 年版，第 322~323 页。

③ 萧功秦：《中国转型期地方庇荫网形成的制度因素》，载《文史哲》2005 年第 3 期，第 134 页。

但是，警察在科层制结构中形成的对非法证据排除规则的职业化的自我理解，无论是作为规则化正式制度逻辑结果，还是作为隐性规则化的非正式制度逻辑结果，都将会处于博弈状态的自我利益最优化选择从而产生认知失误，即在实践中影响非法证据排除制度演化的目标模式的选择、方式及其制度绩效增长。尽管迄今为止，排除非法证据制度是解决警察刑事程序违法问题的唯一有效途径，但是，检察机关在批准逮捕和审查起诉程序中，即使从人权保障和确认案件真实两个视角保证该制度的有效性，也难以制约警察在证据调查收集程序中自由裁量权的非制度化行为。

对制度变迁供给的转变是由社会科学知识及法律、商业、社会服务和计划领域的进步所引致的。① 刑事诉讼发展史就是人类探寻过去发生的刑事案件事实真相的制度演化史。"演化意味着产生知识。"② 以维护证据真实而获知案件真相为目的，抑或维护人类尊严和人权而获知案件真实为目的，都是历史性知识累积而成的对人类社会秩序的认知结果。人权在任何语境下都具有人性同构的特性。如果说我们的人权保障制度价值在刑事诉讼程序中缺失优先性制度认同，那么查明案件事实真相追求的"犯罪事实清楚"应该成为非法证据排除制度有效性的最朴实的道德根据。非法证据排除制度不仅对刑事证据和刑事司法制度价值而且对于良性社会秩序的构建和存续都具有"光圈效应"。我国《非法证据排除规定》建立的非法证据排除制度，是非帕累托性质的制度供给，其在实践中是否只是一个象征意义的制度符号，迄今尚无完整的实证数据的量化分析研究。可以确定的是，非法证据排除制度确定的正式规则，必然与非正式约束如社会习俗、意识形态乃至政治文化等非正式规则产生渐进性相互影响。

---

① ［美］道格拉斯·C. 诺斯：《经济史上的结构和变革》，厉以平译，商务印书馆 1992 年版，第 328 页。

② 何梦笔：《国家结构与制度变迁》，载《读书》2010 年第 12 期，第 9 页。

第四章 犯罪事实调查的民间主体
——社会学制度主义考察

社会学制度主义以"社会人"为微观基础。这种人类行为模型将个体视为社会化的角色，其行为逻辑是适当的。也就是说，行动指南是道德义务、规范期望和认知要素的混合。行动不是相应决策的结果，而是涉及社会情况与角色需求的匹配。在这种观点下，制度成为社会生活中的规范性、评价性和强制性维度。制度是构成意义的框架，也是塑造个人身份的手段。① 制度的变迁是一个不断演进的过程而非设计的产物。制度虽然是人为的，但并非任意设计或随意执行的产物。"只有相互一致和相互支持的制度安排才是富有生命力和可维系的。否则，精心设计的制度很可能高度不稳定"。② 在社会学制度主义者看来，制度不仅包括正式的规则、程序或规范，还包括象征系统、认知模式和道德模板，因此制度变迁是非常困难的。制度的变化来源于价值的冲突，即制度本身所宣示的价值与周围社会的价值之间的冲突。

犯罪事实调查制度的变迁通过社会学新制度主义解释，可以看出犯罪事实调查的国家正式规则与社会非正式规则对事实调查的共同作用。民间主体是相对于国家而言的一类主体。在现代刑事诉讼制度中，民间主体调查犯罪事实有美国的大陪审团侦查，小陪审团的法庭调查，德国、日本的参审制和我国的法庭陪审制调查以及辩护律师的犯罪事实调查。这些主体的犯罪事实调查与国家专门调查机关存在不同的认知模式和文化倾向。因而，他们是现代刑事司法治理体系中不可缺失的犯罪调查主体制度。

---

① JENS BLOM-HANSEN, A NEW INSTITUTIONAL' PERSPECTIVE ON POLICY NETWORKS, Administration Vol. 75 Winter 1997（669-693），at674。
② 青木昌彦：《比较制度分析》，周黎安译，上海远东出版社 2001 年版，第 19 页。

第一节　犯罪事实调查的民间主体含义

罗马法主要由三个部分组成：民法、万民法和自然法。罗马法不是司法实践的结果，而是哲学的结晶。① 文艺复兴时期的知识热潮，宗教改革时期的心灵自主，"为意识的自由打下了基础。文艺复兴时期的人文主义宣扬尊重人类作为个人的伟大，强调个人的才智和能力"。② 进入十九世纪后，西欧文明进程是自由主义的历程。美国学者勒纳认为，在很大程度上，十九世纪的欧洲历史是在自由主义和民族主义这两股力量的相互作用下形成的。③ 近代欧洲律师已经发展成为一个与法官享受共同职业利益的职业共同体。现代律师不仅是法律精英，而且是通往政治精英的变通途径。在美国，"获准进入法律界就意味着获得了参与操控政府的三大组成部分之一的特权"。④ 律师不仅是社会权力的代表者，而且是社会法治秩序构建的与政府相同政治价值的民众力量。

就中国传统社会的法律控制能力和地位而言，法律在整体的社会控制体系中处于弱势地位，与官方主持的道德意识形态相互融合，成为道德意识强制控制的最后暴力合法化的保证措施，因而使传统法律控制处于民众畏惧的一种手段，滋养了民众畏法厌讼的普及心理。从国家治理方面看，儒家之教化意义在于维护国家统治方式的正义性，形成社会秩序的工具性的"差序格局"。目前我国官方与民间法律文化认同感仍然存在裂隙。法官代表着官方权力并强化垄断案件事实的话语权的犯罪控制模式，一方面使得民众对犯罪的承受心理异常脆弱，承续而至今，当代的中国大众对国家权力治理社会、打击犯罪，仍然充满着依赖性期待。另一方面不敢或不愿为嫌疑人、被告人作有利于嫌疑人、被告人的证言或提供证据，以免产生与官方对立的印象。其突出表现是辩护律师向证人和单位调查取证难，律师刑事辩护职业产生信任危机。法官在裁决案件时，即使明显发现有可能是错案，甚至是冤案，也对辩护律师提供的证据和无罪辩护意见置若罔

---

① ［美］罗伯特·E. 勒纳等：《西方文明史》，王觉非译，中国青年出版社 2003 年版，第 189 页。

② ［法］布罗代尔：《文明史纲》，肖昶等译，广西师范大学出版社 2003 年版，第 305 页。

③ ［美］罗伯特·E. 勒纳等：《西方文明史》，王觉非译，中国青年出版社 2003 年版，第 745 页。

④ ［美］马丁·梅耶：《美国律师》，胡显耀译，江苏人民出版社 2001 年版，第 3 页。

闻，依然遵从官方对待被告人之恶的先入价值观，与检方指控行为价值保持一致。① 法官的价值模块，根据"制度和组织实际上是同一个结构"②的合成逻辑，在国家政治组织体内的封闭的职业化规范压力下，会顺从政治权力的适宜性逻辑而得到强化。我国的法官和检察官的同质化来源于制度性同构的组织形式，源于政治合法性的强制性同构模式。"组织之间不仅在为资源和顾客展开竞争，而且在为政治权力和制度合法性展开竞争，以获得社会和经济上的正当性"。③ 政治和制度合法作为一种主要的资源，支撑着法庭的政治身份和仪式特例。在组织行为中出于规范性压力所形成的职业化同构特征，排斥了律师职业的开放的民间组织体的特征，因而最终使得法官和律师法律职业化网络规则的增长及其在制度规范内的扩展成为制度性的不可能，因而使得律师职业在我国现代社会秩序建构中的功能受到抑制。

党的十七大报告确认了"社会组织"称谓。社会组织包括社会民间组织(结社——公民集体行动)和社会中介组织。民间组织即"非政府组织(NGO)""非营利组织(NPO)""公民社会组织(CSO)""志愿组织(VO)""慈善组织""免税组织""草根组织"。这些组织的总称被叫作"第三部门""非营利部门""非政府公共部门"或者"独立部门"。其属性是：(1)组织性，指有正式的组织机构，有成文的章程、制度，有固定的工作人员等；(2)私有性，在制度上与国家分离；(3)非营利性，不向他们的所有者或经营者提供利润；(4)自治性，独立处理各自的事务；(5)志愿性，成员

---

① 2002 年 8-9 份，公安机关在清理超期羁押专项检查活动中，将该案提交商丘市政法委研究。政法委组织专题研究会，会上专题汇报该案。最后，经过会议集体研究，结论是案件具备了起诉条件。2002 年 10 月 22 日，商丘市检察院受理此案。2002 年 11 月 11 日，商丘市检察院诉至商丘市中院，商丘市中院最终确定：赵作海因奸情杀害被害人赵振裳。据卷宗中记载，当时律师对赵作海做无罪辩护，法庭并未采信。庭审记录记载，赵作海庭上说遭到了刑讯逼供，也没有人理睬。法院最终采信赵作海有罪供述，以故意杀人罪，判处赵作海死刑，缓期两年执行。宣判后，赵作海提出上诉，二审时撤回。河南省高院复核认为，商丘市中院一审判决，事实成立，证据充分。如果被害人赵振裳没有现身，此案将从此了结，赵作海的一生可能被狱中时光占去。《新京报》2010 年 5月 11 日。被害人复现后，赵作海被宣告无罪。商丘市中级人民法院展开调查，当年该案的审判长张运随、审判员胡选民、代理审判员魏新生停职接受调查。5 月 19 日，河南省高级人民法院纪检组、监察室决定，当年省高院复核赵作海故意杀人案件的主审法官胡烨停职检查。赵作海冤案与佘祥林冤案的生成路径如出一辙。

② 何俊志等编译：《新制度主义政治学译文精选》，天津人民出版社 2007 年版，第 253 页。

③ 何俊志等编译：《新制度主义政治学译文精选》，天津人民出版社 2007 年版，第 262 页。

非法律强制，而是自愿参与。① 在当前"国家——市场——社会"三元模式结构中，民间组织的出现是对"市场失灵"和"政府失灵"的反应与弥补。

社会中介组织（Intermediary Organizations）是介于政府与企业之间、商品生产者与经营者之间、个人与单位之间，为市场主体提供信息咨询、培训、经纪、法律等各种服务，或者从事协调、评价、评估、检验、仲裁等活动的机构或组织。执业特点是：专业性，独立性，服务性，自律性。经济领域的中介组织主要包括：（1）具有半官方性质的中介组织，如个体劳动者协会、消费者协会、证券监理会等，他们受政府委托，从事专项经济管理活动；（2）行业性组织，主要指行业协会、学会、商会、研究会；（3）公正性中介服务组织，包括律师、会计、税务、资产评估等专业事务所，以及公证、仲裁等中介组织；（4）服务性中介组织，包括提供市场载体、就业、广告、公关、信息、咨询、家庭、劳务、房地产、婚姻介绍等服务的中介组织；（5）经纪性中介组织，如证券公司、期货公司、投资公司以及智力性的经纪中介组织、文化经纪中介组织等。

NGO 是公民社会的表现形式。公民社会价值目标包括个人主义、多元主义、公开性和开放性、参与性和法治原则。② 我国社会组织对社会秩序的形成存在诸多弱势：市民缺乏参与政策决策、公共事务运行的实际可能，也缺少自由结成利益团体的法律、政治的制度性支持。律师职业对社会秩序的构建和形成功能也存在相似的窘境。律师是民权的天然守护神，维护民权，保障人权，是人类生命价值赋予律师的时代使命，是凭借于权利与权力的均衡而维护社会秩序稳定和谐的重要社会力量。但是，律师的政治功能没有发挥的制度和机制。如"7·23"温甬动车事故发生时，"温州市司法局律管处处长、市律协秘书长甘细平昨日证实，曾发通知要求'接到死伤者家属求助的律所和律师，不得擅自解答与处置，在第一时间向律管处和市律协报告'"。③ 全国律协会长于宁发表了自己的看法："全国律协支持律师参与温州动车事故的赔偿工作，这有利于事件依法解决。"④不仅在国家的正式制度中限制了律师维护民权的行动，而且在非正式制度中，律师的政治功能也难以获得认可。

---

① ［美］莱斯特·M.莎拉蒙等：《全球公民社会——非营利部门视界》，贾西津、魏玉等译，社会科学文献出版社 2003 年版，第 3～4 页。

② 董秀：《深圳非政府组织（NGO）参与社区治理模式研究——以深圳社工组织为例》，武汉大学政治与公共管理学院 2010 年博士论文，第 23 页。

③ 《新京报》2011 年 7 月 28 日。

④ 《人民网》2011 年 7 月 29 日。

第二节　犯罪事实调查的民间主体类型

一、社区民众

从神明裁判到现代社会的法庭审判的制度变迁，证明了人类对自身存在的社会秩序的认知变迁。500 人审判苏格拉底的法庭实际上类同于社区民众组成的法庭。在现代社会，社区民众，除非被选为陪审员之外，无权参与案件事实的审理和裁判。但是，犯罪发生在社区，对社区民众的安全心理会产生不安定影响，特别是街头暴力性犯罪。在公开开庭审理的案件中，旁听和网络直播是社区民众获悉案件证据和审理过程的途径。公开的判决文书也是途径之一。获悉案件审理过程和裁判结果的社区民众，对案件事实是否达到事实清楚的证明标准，有自己的判断方法和结论。

社区民众对法律原理没有成套的理论，但是，他们在具体案件中，在良知和偏见、经验与个体抽象的矛盾中，根据经验对案件事实作出判断。学术上也承认，裁判事实能否"符合事实真相"，一方面取决于控方提出的控诉主张是否符合客观存在的事实、是否提出了足以支持自己控诉主张的证据并进行了有效的诉讼证明，辩护方的辩护是否有助于展露事实真相；另一方面还取决于裁判者的个人因素及是否遵循经验规则和逻辑法则。[①] 社区民众不需要知道法庭审判程序，根据自己的经验、良知，对社会传播的案件发生原因、过程和后果等细节事实，进行加工，形成自己的判断。这类证明标准，不具有法律的强制性，但是，对后续社区民众担任法庭陪审、参与法庭审理案件、裁判案件事实，具有社区情感倾向的制约因素。这点在普通法国家特别明显。普通法国家排除合理怀疑的证明标准实质上是经验性的。应当承认，"合理怀疑"的产生及其排除，本质上是经验法则的运用问题。司法解释和学理解释的作用十分有限。[②] 怀疑是任何人对一件事情都有权秉持的自由心理。普通法国家的证明标准就是社区公众的证明标准，而不是理论解说的定义性标准。

社区民众判断案件事实是否遵循逻辑方法，是与"法律是不是一门科

---

① 宋英辉等：《证据法学基本问题之反思》，载《法学研究》2005 年第 6 期，第 59 页。

② 龙宗智：《中国法语境中的"排除合理怀疑"》，载《中外法学》2012 年第 6 期，第 1142 页。

学"同样的难解迷雾。逻辑是什么，是哲学问题。大众生活本身就是逻辑，是一门实践逻辑。在一起过失放火案中，点燃的谷草堆燃烧后，在五级大风的作用下，火势会顺风燃烧，也会迎风燃烧，引起住宅着火。这就是生活逻辑。"逻辑（logic）"一词可以用于不同的语境之中。在日常生活中，"合乎逻辑的"（logical）实际上是一个形容词，大致等同于"合理的、明智的"。"具有合乎逻辑的解释"是指"具有合理的解释"。① 社区民众对案件事实的判断虽然不会使用证明标准诸类专业术语，但是他们可以用自己的语言表达该案事实是不是清楚，被告人受到指控是否合理的朴实观点。这些案件事实的评判有时会促进法律意见的碰撞。如我国的许霆（ATM）盗窃案，② 于德水（ATM）盗窃案。③

英美法系国家大小陪审团制度，是社区民众调查事实的典型类型。陪审团根据经验和个人爱好作出判决，纯粹是经验性的。诸多证据规则不是书面论证形成的，而是经验形成的。英国法律中的证据规则就是为了适应陪审团审判制度。证据规则被反复地强调，是为了防止那些未经过法律训练的陪审员将那些未被按照严格的证据规则确立的事实考虑进去而被引向虚假的结论。但是，普通法事实认定模式的特殊性，主要不是来自证据规则，而是来自适用这些规则的方式。达马斯卡认为，普通法的陪审团根据不需要专门的证据法。非专业裁判者的使用甚至可以被用作反对法律对事实认定活动之渗透的一个有力论据。只有当审判法庭分裂为非专业和专业两部分时，技术性的证据法才有生存的空间。④ 他还认为，陪审团、集中型诉讼程序和对抗制是支撑英美传统证据法体系的三大支柱，并为传统英美事实认定模式奠定坚实的基础。⑤

20 世纪 60 年代以后美国对陪审团管理体制进行改革，如允许女性担任陪审员、改革陪审员选任机制等。为降低陪审团预算，美国一方面将部分费用转嫁给雇主等其他人员，如要求雇主必须向履行陪审职责的雇员支

---

① ［英］苏珊·哈克：《逻辑与法律》，刘静译，陈金钊主编：《法律方法》（第八卷），山东人民出版社 2009 年版，第 26 页。

② 许霆（ATM）盗窃案，广东省广州市中级人民法院刑事判决书（2007）穗中法刑二初字第 196 号。

③ 于德水（ATM）盗窃案，广东省惠州市惠阳区人民法院刑事判决书（2014）惠阳法刑二初字第 83 号。

④ ［美］米尔见·R. 达玛斯卡：《漂移的证据法》，李学军等译，中国政法大学出版社 2003 年版，第 34 页。

⑤ ［美］米尔见·R. 达玛斯卡：《漂移的证据法》，李学军等译，中国政法大学出版社 2003 年版，第 125 页。

付补偿金和补贴；另一方面也对陪审团制度进行两项改革，一是将陪审团人数从传统的 12 人减少至最少 6 人，二是允许不一致裁决。美国联邦最高法院在论述这两项改革的正当性时，一方面承认陪审员数量与陪审团功能间存在联系，认为，"诚然，数量足够多的陪审员可能会改进集体评议，并使其免遭外部强迫，以及提供公平机会来选任有代表性的候选人"；另一方面又否认陪审团人数差别对实现陪审团功能会产生重大影响，认为，"我们很难相信 6 人陪审团比 12 人陪审团更难以实现这些目标，特别是当不再要求一致性裁决时"。①

美国学界逐渐形成对陪审团裁决机制的四大理论模型，即贝叶斯概率模型、代数权重模型、随机选择模型和认知程序模型。

二、辩护律师

律师作为一种法律职业者，始于清末，我国 20 世纪 70 年代末恢复律师制度，把律师纳入国家法律职业。后随着我国市场经济的发展，借鉴外国律师制度，逐步将国家律师转变为社会组织性质的市场服务律师。律师依法从事的法律服务，归为律师执业权。执业权是一个人具有从事某种职业的资格。法律职业的特征存在于智识性、独立性、同质性、规制性、垄断性等。② 基于职业专业性、公共性和自治性主要特征的法律职业主义，作为一种理念，法律职业主义为之奋斗的也主要是三个理想：法律的科学化(技术性)、法律职业共同体(自治性)以及律师政治家(公共性)。③ 律师作为一种法律职业成员，是法律服务的提供者，也是法律的社会认知的代表者。这是检察官、法官等国家身份的法律职业者的差异所在。律师担任犯罪嫌疑人、被告人的辩护人，是其职业化的国家许可，也是其执业权的作用领域。刑事辩护是律师为涉嫌犯罪的自然人或已决罪犯提供辩护、申诉等法律专业服务的一项执业工作内容。从司法制度构建方面看，律师执业权是法律职业区分于其他职业的社会标识。律师辩护制度是司法制度的组成部分，进而成为一国之司法制度文明程度的标志。在职业主义意义上，律师辩护权是律师执业权的范畴。

律师辩护权在不同的刑事诉讼模式中，具有不同的权利表现和权利内容。在现代民主法治国家中，无论职权主义的真实探知刑事诉讼模式还是

---

① 高通：《美国陪审团事实认知机制研究》，载《比较法研究》2018 年第 6 期，第 160 页。
② 黄文艺：《法律职业话语的解析》，载《法律科学（西北政法学院学报）》2005 年第 4 期，第 3 页。
③ 李学尧：《法律职业主义》，中国政法大学出版社 2007 年版，第 10 页。

正当程序人权保护刑事诉讼模式，皆以律师辩护权的实际有效存在作为刑事诉讼结构的完整形式。但是，律师辩护权并非源自律师执业权。律师法第 28 条第 1-6 项、第 31 条、第 32 条、刑事诉讼法第 33 条、第 35 条、第 45 条规定即是此意义。在辩护权源方面，律师辩护权受制于当事人的意志，但独立行使辩护权，履行辩护职能，也是辩护律师的执业义务和程序义务。这是律师执业权与律师辩护权之关系的表达。律师执业权是职业性权力，而辩护权是附属性权利，执业权利的范围大于诉讼权利的范围。① 改革开放 40 年来，我们对辩护制度的认知发生了变化，从把辩护律师视为为罪犯和犯罪等坏人"说话"，转变为律师是为犯罪嫌疑人、被告人辩护，公安机关、检察院、法院等职权部门对于一些重要的基本理念达成了共识，包括公安机关的侦查权应受到规制、辩护律师和辩护权应得到尊重、刑事诉讼应以审判为中心等，职权部门在观念上的进步推动了其主动出台促进辩护制度发展的政策等。② 职业共同体和执业权话语体系对辩护制度及律师辩护权提供了认知性共识。

刑事诉讼法规定了律师享有的会见权、阅卷权、调查取证权、申请调查取证权、申请重新鉴定、勘验权、辩论权等一系列诉讼权利，促进辩护律师尽职履行辩护职能。但是辩护律师的权利需要侦查机关、检察机关和审判机关在程序范围内协作，即律师辩护权的行使环境依赖于刑事司法权力运行机制，同时，又以执业权影响和制约司法权。1979 年刑事诉讼法对辩护律师权利保障不足，1996 年修改刑事诉讼法时，强化了辩护律师的会见权、调查取证权等权利，但文本语义限制了会见权，案件侦查信息保密与案件事实保密混淆；压缩了律师阅卷权的制度空间，将阅卷权利安置于审判程序中，在审前程序律师对于控方证据材料和事实认定、法律适用等一无所知。这种刑事诉讼结构的制度安排，限制了律师辩护职能的发挥，造成控辩在证据认知和事实判断方面的不平等。2012 年《刑事诉讼法》修正时对控辩审三方职能结构作出调整，力图实现制度均衡。

三、辩护律师调查犯罪事实的程序限制

程序的法治意义，不仅仅是人治和法治的区别，更在于，刑事诉讼程序不仅限制约束控方、审判者的国家行为，而且限制约束当事人和辩护人

---

① 封利强：《辩护律师执业纠纷仲裁制度的构建——完善执业权利救济机制的另一种思路》，载《浙江工商大学学报》2018 年第 6 期，第 63 页。
② 祁建建：《"刑事辩护制度四十年的发展、不足与展望"研讨会综述》，载《中国司法》2019 年第 7 期，第 90 页。

的辩护行为，即辩护的全部内容限制于控方指控的犯罪案件的证据事实和法律适用范围，同时，审判范围也受制于控方和辩护方共同指射的内容。在刑事诉讼程序中，辩护律师的执业权和诉讼权即为全部的对控方反证明的合理存在。律师担任辩护人，辩护权必须在程序范围内行使，其含义是，无论是律师还是检察官、法官，都应善意解释程序权利和程序义务的立法规定。在职业共同体的相同法律思维模式下，控辩审三方共同推进程序公正和实体公正的实现，且不得滥用程序权利。

辩护权行使的程序空间依赖于刑法的社会治理功能的政治观念。有学者指出，1979 年《刑法》和《刑事诉讼法》的制定使得法律成为一门专业化的知识和技术，但是这种技术的使用依然要服从于政治目的。[①] 在国家治理现代化的推进中，刑事法律的立法价值和司法价值都发生了根本性的变化，创新社会治理是具备现实性和实效性特色的社会治理的经验性维度，法治是具备秩序、正义特色的社会治理的规范性维度。刑法具有独立的社会治理功能，但应在保护法益与保障自由之间建立平衡。[②] 国家治理的未来趋向应该是有效保护公民权利，以公民权利保障为国家善法之治的归结点，包括律师在内的社会组织不仅监控国家人道主义道德的生成与再生产，而且限制国家权力的治理技术，包括刑事程序的权力制约技术。实践中国家刑事追诉机关存在滥用程序权力的事实，如法官对文本语义作出错误解释，错误适用指定辩护权力，当庭解除辩护律师辩护权，故意指派不符合辩护律师资格的实习律师或其他人担任辩护人。如证人出庭作证问题，辩护律师申请法庭通知证人出庭作证，法庭可能会拒绝，但立法未规定传闻证据规则，也未要求法庭对拒绝的事项作出解释。辩护人申请重新鉴定、现场勘验等，也是如此。再如，刑事诉讼法第 187 条规定在开庭 3 日前通知辩护人庭审时间，法庭认为是 3 日之前，而不是中间间隔 3 日，在开庭前一天甚至当天上午通知下午开庭，故意造成辩护律师为难。有的刑事追诉机关在诉讼过程中，非法剥夺当事人和律师辩护权，侵害律师执业权和诉讼权的行为，甚至达到滥用职权的程度。如江西省乐平市黄某等四人死刑案申诉律师申诉报告叙述，原审—当地律师辩护人坚持做无罪辩护，庭后被刑拘 7 天，直到答应退出辩护才被放。[③]

① 强世功：《法制的观念与国家治理的转型——中国的刑事实践（1976—1982 年）》，载《战略与管理》2000 年第 4 期，第 59 页。
② 孙国祥：《新时代刑法发展的基本立场》，载《法学家》2019 年第 6 期，第 11 页。
③ 江西黄某等四人死刑特大冤案全体申诉律师的紧急报告，（2019-06-19）. http：//www. xiyuanwang. net/html/lpxla_1267_1972. html.

律师执业自由，但必须维护公共利益，且为此履行特定法律义务和接受法律约束。律师在刑事诉讼程序中也不得滥用程序权利。实践中发生一起案例，一审法院开庭审理后，在制作判决期间，被告人的近亲属解除与原律师事务所的委托合同，终止原参加一审庭审活动的辩护律师的辩护职责，重新委托其他律师事务所指定的律师担任本案一审程序辩护人。法官建议二审程序再更换，辩护律师提出异议。其实，法庭对辩护人资格是有审查权的，可能被律师忽略了。法律对担任案件辩护人有限制规定。即使律师可以接受委托，在一审开庭后，律师接受委托的行为也失去了接受委托辩护的意义，还涉及一系列程序和司法处理难题，显示不出刑事辩护制度的进步。法律规定当事人可以随时委托辩护人，文本含义应是赋予当事人在被第一次讯问或拘传时始，至任何一个程序阶段，都可以委托辩护人，行使辩护权。当辩护权没有行使的程序空间时，委托辩护人显然失去了委托价值。法律不能剥夺律师接受委托担任辩护人的合同权利，但立法赋予律师选择权，也规定了不得担任本案当事人辩护人的情形。律师法第32条、第41条、《最高人民法院关于适用〈中华人民共和国刑事诉讼法〉的解释》（法释〔2012〕21号）第36条、第38条的规定即是。行业性规范文件《中华全国协会律师办理刑事案件规范（2017）》第6条也是同样规定。再如，辩护律师申请审判法院全体法官回避。如果辩护律师和当事人认为管辖法院全体法官应当回避，可以适用《刑事诉讼法》第27条指定管辖制度，申请上级法院指定其他法院管辖解决。在法庭开庭审理时，辩护律师提出管辖法院全体法官回避的请求，可能涉及滥用程序权利。改变审判管辖法院，还涉及公诉机关的变更。辩护律师也应善意解释程序权利。辩护律师只能在法律规定的程序规则内，行使自己的执业权和辩护权。这也是对律师辩护效果评价的程序规则的限制性情形。

第三节　辩护律师调查取证制度有效性

法庭查明案件事实真相的首要职责，需借助于控辩双方提交到法庭的证据，做到兼听则明。实证研究表明，法官对辩护律师调查取证权持着既怀疑又支持的矛盾态度，这使得辩护律师调查取证制度价值在刑事司法实践中受到折损。从社会学制度主义视角考察，辩护律师调查取证制度有效性缺失，在于其与刑事司法制度整体价值发生疏离，而且与国家权力体系没有形成制度性认同机制。为使裁判者真正获得来自辩护方的证据，需从正式和非正式制度建设方面共同改进。

一、非正式制度对正式制度绩效的影响

社会学制度主义认为，制度不仅包括正式规则、程序、规范，还包括为人的行动提供"意义框架"的象征系统、认知模式和道德模板等。这种界定打破了制度与文化概念之间的界限，且两者之间又相互映射。① 社会学制度主义以行为与制度之间的关系及制度绩效为理论主体，关注社会政治生活的制度基础，强调制度因素的解释性权力。其主张的制度有效性或者是实然性的制度绩效，或者是制度产生程序上的合法性或制度本身的价值合理性。

社会学制度主义倾向于从实然角度，即从制度的实际效果角度理解制度有效性。"构成制度的正式规则、非正式规则和两者的强制性共同决定了政治绩效。虽然正式规则可以一夜间改变，但非正式规则的改变只能是渐进的。非正式规则给任何一套正式规则提供了根本的'合法性'。"②国家通过制定法确立的正式规则时贯穿着隐形非正式规则理念，那么在制度实施过程中，就会在制度相关人的行为中体现出来，进而影响正式规则制度有效性的实现。公民个人权利与国家权力之间的关系自西方启蒙时期在哲学家、政治学家和法学家之间就争论不休，但基本的制度是强调公民个人自由要优先于国家主义权威。我国宪法规定的"国家尊重和保障人权"不仅是宪法原则和观念，更是制度包括正式规则和非正式规则在社会生活中运行的根本指导性准则。辩护律师调查取证制度体现了宪法人权保障的有效程度，对政治上的国家至上主义思维产生制度运作程序中的阻隔作用。现代司法与诉讼制度设置的基本意义，就在于国家在行使其刑罚权的时候，有制度与程序防止这种权力的滥用，而律师的刑事辩护就是这种功能的一种体现。而要让程序法治发生作用，需要我们具有一种多元的思维方式以及一种对持异议者的宽容态度。③ 法律宽容必须依赖于政治宽容。政治宽容通过法律制度具体体现。从这个意义上说，辩护律师调查制度有效性首先是一个政治问题。

作为宪政人权保障测震仪的刑事诉讼规范不仅是规范国家刑事追诉权

---

① 何俊志等编译：《新制度主义政治学译文精选》，天津人民出版社 2007 年版，第 59 页。

② 路平、何玮：《新制度经济学及其发展》，载《经济社会体制比较》2002 年第 5 期，第 10 页。

③ 龙宗智：《李庄案法理研判——主要从证据学的角度》，载《法学》2010 年第 2 期，第 13 页。

力的功能，而且还是规范"犯罪事实"的功能。季卫东教授认为，离开程
序规则，就不应该甚至也不可能在刑事方面作出正确的实体性决定。虽然
罪刑法定主义是实体法上的原则，但从诉讼的角度来看，罪与刑都不可能
从实体法条文规定那里直接地、机械地推导出来。要做出妥当的判断，就
必须通过严格的程序，对照案情和法意进行具体的证明和推理。在这样的
意义上，所谓"法定"云云其实不外乎"法定程序"，意味着按照明文规定
的程序规则来判断和制裁那些明文规定了的犯罪行为。概括为一个简洁的
公式，即"先有程序，后有刑罚"。① 历史和犯罪学研究均表明，针对犯
罪，仅仅依靠简单的加大打击（即使是改善了的）力度将犯罪降到最低程
度的社会成本很高，政治理性成本和国家伦理成本更高。我们需要理智的
刑事政策，确保对社会的整体保护与刑事司法介入后对各方，主要是犯罪
方和被害人方基本人权保护之间的平衡。因此，从个人和社会因素的角度
看，成熟、理性的刑事政策都需要脱离传统的犯罪学思维，不能只重视防
范社会，而需要关注社会对犯罪的预防和反应效果。与此同时，还应当关
注人权的整体文化。如果全球化不得不进行"文明化"，那么提高人权的
整体文化就成为保障刑事领域全球体系构架的最为重要的方式。② 辩护律
师调查取证制度在现实中的作用和功能决定了我国刑事司法人权保障全球
化的融入程度。辩护律师调查取证制度有效性短缺不应该继续。从预防和
遏制刑事冤案错案的需要出发，需改善辩护律师调查取证制度实效短缺的
现状，对该正式制度进行合理安排的改造。在刑事诉讼非正式制度与正式
制度关系方面，法治要求的程序价值承载着宪政的道德价值。国家法律确
定的制度具有政治权力合法性和正当性的中心地位，任何政策和非正式规
则性的制度，都不可成为正式规则制度的替代物。没有辩护律师调查取证
正式制度有效性的完满实现，任何刑罚替代措施都会产生与追寻以人权保
障为核心的宪政秩序南辕北辙的后果。

二、裁判者对辩护律师调查取证制度的认同程度

　　辩护律师调查取证制度是刑事审判合法性的制度基础，是防止裁判冤
案错案的制度保障。其实践有效性体现了宪政的人权意识，并直接决定性
地影响了刑事诉讼人权保障的法治水平。我国《刑事诉讼法》第 37 条和

---

① 季卫东：《拨乱反正话程序》，载《北大法律评论》2007 年第 8 卷第 2 辑，第 302 页。
② ［西班牙］胡塞·路易斯·德拉奎斯塔：《全球化和刑事司法》，喻贵英译，载《法律科学》2006 年第 1 期，第 33 页。

《律师法》第 34 条规定了辩护律师调查取证的正式制度，以强制立法方式，采取自上而下的强制性制度变迁模式，推进辩护制度和刑事司法制度的转变。我国辩护律师调查取证制度赋予辩护律师在审查起诉阶段可以进行调查取证的权利，包括自行调查取证和申请检察机关和法庭调查取证。刑事审判中的公正审判的保障，是赋予辩护方与控方平等的诉讼地位，包括调查收集证据的平等的权利。确保犯罪嫌疑人、被告人受到公正的程序对待，最终是法官的责任而不仅仅是控方的责任，因为保证被告人得到公正的审判是法官的责任。控辩双方提交到法庭的证人，不是控方或辩方单方的证人，而是法庭的证人。鉴于控辩双方在对抗心理的作用下，负有"客观公正义务"的检察机关对待辩护律师调查取证的批准或同意申请，在实践中很难协调，所以，辩护律师调查取证制度的有效性及其程度，应以裁判者对待辩护律师调查取证的认同程度和保障程度为根据。基于此，本书选取裁判者对辩护律师调查取证制度的实证调查的样本进行分析。

实证调查资料表明，[①] 辩护律师自行调查取证能力制度性的供给不足，恶化了辩护律师在法庭审判中的辩护职能的发挥。辩护律师调查取证权的民间特征，决定了辩护律师调查取证的局限性，因而，辩护律师申请国家司法机关调查有利于嫌疑人、被告人的证据是符合法理逻辑的。辩护律师申请调查取证包括三个内容：第一，控方掌握的有利于嫌疑人、被告人的证据资讯；第二，辩护律师知悉的证人拒绝接受辩护律师调查的，或者物证持有人或所有人拒绝向辩护律师提供的；第三，法庭审理时出现新的证据的调查，该证据可能是有利于被告人，也可能不利于被告人。大多数法官认为，律师申请法庭调查取证时，决定权在于法官，包括重新鉴定、重新勘验、检查等取证行为。据学者抽样问卷调查，[②] 法官对辩护律师各种具体的调查取证制度持着既怀疑又赞同的矛盾心理。辩护律师调查被害人及其近亲属提供的证人，在实践中，56%的法官认为辩护律师调查被害人及其提供的证人，应该经过检察院的批准，否则有可能干扰被害方如实作证或者促使其改变证言。法官很看重对控辩双方证人证言的调查，因为实践中看，辩护方提供的证人并不是简单的"辩方证人"，对于公诉人在庭审后强制辩方证人改变在法庭上所作的证言的行为，表示出明显的不满

---

① 该组数据引自陈瑞华主编：《刑事辩护制度的实证考察》，北京大学出版社 2005 年版，第 15~20 页。

② 该组数据引自韩旭：《被追诉人取证权研究》，中国人民公安大学出版社 2009 年版，第 280~286 页；朱德宏：《辩护律师调查取证权研究》，中国检察出版社 2010 年版，第 144~153 页。

意，几乎没有法官认为公诉人是出于忠实于案件事实真相的需要而强制辩方证人改变庭审证言。对于辩护律师自行调查取证难的原因，92%的法官解释为：法律规定不明确，可操作性差，并且律师权利太少、证人保护不力、证人不敢或不愿为被告人作证、警检人员可能潜意识地阻碍证人作证。由于辩护律师调查取证权受到调查对象和调查手段的限制，在特定的情况下，其不可能获得有利于嫌疑人、被告人的证据，如证人拒绝提供证言、物证持有人或保管人拒绝提供物证，这都限制了辩护律师调查取证权的行使，因而，法律必须赋予辩护律师申请国家官方机构强制调查取证的权利，与阅卷权共同构成强化辩护律师调取证据能力、知悉证据信息的手段，以保证控辩双方平等，保障被告人受到公正审判。庭审时法庭应如何保障辩方申请法庭调查取证的权利问题，调查结果显示，绝大多数答卷者认为，法庭普遍要求辩护律师说明理由，而理由是否充足，由法官自由裁量。当能够证明控方拥有有利于被告人的证据，而且辩方申请要求控方提供，控方拒绝提供时，多数法官认为，法院不具有足够的权威，除了实体处理外，法庭不能对检察机关采取程序性和实体性制裁措施。大多数法官认为，当辩护律师在法庭上当庭申请法庭要求控方被害人、证人、鉴定人或者有利于辩方的证人、鉴定人出庭作证，接受质证时，法庭有自由裁量权。对于辩护律师申请法庭重新鉴定、重新勘验、重新检查等调查取证行为，法官们一致认为这是法官审判权的应有部分，是否实施的决定权力属于法官。

我国刑事诉讼法 1996 年修改时修改了控诉结构和法庭审判结构，意图增强控辩双方对法庭审判的推进作用和掌控作用，将法官置于消极听审的诉讼地位，但是仍然保留了庭审法官依据职权调查证据的职权，作为对过去传统的一种继承。实践中，法庭审判模式改革，由于检审关系的宪政秩序使然，因此法庭对于控方证据持有天然合法性和正当性的判断倾向。这导致了辩护律师调查取证权在审判中的失落。完整的刑事诉讼程序应由控方的指控、辩方的辩护和审判方的中立裁判所组成。任何一方功能的缺失都会发生失却公正的现象。从冤案错案的发生原因看，辩护方收集证据能力不足，辩护律师调查取证制度价值缺失，是主要的制度性原因。有学者研究认为，大陆法系的德国有研究表明，导致错案发生的原因有三个：目击证人的失误，警察或检察官工作不负责任，强迫供认。英美法系的代表国家美国，不同的研究者的结论极其相似，有共同的因素是：目击证人的错误，警检人员的失当行为，律师辩护不利或表现不足。[①] 赵作海冤案

---

① 张丽云主编：《刑事错案与七种证据》，中国法制出版社 2009 年版，第 13~14 页。

中，辩护方提出的无罪辩护意见因没有相关证据支持而为法庭"忽略"。①

三、辩护律师调查取证制度有效性程度分析

辩护律师调查取证的制度供给不足反映在立法上。立法本质上是政治行为，是宪政秩序外在化的文字表述。辩护律师是民权代理者的身份，是与国家就犯罪事实判断和刑罚裁量加以对抗的代理人。民权与国家刑事追诉权之间的关系是个人权利与国家权力的边界划分关系。因而，辩护律师调查取证制度又是国家政治权力与公民政治权利关系的外在表现。立法者将该制度纯粹简化为诉讼技术，而不是政治制度的法律化价值认同。作为涉讼公民宪法权利的辩护权，并没有获得认可。"如果庭审中只由公诉人一方出示证据，而辩护只是就公诉人提出的证据提出质疑，那就会使法庭失去抗辩色彩，不利于法庭在核实清楚犯罪事实的基础上正确作出判决。所以在刑事诉讼法中增加规定了辩护律师的调查取证权。"②立法者并不是从审判政治学和公民政治权利平等实践化方面加以规范。在我国古代，"法家所以为儒家所排斥（也可以说为贵族所排斥），便是因为他们主张法律平等主义"。③ 清末修律时，程序的平等和人权意识受制于特权阶级。知识界有识之士从律师制度有利于秉公执法，有利于防止诉讼弊病，以及有利于伸张民权等方面，积极宣传实行律师制度对于改良司法、推动社会进步的价值。④ 民权以自由、平等为精髓，以民众个体的权利为显著表现形态，因此，就具体实现过程而言，它不仅要防止由于公共权力的专横和滥用而产生的侵害，而且由于其极易因民众的盲动、权利的滥用而变质甚至丧失，它也必须有必要的"防腐"装置。有鉴于此，律师业在民权保障中的作用，是双向的。⑤ 在为政治实践服务的政治学研究主题中，公民政治权利的研究出现"抛荒"现象。政治学"核心问题主要是效率、民主与平等三大问题"，其研究逻辑论证可归纳为：从政治人的逻辑起点出

---

① 河南省商丘市赵作海故意杀人案在 1999 年 12 月 9 日检察机关最后一次退卷，再未受理。检察机关认为没有死者相对完整的尸体，又没有死者身份认定的鉴定结论，该案不符合起诉的条件。《新京报》2010 年 5 月 11 日。随后的起诉行为违背了检察机关的法律意志。

② 全国人大法制工作委员会刑法室编著：《中华人民共和国刑事诉讼法释义》，法律出版社 1996 年版，第 45 页。

③ 瞿同祖：《中国法律与中国社会》，中华书局 2003 年版，第 220 页。

④ 徐家力：《中华民国法律制度史》，中国政法大学出版社 1998 年版，第 35 页。

⑤ 张志铭：《当代中国的律师业——以民权为基本尺度》，夏勇主编：《走向权利的时代：中国公民发展权利研究》，社会科学文献出版社 2007 年版，第 87 页。

发，研究公民所享有的政治权利、政府所持有的政治权力以及政治权力和政治权利的博弈，经过双方的博弈，政治发展达到政治文明目的，促进社会的和谐发展。但是我国"政治学基础类教材研究方法主要内容"中"政治权利"占 2% 篇幅。在政治学基础类教材的 12 个主题内容中存在着重"权力研究"，轻"权利关注"。对公民政治权利的研究力度，与政治权利在现实社会中日益增长的重要性不成比例等。我国政治学界着重权力研究，忽视政治权利研究已是不争的事实，造成政治学研究"跛脚走路"的局面。① 以民权为中介的律师制度与政治权利之间的关系，通过技术简单化，淡化了辩护律师调查取证制度的政治价值。公民政治权利的理论研究弱化，使得辩护权及辩护律师调查取证权价值得不到提升。从制度有效性的关联程度看，辩护律师调查取证制度在离开法律技术领域后便成为无源之水，其有效性失去了非法律规则的支撑。

　　辩护律师调查取证制度供给不足，与非正式制度对正式制度影响有关。社会学制度主义的非正式制度不仅包括认知模式和道德模式，还有赖于类似于历史制度主义理论主题的文化路径。早在 1956 年 12 月 6 日《司法部关于律师工作中若干问题的请示的批复》，对律师能否进行调查问题作了以下解释："在目前侦查技术水平还不高、法院案卷材料往往不完整的情况下，为了使律师出庭辩护，能够根据充分的事实，提出辩护理由，应该规定律师在开庭前可以单独对案情进行访问，包括到现场以及向有关证人、鉴定人或机关单位进行访问了解等。但由于律师和司法、检察机关的工作人员不同，故不仅在访问中应采取请教的方式，而且还应区别证人的具体情况，避免直接访问与对方当事人有共同利害关系的证人，以免发生争执。此外，律师在访问案情时，应当严格防止以自己的见解影响任何有关的证人。"这虽然是从有利于侦查案件视角加以规范，但反映出辩护律师调查取证时，对调查取证对象主体的尊重和保障调取证据的有效性，反映出立法者对律师职业者人性偏私的谨慎预防。现代宪政制度中，辩护制度的宪法化符号是在宪法中将公民（而不仅仅是涉讼公民）的辩护权规定于公民基本权利的内容。在宪政秩序的立法构建中，我国 1954 年宪法就忽视了犯罪嫌疑人、被告人的辩护权，也忽视了辩护律师在刑事诉讼查明案件事实的制度价值。我国辩护制度在"五四宪法"中以"被告人有权获

---

① 参见冯志峰：《政治学方法论 30 年：现状、问题与发展——一项对 86 本有关政治学方法论教材的研究报告》，载《政治学研究》2008 年第 4 期，第 87 页；冯志峰：《提高政治学研究科学化水平的路径探求——一项对 79 本政治学基础类教材的研究报告》，载《探索》2010 年第 2 期，第 71 页。

得辩护"规定于国家机构章节。"'五四宪法'没有也不可能规定,为防止权力滥用而限制和约束政府权力的条款与机制;没有也不可能建立完善的宪法监督机制和追究政府与官员的违宪责任的程序;没有也不可能通过宪法的途径来解决侵犯公民基本权利的问题。由此决定'五四宪法'在保障权利、限制权力方面,没有起到应有的作用。"①"善行"之文化路径使得国家和民众从维护现存秩序稳定为基足点,对犯罪有着天然的憎恶情感。刑法法律文化与国家主义的政治主题相互辅助,使得辩护律师调查取证制度在立法方面没有获得政治层面的认同,其表现出的天然的制度供给匮乏就非常易于可视。

其次,辩护律师调查取证制度初步建立后,在实践运行中由于制度与行动者的行动逻辑之间发生价值错位,进而加剧了该制度有效性的缺失。制度与制度行为者之间的"适宜性逻辑"是社会学制度主义解释制度有效性的核心概念。被制度相关人所广为接受的制度影响着他们的行为,或言之,制度相关人在行为过程中总是遵循着适宜性逻辑,按照人们广为接受的制度规则而行动。制度相关人在行动中总是采取适宜性的行为,自觉或不自觉地使自己的行为适合广为人们接受的制度规则。② 辩护律师调查取证制度有效性实现程度可以从审判者与检察、警察权力关系模式和法官的道德模块、身份认同方面加以解释。

第一,"司法一体化"③权力模式下的法官认知。新制度主义者反对行为主义只注重过程不注重制度的研究,④ 努力把制度同政治行为互动整合起来。在社会学制度主义者看来,制度相关人生活在一个充满制度的世界之内,并且,虽然其在特定的价值系统中具有独立判断和认知的特性,但其行为仍然受广为人们接受的制度及其价值所控制。根据司法最终裁判原则,辩护律师调查取证制度有效性依赖于法官和法庭的公正保障。在当事人主义的英美法国家,法庭强制调取有利于辩方证据的权利是被告人的宪

① 范进学:《"五四宪法"的立法目的之反思》,载《法商研究》2008 年第 4 期,第 29 页。

② 霍春龙:《新制度主义政治学视域下制度有效性研究》,吉林大学 2008 年博士论文,第 95 页。

③ "司法一体化"是龙宗智教授提出刑事司法体制应该且必须改革的根据时使用的一个法律术语。参见龙宗智:《李庄案法理研判——主要从证据学的角度》,载《法学》2010 年第 2 期,第 13 页。在笔者看来,"司法一体化"是非正式规则与正式规则及其强制合成后形成的对检察职能和审判职能混同的制度。从法院对错案的审判裁决功能看,法院对于检察机关的指控很难予以无罪化宣判。佘祥林错案、赵作海错案可以说是司法一体化的恶果。

④ 岳海湧:《新制度主义政治学发展趋势跟踪研究》,载《兰州交通大学学报》2010 年第 2 期,第 1 页。

法权利，而在职权主义的大陆法国家，采职权主义，强制调取证据是法官的义务。两者完全不同。"职权主义将被告的强制取证'权利'转化为法官的'义务'。被告仅需向法院申请，法院即有义务为被告传唤证人或调取证据。若证人拒绝出庭，法院得强制拘提之；若证据持有人拒绝，法院得强制搜索扣押之。且被告甚至无须申请，或逾时声请（如言词辩论之后始声请），法官仍有此义务为当事人调查证据。"①我国法官与检察官同属于司法官员，而且检察官对法官有审判监督权。在法律职业共同体中，律师是被官方排除于法律职业共同体之外的民间自治组织体。根据组织行为理论，组织体内既存个体的认知模式需服从于群体认知模式。法官个体的认知需要服从于并服务于"司法机关"共同的认知取向。从法官对辩护律师的会见权和调查同案嫌疑人、被告人的观点中，可以看出，法官对辩护律师利用会见权和调查权等可能引起串供或伪造证据等行为，如同检察官一样，持怀疑态度，不利于案件的侦查、公诉和法庭查明真实。甚至于在辩护律师对当事人和其近亲属解说罪名时，对辩护律师可能隐含的唆使当事人或其亲属串供、伪造证据的结果，持消极的"理解"态度，而不得不承认这是辩护律师职责范围内的义务。对于辩护律师提交到法庭的证据和法庭辩护意见为什么难以被法庭采纳的问题，有法官怀疑辩护律师业务素质低下。尽管个案中存在因为辩护律师的法律素质偏低而其辩护意见难以被法庭采纳的情况，但主要的是辩护律师庭审时的证据提出和证明责任的分配不合理，是法官在检法权力一体化配合模式支配下对律师的职业和身份的歧视。

第二，法官接受非正式规则侵入而形成的道德模块。社会学制度主义认为，在特定的情形下，制度有效性是指因能够为遵循适宜性逻辑的、大多数制度相关人所认知和遵守而实现其预期效果的制度状态。②制度对行为者行为的规范和定制制度为制度相关人的行为提供"规范版本"，即制度影响行为的方式为行为者提供必要的道德范本和价值模式。制度在社会生活中塑造不同的角色，设定不同角色的基本行为规范，形成社会运作的基本规则，通过社会化的方式使其内化于行为个体，从而使个体的行为受到规范的约束，遵从社会规则的要求。由此可见，它通过对不同行为方式进行价值判断和道德判断，并赋予不同行为的价值高下而实现的。制度被

---

① 王兆鹏：《刑事被告的宪法权利》，台湾元照出版公司2004年版，第192~193页。

② 霍春龙：《新制度主义政治学视域下制度有效性研究》，吉林大学2008年博士论文，第96页。

赋予以裁断行为合法性的作用，遵循制度的行为就具有道德上的优势地位，而违反制度的行为则处于道德上的劣势。[1] 价值判断是个体与群体共享文化的基础。文化的组合及其发展过程，对特定社会形式的维系和瓦解具有重要影响，它们影响和构成着人的行为和性格，因而发挥着保护或者破坏性作用。[2] 本书上节选择的实证研究调查，对资料选择和"客观存在"的制度评判，无不包含着评判者的价值皈依和文化因素。

第四节　辩护律师有效辩护评价

制度的变化又不能简单地归因于环境的变化，因为制度不是现在外部力量或者微观行为和动机的简单反映，它们把历史经验也嵌入规则、惯例和形式。制度通过学习过程来确认和适应变化的环境，忽略了制度变化过程中所必然包含的各方行动者之间存在的权力冲突。在社会学制度主义看来，制度的变化是学习、适应、演化的结果，而不是有意识设计的结果。辩护律师的辩护效果的评价是一种制度性的评价体系。辩护律师是否忠于履行辩护职责，如何认知辩护律师辩护的程序和实体效果，如何评价律师的有效辩护，如何实现辩护律师的有效辩护，学界和实务界都存在争议。

一、律师辩护效果的评价对象

"以审判为中心"是新的司法改革的核心概念。"以审判为中心"实质上是充分保障刑事辩护的制度。[3] 在审判为中心的政策鼓动下，以保障律师的辩护权为目的的保障律师执业权，也成为庭审实质化进程中重要的标志性评价要素。一定意义上，我国庭审实质化改革的真正目的就是从制度到实践确立结构完整、相互协调、功能一致的对抗制程序，以最大限度地实现审判公正。[4] 学界和实务界希望通过庭审实质化改革，提升犯罪嫌

---

[1]　曹胜：《新制度主义视野中的制度与行为关系——一种比较的视点》，载《黄河科技大学学报》2009 年第 4 期，第 68 页。

[2]　尹树广：《国家批判理论——意识形态批判理论，工具论，结构主义和生活世界理论》，黑龙江人民出版社 2005 年版，第 106 页。

[3]　顾永忠：《以审判为中心背景下的刑事辩护突出问题研究》，载《中国法学》2016 年第 2 期，第 66 页。

[4]　马静华，夏卫：《日本刑事庭审程序对我国庭审实质化改革的借鉴价值——以"江歌案"庭审为分析样本》，载《江苏行政学院学报》2019 年第 1 期，第 130 页。

人、被告人的人权保障水平，维护律师在刑事程序中的辩护执业权。对抗制审判的特点是辩护有效，否则就失去了控辩平衡，侵害被告人的辩护权和各种审判权。

辩护律师对案件的辩护策略主要是证据辩护、程序辩护、无罪辩护、罪名和量刑辩护。辩护律师辩护行为是一种程序可视性的行为。辩护律师对本案证据、事实和法律适用所发表的辩护意见，应是程序范围内的辩护意见，而不是脱离开本案证据和事实，发表任意性的辩护意见。

对于辩护律师辩护职能的评价，就如同我国刑事诉讼借鉴英美法系国家一样，林劲松博士早在 2006 年译介了美国无效辩护制度，提出对于我国无效辩护的审判予以程序性否定的观点。获得律师并不就等于获得了律师的辩护，更进一步说，获得律师帮助并不就等于当然获得了律师应当给予的辩护。从被追诉人获得律师辩护的实质效果来看，获得律师辩护的权利应当进一步理解为获得律师有效辩护的权利。律师辩护效果的有效性评价的重要意义在于，促使获得律师辩护权从形式平等逐步向实质平等的跨越。但是，美国联邦最高法院并没有对什么样的辩护行为构成有效辩护进行判例宣示，也没有对无效辩护予以判断和定义，而是根据当事人在间接上诉中提出的无效辩护理由，反向推动有效辩护的程序规制。通行的做法是"只有当律师的表现震撼法官的良心时"，才构成无效辩护。美国联邦最高法院先后确认许多种无效辩护标准，其中 1984 年判例确定的双重证明标准(Two—Prong Test)强调应当从整体上考虑案件的审理是否达到基本的公平，而不应仅仅关注案件的结果。[1] 该标准是，首先，法院必须确定律师的辩护行为是否存在缺陷；其次，法院必须确定律师的缺陷行为对被告人的辩护是否带来损害和不利。还有一些更严格的标准，例如，"律师必须具有当时当地正常流行的技巧和知识"，"律师必须以其勤勉的辩护达到合理有能力的帮助"，或者律师的表现必须是"在刑事案件中对律师能力的要求范围之内"。所有这些新的标准对传统的实践标准中何为"惯例""勤勉""合理"提出了质疑。[2] 确立无效辩护制度的目的，是督促辩护律师尽职履行自己的辩护义务，为被告人提供符合宪法标准的辩护服务。无效辩护将辩护律师的辩护行为过程纳入评价范围，同时也考察既存的有缺陷的辩护行为给被告人刑罚审判结果可能造成的损害和不利。

---

[1] 林劲松：《美国无效辩护制度及其借鉴意义》，载《华东政法大学学报》2006 年第 4 期，第 85 页。

[2] 熊秋红：《有效辩护、无效辩护的国际标准和本土化思考》，载《中国刑事法杂志》2014 年第 6 期，第 130 页。

在我国学界对引入有效辩护进行讨论时，有学者认为，我国确立有效辩护制度实质上应是有效果辩护，辩护过程和辩护结果在刑事诉讼中具有时间上的先后顺序，二者分属不同范畴且不能互相替代。评价一次辩护的有效性，既应重视其过程，也应关注其结果。重视过程是辩护权行使的必然要求，关注结果则是顾客关系的内在需要。刑事辩护的法律关系中，不仅仅涉及律师与侦查人员、检察官和法官的外部关系，还涉及律师与为之服务的对象（犯罪嫌疑人、被告人）之间基于信赖利益产生的内部关系。一定程度上，这种内部关系是辩护制度赖以存在的基石，重视尽职辩护不等于必须抛弃效果辩护。① 公正地看，追求有利于犯罪嫌疑人、被告人的辩护效果是每一个尽职辩护律师都希望的结果，但是辩护律师无法用案件的实际判决来逆向评价辩护律师的辩护效果，否则，律师也不会总结出实践中存在的辩护"新三难"、"旧三难"甚至"十三难"之说。辩护律师的辩护意见难以被法庭采纳，是结果意义上的辩护效果，而不是程序意义上的辩护效果。刑法教科书也明示："刑法是法官裁判的根据。"② 律师对具体案件证据、事实和法律适用的理解和解释，必然臣服于法官的解释和理解。法官裁判除了依据证据以外，还存在事实推定和法律推定的适用，已决事实和经验法则的适用，以及证明标准的司法化理解。任何尽职尽责的辩护律师都无法预测判决结果。

我国中华全国律师协会颁行的行业自律文件也拒绝将辩护律师辩护意见是否被法庭采纳，作为评价辩护律师辩护是否有效果的标准，或者说，从行业规则看，律师协会不赞成将法官对刑事案件的裁判结论作为律师辩护职能是否全面忠诚履行的评价标准。《律师执业行为规范（试行）》（律发通〔2018〕58 号）"禁止虚假承诺"第 45 条规定，律师的辩护、代理意见未被采纳，不属于虚假承诺。《律师业务推广行为规则（试行）》第 10 条第 5 项规定，律师、律师事务所进行业务推广时，不得"承诺办案结果"。《律师服务收费管理办法》第 12 条规定，禁止刑事诉讼案件实行风险代理收费。风险代理就是以案件判决结果作为律师收取报酬的标准，但刑事案件不得以裁判结果作为律师收取酬劳的计费依据。目前各省市关于律师收费管理办法中都禁止律师对承接的刑事案件辩护执业作风险代理，且不得任意收费，而是实行政府指导价。因此，对于辩护律师而言，律师有效果的辩护是任何律师难以承受的辩护职责。笔者还是赞同把有效辩护视为一种

---

① 左卫民：《有效辩护还是有效果辩护？》，载《法学评论》第 2019 年第 1 期，第 88 页。
② 张明楷：《刑法学（上）（第 5 版）》，法律出版社 2016 年版，第 13 页。

过程，而不是结果，笔者称为过程模式。《刑事诉讼法》第 37 条前段要求辩护律师提出"……材料和意见"，后段要求"维护……诉讼权利和其他合法权益"。刑事诉讼法第 208 条、第 236 条规定法院对案件进行判决或裁定。在法院的刑事裁判文书中，辩护律师的辩护意见会受到评价。辩护律师提出的证据辩护、程序辩护、事实及罪名辩护、量刑辩护等意见，裁判文书将叙明法院是否采纳或是否有事实和法律根据。从职业主义视角看，律师忠实于委托人的合法权益，尽职尽责地行使各项诉讼权利，及时精准地提出各种有利于委托人的辩护意见，与有权作出裁决结论的专门机关进行了富有意义的协商、抗辩、说服等活动，就是有效辩护。[①] 相对于当事人和委托人而言，辩护律师已经依据合同约定，尽职勤勉的行使执业权利，并尽力争取当事人应该受到的程序待遇，即为有效辩护。对辩护律师职责的评价对象，应是辩护律师的程序性勤勉义务的履行和执业权利的正确行使。依据刑事追诉机关对犯罪嫌疑人、被告人撤销案件、不起诉、无罪判决、免除处罚判决、缓刑判决等为评价标准，对律师辩护职能作出有效辩护肯定，无疑是助长律师不正当地与刑事追诉机关和人员交往与联系的行为，既违反律师法第 49 条执业禁止性规定，也不利于律师职业主义的发展。

二、律师辩护职责的评价主体

律师是法律专业人员，其也需要经过多年经验的累积才能形成专业思维和专业工作所需的情感理性世界。在西方法律话语世界里，柯克大法官对法官职业素养的总结是西方法官得以独立于国王的知识根据。[②] 从法律职业主义者看，律师也是具有与法官一样理性睿智的职业者。在正义以看得见的方式实现的名义下，律师辩护的全部工作应是可视的。评价一个辩护律师工作业绩的优劣，评价其是否尽辩护之责的倾向，都是一种功利性的，或者说是评价者以其视角看待辩护律师的辩护工作有效性。功利，按照边沁的解释，就是客体倾向于给利益相关者带来实惠、好处、快乐、利益或幸福，或者倾向于防止利益相关者遭受损害、痛苦、祸患或不幸。如果利益相关者是一个具体的人，那就是这个人的幸福。[③] 评价主体能够获得幸福感，从心理学上说，应是客体使其愉悦，无论是直觉形象还是记

---

① 陈瑞华：《有效辩护问题的再思考》，载《当代法学》2017 年第 6 期，第 6 页。
② 胡建淼：《从柯克大法官与詹姆斯一世的争论谈起》，载《法制日报》2019 年 1 月 9 日。
③ ［英］边沁：《道德与立法原理导论》，时殷弘译，商务印书馆 2000 年版，第 58 页。

忆形象。本文倡导的是，律师有效辩护的评价标准不是裁判结果模式，而是程序尽责的过程模式。但律师在维护执业权利和诉讼权利时，不同的诉讼主体，对律师辩护有效性评价可能差别很大。

对律师辩护有效性最直接评价的主体首选是当事人或委托人。美国无效辩护的评价主体就是被告人，辩护律师无效辩护可以成为被告人提起上诉的理由。当事人或委托人是专业外人员，但由于其付费委托，而且法律处理结果与其有法律上的利害关系，他们更希望律师能够有效且富有成果的辩护。实践中，比较极端的例子是，有的当事人或委托人希望辩护律师能够多会见当事人，对控方案卷精读知悉，巧妙运用程序技术，挑出侦查程序违法，检察官起诉程序违法，法官审判程序错误，判决错误等，也就是死磕型的表现。如杭州保姆被告人莫焕晶纵火案，被告人委托的辩护人是广州执业律师党琳山，庭前会议中辩护律师提出申请事项未被法院准许，一审开庭之庭审准备阶段，当法官询问被告人是否申请回避时，辩护律师4次提出管辖权异议，均被法官否决之后，辩护律师遂退出法庭。审判长询问莫焕晶是否需要另行委托辩护人，莫焕晶回答就委托党琳山律师。① 由此庭审只得另择期日。这样的辩护气势和辩护策略，才符合当事人或委托人的有效辩护要求。另有极端的，有些当事人或委托人希望辩护律师与办案机关或办案人员熟悉，有勾连，不需要提出程序辩护或证据辩护，只要最后的审判结果能够在当事人或委托人设想的范围内，就一切皆好，也就是勾兑型的表现。如被称为监委调查第一人的山西的律师，因行贿而被监察调查后移送检察机关审查起诉。② 这种掮客式勾兑型律师的辩护效果无论如何，都是律师职业的挽歌。

绝大多数当事人或委托人自愿委托技术型律师担任辩护人。推崇辩护技巧，以专业知识和敬业行动获取辩护效果，也就是技术型辩护律师。技术型辩护律师尽职尽责按照程序要求一步步跟进刑事程序前行，在每一个程序阶段中，认真完成自己的阶段性辩护工作，通过庭审，完成证据调查，根据证据判断，提出事实意见和法律适用辩护意见。在这类案件中，辩护律师的程序工作成果包括阅卷笔录的记载，辩护词或辩护意见的撰写，法庭举证、质证、发问、辩论表现等，都显示出专业人员应具有的职业风采和执业水准。律师在办理刑事案件时，执业权是否用尽，诉讼权利

① 王永杰：《论辩护权法律关系的冲突与协调——以杭州保姆放火案辩护律师退庭事件为切入》，载《政治与法律》2018 年第 10 期，第 153 页。
② 山西佳镜律师事务所主任郝建华被移送人民检察院依法审查、提起公诉，http：//www.sxdi.gov.cn/ttxw/2018/091217333.html。

是否在程序内得到充分行使等，当事人很难评价到律师的工作绩效。除了明显不符合辩护基本要求，如实习律师独立担任辩护人，辩护律师不行使会见权、阅卷权，辩护律师对全案证据不作分析，法庭辩论意见格式化之外，很难评价出辩护律师是否尽职辩护。这也是把有效辩护视为有效果辩护的学者的担忧。

对律师辩护有效性的评价主体，其次是法律职业共同体的检察官和法官。检察官和法官虽然在刑事诉讼中地位不同，履行职能不同，可能会因为对案件本身的认知不同，或对法律的理解不同而产生异议，但毕竟是同一职业思维和法律方法，因此，除了程序外的需要外，一般情况下对案件的认知不会产生大的差别。当然，出于刑法立场和观点的不同，如刑法客观主义和主观主义立场方法的对立，可能会产生大的分歧，但这毕竟是很少发生的概率事件。专业人员评价专业行为，当然是最有权威的，但是，控审职能与辩护职能的差别，也会使得控审人员比较欢迎服从型辩护律师，即使有许多程序错误或证据认知错误，适用法律错误，也不会提出激烈的抗辩意见。控审职能至少不太欢迎控辩对抗制下的辩护律师的作为。学界借鉴社会学商谈理论而提出的刑事商谈模式，就是缓和对抗之模式的一种折中。刑事和解和认罪认罚从宽制度是实践的法律根据。在其他职业者看来，辩护律师在刑事诉讼程序中诉讼行为应当不得脱离程序限制，任意寻求程序外的所谓权利救济，应当从维护法治尊严和法律职业共同体尊严的视角，而不是从迎合当事人或委托人法律外的需求，纯粹追求所谓的一定要有利于当事人的辩护效果的视角，看待刑事证据、案件事实以及司法判断。

三、律师有效辩护的实现

有效辩护有广义和狭义之分。广义的有效辩护放置于被告人公正审判权视野下考察，意在维护社会正义；狭义有效辩护，归结为具体的程序权利的保护，关注个体权利实现，可以证明律师执业权在个案中实现的充分程度。律师有效辩护的评价标准是过程性的，而不是诉讼结果意义上的。刑事诉讼法第37条确定的律师的辩护职责也是有效辩护的评价标准。正义不仅要实现，而且要以看得见的方式实现。这是程序公开的法谚。辩护律师作出了有效辩护，也应当以看得见的方式，获得评价和认可。如辩护律师对于案件证据明显没有提出辩护观点或者提出观点缺乏事实根据的，说明辩护律师没有正确行使自己的诉讼权利，属于不适当执业，没有为当事人提供优质辩护服务。这类辩护应属无效辩护。为了实现有效辩护，也为了巩固以审判为中心的刑事审判方式改革绩效，在下列程序可以作出变革：

其一，刑事诉讼法中增设律师与国家刑事追诉机关的程序权力冲突的解决规范。寓于部门法的立法技术所限，刑事诉讼法对律师在刑事诉讼法中的职业主义规范的规定相对较少，而把职业主义下的执业权利交由律师法予以规范。刑事诉讼法就"辩护与代理"作出规定，意在明确辩护律师介入刑事诉讼的条件以及辩护律师具体行使的诉讼权利。在刑事诉讼实践中，发生辩护方与国家刑事追诉机关权力冲突的情况下，辩护律师往往与控审方相互指责甚至是直接指涉一方违背法治的行为，任一方都自喻为社会正义的代表者，违反正义代表者一方的意志就是不正义甚至是反正义的。此种分歧浅层次上，源于诉讼职能方面的差异而产生的不同的法律观点和对个案的具体理解的不同，深层次上，可能与职业主义语境下的辩护律师的理想相关联。在职业主义理想中，律师存在法律公益理想，即公共权利的代言人形象。律师职业独立性就包含有律师独立辩护的观念和律师作为一种公职的观念，以维护律师辩护的效果。①

我国律师所处的法律职业者的定位具有多重性，在律师规范方面的立法中，对律师职业的地位游弋于国家主义、商业主义和技术主义之间，而大多数律师也自认其辩护职能是维护保障人权的当然推定。在这种矛盾的社会认知和个体认知中，律师辩护诉讼行为在程序中得不到认可的，就自然脱离于程序之外，寻求程序外的权利救济，以保障律师的辩护人诉讼权利，进而保护律师的执业权和律师行业的职业尊严。这也不难理解为什么检察官法官认为是反职业尊严的刑事程序外的维权方式，反而在律师看来恰恰是维护职业尊严的行为和实现律师有效辩护的必要行动的法理所在。

律师有效辩护的评价主体不是律师本体，而是其他诉讼主体和程序参加人。为了保障律师有效辩护实现，中华全国律师协会制定刑事辩护行业规范，要求律师接受委托后，应作好办案日志的日常记录，把自己为办理本案所作的工作，以案卷材料形式，记录于律师案卷。律师在办理案件中，记录下来每一项工作成果，至少证明律师为履行辩护职能所付出的工作劳动。这是一种律师自我保护或者说自我劳动评价的形式文件，并不是有效辩护的实质构成要素。为了实现律师有效辩护，刑事诉讼法第 34 条第 3 款可以增设司法机关对律师担任辩护人资格的审查，律师在履行辩护

① 封利强：《辩护律师执业纠纷仲裁制度的构建——完善执业权利救济机制的另一种思路》，载《浙江工商大学学报》2018 年第 6 期，第 68 页。

职能时从事的辩护诉讼行为需要刑事追诉机关支持和配合的，律师应提交书面文件并附事实根据、法律理由或具体解释。在律师与办案机关发生权利与权力冲突时，刑事诉讼法没有规定如何处理，其第49条规定检察机关受理，《人民检察院刑事诉讼规则》第58条规定了10日的办结和书面答复期限，但也未规定受理及办理程序。刑事诉讼法或司法解释可以增设该冲突或争议解决方式。

其二，完善侦查机关、检察机关和审判机关对辩护律师书面请求事项的书面回复记录。《关于律师作用的基本原则》第12条规定，律师应随时随地保持其作为司法工作重要代理人这一职业的荣誉和尊严。律师工作是司法工作的组成部分，其所实施的诉讼行为应获得办案机关的回应。一个案件的不同诉讼阶段中，律师会形成多份不同的需要办案机关回应的律师文书。对于辩护律师提出的书面请求，办案部门应及时书面回复。该回复文件同样归入结卷。如有的辩护律师，在一个诉讼阶段，可能会向办案部门递交不止一份取保候审申请书，办案部门应每次书面回复。如申请检察机关进行羁押必要性审查，检察机关应书面予以回复，附加处理结论的理由。申请检察机关排除非法证据，检察机关应作出书面答复，并写明理由。律师申请审判机关调取公诉机关未移送的有利于被告人的证据，审判机关应予书面回复。

每一个办案部门根据自己的办案要求，对辩护律师提交的书面文件和本部门回复的书面文件，依次整理，归入诉讼卷。在随案移送卷宗时，可以从卷宗中明确看出律师的工作过程。这样在全案诉讼程序中，侦控审辩的交互行为，都有书面记录。办案部门书面回复辩护律师书面请求事项，也是刑事诉讼法和公安、检察、审判机关等部门关于具体适用刑事诉讼法的解释或规定文件中明确规定办案机关必须履行的义务。实践中辩护律师递交的书面材料，办案部门不理不睬，显然是对律师诉讼权利的漠视，也有违法之嫌。

其三，扩大法庭庭审直播的案件范围。庭审网络直播是司法机关自我改革的措施，实际上产生的社会效应远远超出了庭审直播现场效应本身，不仅仅是深化审判公开程度，公诉人、辩护律师的尽职表现，都会呈现在社会大众面前。从某种意义上说，辩护律师作出的有效辩护是为审判制度正当性辩护。在法庭上，被告人或者说犯罪嫌疑人直接面对的对手并不是法官，而是检察官，法官在某种意义上往往是被告人求助的"保护神"。既然这富有意义和价值，庭审网络直播应该是优化选择。相比之于裁判文书网上判决书的"本院查明""本院认为"，网络直播足以可能将案件证据事实、法律适用动态性的全面展示于社会公众。实践中庭审直播收到的司法效果远远超出庭审直播本身。如安徽省合肥市中级人民法院对安徽律师吕先三涉嫌黑社会性质组织罪案件的网上微博直播，对辩护律师的辩护效果可以直接感知。相反，安徽省繁昌县人民法院一审开庭审理谢留卿等63人涉嫌诈骗罪案，没有采取庭审直播的方式向社会公开审理程序，辩护律师的辩护行为无法获得社会大众认知，只能通过网络文字图片视频获取该案辩护信息，但总是零碎的、不完整的。

现行刑事诉讼法将案件作出繁简分流程序规定。对于认罪认罚的案件，不需要开庭时庭审直播，但对于引起社会关注，或辩护律师对于案件的证据、事实、法律适用与控方有较大争议的，或者当事人或委托人坚持要求庭审直播的案件，法庭应向全社会庭审直播。如果辩护律师不正确履行辩护义务，在法官庭前讯问被告人时，法官告知被告人有选择是否庭审直播。当事人或委托人也可以请辩护律师提出要求庭审直播。网络庭审直播是公开审判最现代化的方式之一，可以摆脱法庭的物理空间的限制，通过网络，将案件庭审全过程公之于众，而且庭审直播后形成的网络痕迹具有保存、回放的功能，可以任意时间地、全案或截面地观看庭审实况，为当事人、委托人和其他社会公众检视辩护律师的尽职行为提供客观地评价素材。对于那些看起来情感充沛，实则离题万里，甚至鼓吹同态复仇的反文明的辩护意见的否定性评价，可以强化判决结果获得大众认同的效果。

从司法审判的视角看，案件未经法院审判终结，社会公众不得对案件进行评判，不得影响法官独立裁判，如美国陪审团审理案件时不允许陪审团接触社会舆论和社会民众对案件的评论，但是，我国辩护律师将案件公布于社会公众领域，必须是依法、客观、审慎的作为，不得脱离案件证据事实，不得发表诱惑性或攻击性语言。诸如于欢（正当防卫）杀人案、许霆（自动取款机）金融盗窃案、王力军（贩卖玉米）非法经营案①、赵春华（打气球气枪）非法持有枪支案等，都是在社会民众关注的情形下，司法机关作出符合社会普通情感和刑法规范的生效判决。如果没有社会公众的参与，将会是另一种错误的刑法适用。许多冤案得以昭雪，固然有当事人及其近亲属的抗争和辩护律师的审慎而广泛地参与，但社会公众的广泛参与也是不可或缺的社会力量，包括上访者的脚步！辩护律师在无力抗争于办案机关冷漠和无视法律的情形下，社会公众的朴实道德力量可能有助于纠正办案机关错误的法治理念。

---

① 王力军非法经营罪，最高人民法院指导案例97号。

其四，刑事判决书、裁定书增设对律师提交证据、申请调取证据以及辩护意见的司法评判。美国无效辩护制度并不是立法直接利用有效辩护或无效辩护的语义定义来界定辩护效果，而是反向将法官或审判人员未有效保护被告人的辩护权作为撤销原审判决的理由。美国的无效辩护之诉分为程序上的无效辩护之诉和实质上的无效辩护之诉。程序上的无效辩护之诉是指当事人基于州的干涉和其他外部因素致使律师辩护受到阻碍而提出的无效辩护之诉。程序上的无效辩护之诉通常从程序外观上即可以判断出来，此类错误都是在法官或者检察官能够控制、避免的范围之内。实质上的无效辩护之诉是指当事人基于律师在诉讼中的具体表现不能达到正常律师的一般职业水平而提起的无效辩护之诉。[①] 我国实践中已有法院以被告人的辩护人未尽职履责为由，将其纳入"审判程序严重违法"的理由，撤销一审判决，发回重审的案例。不过此案例类似于美国的程序无效辩护，而不是实质无效辩护。在刑事诉讼再修改时，立法机关予以修正，或利用司法解释权，由司法机关作出解释的方式，增设法院对辩护律师辩护职责的审查义务，从公正审判视角，强化律师辩护义务的履行。

改革现行刑事判决书、裁定书的文本格式，增设辩护律师的证据认知、程序合法、证据体系构建事实、法律适用等观点的司法阐述和评论，而不是现在刑事裁判书的简单化一笔带过。法院刑事判决文书应提下法官社会公正的发现和法律价值的发现。从一般意义上，对于法院的判决，社会的所有价值主体共同的主导价值需要就是要求公正。社会主体对一类或一个具体案件表现出对公正要求的不同。在个案的具体的情境中，法官发现法律原则中所蕴涵的法律价值属性。[②] 刑事判决文书虽然不能显示辩护律师的全部工作过程，但可以显示其最终的工作成果。现在的刑事判决文书，对于辩护律师提交证据不进行证明原理的分析，不评论不接受辩护律师调查取证的申请的证据属性的分析，对辩护律师关于本案无罪辩护、罪名辩护、量刑辩护的意见只是在判决书中"本院不予采纳"简单否定，辩护律师意见的法理逻辑论证不予评述。即使对"本院认为"部分也是简单地罗列法条文字，而不进行法律阐释。有律师对这种判决书格式认为是机械流水线作业的产品，而不是法律适用的艺术精品。这些不利于通过判决文书认知辩护律师的工作成果。

---

① 彭江辉：《有效辩护与辩护质量——美国有效辩护制度窥探》，载《湘潭大学学报》（哲学社会科学版）2015 年第 4 期，第 47 页。

② 刘俊：《判决过程中法官的价值发现》，载《法律科学》（西北政法大学学报）2009 年第 6 期，第 22 页。

现在世界上司法判决文书的模式有三种，即法国模式、美国模式和类似于美国或法官的第三模式。① 法国法院具有注重形式的实证主义性质，判决陈述结论而非证明结论，在解释和适用制定法上不是证明性的，而是结论性的，对案件的异议存在于法官内部，不宣于外。美国注重实体的法律工具主义文化依存，判决文书中公开讨论价值问题，公开展示不同意见，常常是篇幅恢弘，论点详尽，展示出强烈的司法论证风格。德国等国家介于法国和美国风格之间，属于第三类模式。每一种模式不存在优劣之分，与其传统和现代政治理念紧密联系。我国不属于该三类中的任何一类。在我国政体内，法院贯彻整体独立主义，案件判决文书以法院名义宣布，内部争议不显示于外，但对案件的解释又持保守的守法主义，不触及立法缺漏或需补充之处，具体运用法律问题的解释权限归属于最高司法机关，最高司法机关解释法律的司法行为代行立法功能，但明面上不会显示造法功能。

我们改革现行刑事判决文书的格式，保存现行的价值沉默界面，不触及法律的立法价值的分析，但对于程序法律和实体法律的适用，应详化论述。特别是对辩护律师的证据提出行为、辩护意见的论证方法及论证过程、结论，判决文书应详细解释其程序后果和法律后果，阐释为什么采纳，为什么不采纳，论证过程和方法为什么是与本案所异的，从认知辩护律师的有效辩护的视角为目的，也会促进本案的司法确认的社会公正和法律价值的普及传播。

曾经刑事法学界和实务界对许霆金融盗窃案讨论的激烈昂扬之时，笔者咨询一位民法学者对此案予以评价："不评论刑事法学界和实务界观点，简单地说，一个被物化的人工替代品（自动取款柜员机）引诱（多吞出现金）一个人获益，是对人性的考验，而人性恰恰是不能考验的，按照休谟的说法，理性和情感都没有错，只是判断错误，类似于刑事侦查策略中故意引起犯意的侦查行为，被告人不构成犯罪一样，就是这个意思。"律师担任辩护人，从职业生存而言，可能是市场主义的商业行为，但从执业的制度价值而言，律师虽不是公共知识分子，可也不是以利为本的商人，还应当具有宽厚的普济天下的公共情怀。笔者模糊的是，律师辩护是专业性的，但律师有效辩护的评价应该是一个法律专业外的问题，只是律师辩护的有效性决定刑事司法的伦理合法性，应当在可视的正当程序中实现。

---

① 张志铭：《司法判决的结构和风格——对域外实践的比较研究》，载《法学》1998 年第 10 期，第 30 页。

第五章　公职人员犯罪事实调查制度
——理性选择制度主义的解说

《联合国反腐败公约》第 2 条解释了"公职人员"范围，① 我国《监察法》第 1 条规定，公职人员是指行使公权力的人员。② 行使公权力的人员既可以是国家机关中从事工作的人员，也可以是非国家机关中从事公务工作的人员。公权力相对于私权利而言的。按照我国法律体系分析，私权是指社会活动主体的民事权利，自古罗马时期的市民法就是私权体现。③ 国家管理权和社会控制权属于公权力。在国家公权力范畴内，可将公权力分为立法权、行政权和司法权。④ 但是，公权力存在的意义是以私权的善良保护为前提，即国家权力为人民谋取幸福。作为体现国家意志的法或法律，"源自安排公共幸福的权力(阿奎那)"⑤。任何国家对公职人员行使

---

① 公职人员系指：1. 无论是经任命还是经选举而在缔约国中担任立法、行政、行政管理或者司法职务的任何人员，无论长期或者临时，计酬或者不计酬，也无论该人的资历如何；2. 依照缔约国本国法律的定义和在该缔约国相关法律领域中的适用情况，履行公共职能，包括为公共机构或者公营企业履行公共职能或者提供公共服务的任何其他人员；3. 缔约国本国法律中界定为"公职人员"的任何其他人员。但就本公约第二章所载某些具体措施而言，"公职人员"可以指依照缔约国本国法律的定义和在该缔约国相关法律领域中的适用情况，履行公共职能或者提供公共服务的任何人员。

② 《监察法》第 15 条对监察对象范围作出具体规定，可以视为公职人员的范围。该条规定，监察机关对下列公职人员和有关人员进行监察：(1)中国共产党机关、人民代表大会及其常务委员会机关、人民政府、监察委员会、人民法院、人民检察院、中国人民政治协商会议各级委员会机关、民主党派机关和工商业联合会机关的公务员，以及参照《中华人民共和国公务员法》管理的人员；(2)法律、法规授权或者受国家机关依法委托管理公共事务的组织中从事公务的人员；(3)国有企业管理人员；(4)公办的教育、科研、文化、医疗卫生、体育等单位中从事管理的人员；(5)基层群众性自治组织中从事管理的人员；(6)其他依法履行公职的人员。

③ ［日］富井政章：《民法原论》，陈海瀛、陈海超译，中国政法大学出版社 2003 年版，第 35 页以下。

④ 参见胡建淼主编：《公权力研究：立法权、行政权、司法权》，浙江大学出版社 2005 年版。

⑤ ［英］韦恩·莫里森：《法理学：从古希腊到后现代》，李桂林等译，武汉大学出版社 2003 年版，第 71 页。

公权力的违法犯罪行为都采取法律措施，查处违法犯罪行为。我国公职人员的范围，由我国特殊的国体和政体决定的。我国政党制度、人民代表大会制度、政治协商制度、政府行政权制度以及司法制度、军事制度等，都要求我们必须理性选择适合我国公职人员职务廉洁性、职责义务等行为进行监督。我国对公职人员犯罪事实的调查，先后由人民检察院、监察委员会调查。将公职人员涉嫌犯罪的事实由监察委员会调查，是我国公职人员犯罪事实调查制度的变革。运用理性选择新制度主义解释该制度的变迁，可以为文明获取更有利于我国反腐败制度的政治合法性和制度效果。

第一节　党纪与法律之关系及其协调

《中国共产党纪律处分条例》（以下简称"党纪条例"）自 2016 年 1 月 1 日起施行。该条例是中国共产党为了实现党纲和党的政策而制定的约束和规范各级党组织和全体党员行为的基本规则。其内容大致可分为三部分：一是关于党内组织程序或决策程序的规定，主体包括组织和党员；二是关于党员个人行为准则的规定；三是对违反党纪的行为的处罚措施和处罚根据。对党员的约束主要包括两个方面：履行党员义务，即党员参加党的组织活动、服从党的领导、执行党的命令；加强个人自律，即党员个人行为和职务行为的准则。[1] 作为一种社会规范，党纪与国家制定的法律在规范社会主体行为方面具有法治秩序构建功能的一致性，但党纪与法律发生作用的机理存在差异，有必要厘清相互之间的关系，并协调发挥依法治国、反腐倡廉的作用。

一、党纪的法规范属性

公民结社权是社会团体得以生成的权利来源。结社自由缘起于古希腊时期的城邦制社会结构。亚里斯多德先验性地认为，人类在本性上，也正是一个政治动物，人类参与社会团体生活，是"优良的生活"。[2] 结社可以使得社会民众通过团体的社会力量，完成个人无力完成的社会事业，"要是人类打算文明下去或走向文明，那就要使结社的艺术随着身份平等的扩

---

[1]　范勇鹏、王欢：《党纪与政党类型及宪法关系国际观察》，载《人民论坛》2014 年 12 月（中），第 11 页。

[2]　[古希腊]亚里斯多德：《政治学》，吴寿彭译，商务印书馆 1964 年版，第 6 页。

大而正比地发展和完善"。① 政党政治是人民政治结社自由的产物，政党组织是社会群体为着同一价值目标和政治理念而从事政治活动的团体。团体成员遵循的共同价值体现在团体章程中，即政党章程，并为约束成员之行为而实施纪律管制。

根据政党制度的不同，发达国家政党党纪类型也不同，一种是以美国政党为代表的松散型党纪，一种是以西欧国家政党为代表的严格型党纪。② 严格型党纪的国家政党在党的章程中都明确规定党员对党组织的忠诚义务。③ 在实施竞争型政党制度的发展中国家中，各政党党纪的普遍性特点是，把严明党纪视为在执政条件下防范执政风险的重要政治保证，或者争取获得执政条件的主要途径。具有执政能力或参与竞选执政地位的各政党，围绕议会选举和选民意向，加大对政党内部的组织纪律控制，严肃党纪，培训党员学习，强化党外社会监督和党内监察监督，维护政党统一和权威。④

我国实行"一党执政、多党参政"的政党制度。中国共产党与各民主党派的关系，既不是执政党与在野党的关系，也不同于西方"多党制"国家联合执政的各政党之间的关系，而是具有中国意蕴的执政与参政、领导与合作关系，是"一种非竞争性的合作型政党关系"。⑤ 在依法治国条件下，中国共产党要依法执政，但党的执政权不能分割、不为其他民主党派分享。执政党执政的法律地位由宪法确立，并根据宪法实施国家治理，即依宪执政。依宪执政是指，执政党依据宪法精神、原则与规范治国理政，按照宪法的逻辑，思考和解决各种社会问题，其核心是树立宪法权威，实施依宪治国。⑥ 执政党的执政地位不仅有宪法根据，而且有广大民众的衷心拥护。党要依宪执政、依法执政，实现执政方式法治化，提升党执政的合法性。执政党的执政合法性首先是执政行为在法律意义上符合法律规范或法律原则，其次是实现政治价值的合法性，即社会民众的一种价值观念

---

① ［美］托克维尔：《论美国的民主》(下卷)，董果良译，商务印书馆 1988 年版，第 640 页。

② 刘金东：《当代发达国家执政党维护党纪的基本特征》，载《环球视野》2007 年第 12 期，第 49 页。

③ 陈家喜、黄卫平：《西方一些发达国家党纪监督的做法及其启示》，载《当代世界与社会主义》2014 年第 1 期，第 177 页。

④ 唐海军等：《当今一些发展中国家政党严明党纪问题的实践与经验教训》，载《当代世界与社会主义》2014 年第 1 期，第 183～184 页。

⑤ 刘朋：《国家治理现代化视域下的中国政党政治走向》，载《广东行政学院学报》2016 年第 1 期，第 1 页。

⑥ 韩大元：《中国共产党依宪执政论析》，载《中共中央党校学报》2014 年第 6 期，第 6 页。

的自愿认同、权威分配的自觉服从。执政党的活动包括执政活动和非执政活动。由于党在国家中居于执政地位，党对全社会的领导主要通过执政活动实现，即党以国家政权的名义依法对各种社会关系进行规范和调控，并通过法定的方式进入政权组织，成为国家政权机关中的领导党。"执政党领导国家政权是通过在国家政权中发挥领导核心作用来实现的，而不是在国家政权之外，更不是在国家政权之上。"①执政党具体执政活动通过其成员的政治行为实现。党组织向立法机关、行政机关和司法机关选派、推荐领导型公务人员，要求组织成员参与各种国家政治活动，表达民众意愿，在国家事务活动中体现党的宗旨和政治理念，将执政党的治国主张贯彻于国家事务管理活动过程中。执政党各级组织和其成员必须体现表达、引导和交流的政治功能，即服从党组织的一致性要求，引导社会民众维护执政党政治权威，与社会民众平等地实现对话和民意沟通，保持中央党组织与基层党组织之间畅通的信息共享。

基于执政地位，执政党必须严肃党纪，严格党内纪律管束措施，以使得每一个党组织和成员都能够按照党章党规和法律的要求，保持政治廉洁，行为守纪守法。在这个意义上，中国共产党党纪是严格型党纪。执政党将党纪作为完善政党组织建设、强化党内监督、增强执政能力、巩固执政地位的规范性文件，是国家治理理念的组织化表达，因此，《中共中央关于全面推进依法治国若干重大问题的决定》将"形成完善的党内法规体系"作为全面依法治国的总目标内容，为实现执政党"依宪治国""依宪执政"作组织纪律上的保证。

执政党必须防止党组织成员在履行国家公务行为时发生背离党的宗旨的不廉洁、不自律、权力腐败问题，因为有权力的人总是会滥用权力。党纪既是党组织和党员的行为准则，也是评价和处置党员腐败行为的尺度和依据。党纪反腐不仅对公权力廉洁高效运转起着直接的监督作用，还可以营造公权力监督的良好社会氛围。党的纪律和法规是权力监督的依据和标准，严格执行党的纪律，严肃惩治违纪行为是权力监督的重要方式。通过党内执纪，使监督对象在行使职权的过程中自觉地规范自己的行为，谨慎地运用手中的权力。② 党员不仅要模范遵守法律，更要严格自觉地遵守党的纪律，自觉接受党纪约束。从维护和加强执政党的执政地位的视角看，

---

① 石泰峰、张恒山：《论中国共产党依法执政》，载《中国社会科学》2003 年第 1 期，第 20 页。

② 吴建雄：《论党纪反腐与司法反腐》，载《中共中央党校学报》2015 年第 2 期，第 20 页。

党组织和党员遵守党纪，是防止党员干部在执掌国家权力时蜕变腐败，侵蚀党组织健康机体的政治保障。对于违反组织纪律，损害组织政治信仰的组织成员，必须施以纪律惩戒，以保障组织的纯洁性和先进性。"党纪条例"以党内法规的形式，约束每一个成员，具有国家法之外的规范属性。从实证法的视角来看，"党纪条例"具有法技术、法运行的一般特质，并具有确定的拘束力和执行力，因而具备广义法的属性；虽不符合国家法律的部分标准，但因具备了广义法的特征而获得了社会法和软法的地位。[①]

有学者认为，党规应无国家法律的地位，因为，一旦将党内法规纳入"法"的范畴，就必须提高党内规范的民主性和科学性要求，制定起来就要求更加严谨和科学。党规不同于国法的优势恰恰在于其灵活性和及时性。[②] 法律是治理成本最高昂的一种规范，其他社会规范解决社会治理的成本低于法律，但社会秩序的形成功能弱于法律。笔者认为，党规党纪虽然不是与国家法律同一层级的社会规范体系，但我国党纪的规范作用对于法治社会的形成具有重大的政治保障功能。党纪党规的制定必须强调科学性、合法性、合理性，因为作为约束各级党组织及其成员的规则，不仅是党内规则，而且对国家法律和其他社会群体的行为、价值观念、意识形态和道德标准产生重大的影响，甚至关乎着国家民族前途。执政党应增强自主适应性，提高党纪制度化水平，适应社会变迁。现行"党纪条例"在结构、调整范围、调整对象及其规则内在逻辑方面，显示出科学性的优势，如其第 133 条第 2 款关于该条例的效力的规定就很严谨。

二、党纪与法律的关系

世界政党制度比较研究的一个重要结论是：没有一种政党制度是适用于所有国家的，合适的政党制度与政治体系所处的国情有一定的相关性。多党制如英国和美国的两党制、德国的四党制、日本长期实行的一党优势制，与一党制如墨西哥革命制度党，都并不必然有利于政治清明、行政高效、社会稳定。[③] 从比较政党的视野来看，在西方竞争性政党体制下，执政党与国家的关系随着竞选结果的不同而呈现不同的关系，但都以宪法为政党活动的最高原则。单一政党无法长期掌控司法机关，国家执法部门与

[①] 参加周叶中：《论"党纪新条例"的法技术与法属性》，载《武汉大学学报》(人文科学版) 2016 年第 1 期。

[②] 虞崇胜：《国法与党纪："双笼关虎"的制度逻辑》，载《探索》2015 年第 2 期，第 60 页。

[③] 朱昔群：《当代世界政党制度：制度类型与运行机制的相关性研究》，载《当代世界与社会主义》2010 年第 5 期，第 130 页。

党内执纪机构在组织体制上也不重叠、不交叉，各政党党纪与国家法律界分清晰。各政党都将开除党籍作为处分的最终或最高惩罚；至于其是否违犯国家法律，则需根据司法机关的审查来界定。① 如德国政党的政党纪律同法律规范存在着明确而规范的高低、先后关系。德国政党的党纪最高惩罚只限于开除党籍，而不能对其违反法律的行为进行审查和处置，不能代替司法审查和法律惩罚。因此，德国政党党内纪律约束的政治意义大于其司法意义。由于政党的性质不同于国家机关，因此许多针对公权力（国家）的规范原则，只能修正地适用于政党，政党纪律的贯彻与执行因此具有不同于法律规范的一定特殊性与优先性。② 在竞争型政党制度的国家中，党纪与法律的界限是分明的，党纪规范的范围就是党员的组织行为，在党员担任公职人员期间，所实施的任何政治行为，如有违反国家法律的行为，则由国家司法机关加以追惩，无须政党组织向司法机关移交。

中国共产党作为执政党，必须坚持依法执政、依宪执政、完善党纪党规、模范守法。《中共中央关于全面推进依法治国若干重大问题的决定》提出"依法执政，既要求党依据宪法法律治国理政，也要求党依据党内法规管党治党"；"宪法是党和人民意志的集中体现，是通过科学民主程序形成的根本法。坚持依法治国首先要坚持依宪治国，坚持依法执政首先要坚持依宪执政"。中国共产党党章总纲规定：党的领导主要是政治、思想和组织的领导；党必须在宪法和法律的范围内活动。党必须保证国家的立法、司法、行政机关，经济、文化组织和人民团体积极主动地、独立负责地、协调一致地工作。党的领导地位由宪法加以确认。宪法"序言"宣誓：中国新民主主义革命的胜利和社会主义事业的成就，都是中国共产党领导取得的。党领导全国人民制定宪法和法律，宪法所蕴含的政治价值应然性地体现着党的政治宗旨，即中国共产党是为全国人民谋福利的政党。人民主权是党领导人民制定宪法的根本合法性所在。人民主权体现了人本和自由为核心的价值法则，它解决政治动力和政治正当性问题，即以宪执政，而不能以党代法、以党代政、以党代司，吞没国家权力的合法性和正当性。故此，中国共产党党纪与国家法律之间的关系，可以概括为以下几个方面：

其一，两者调整范围差别。中国共产党党章第 37 条规定，党的纪律

---

① 陈家喜、黄卫平：《西方一些发达国家党纪监督的做法及其启示》，载《当代世界与社会主义》2014 年第 1 期。

② 周淑真、袁野：《论国家法律与党纪党规关系之协调——以当代德国为例》，载《中共中央党校学报》2015 年第 3 期，第 28 页。

是党的各级组织和全体党员必须遵守的行为规则，是维护党的团结统一、完成党的任务的保证。党组织必须严格执行和维护党的纪律，共产党员必须自觉接受党的纪律的约束。"党纪条例"第 5 条规定，"本条例适用于违犯党纪应当受到党纪追究的党组织和党员"。党纪对党组织之外的社会群体发生引导作用而不发生强制性作用。另外，党纪调整扩展至组织成员的道德品行、思想思维、理想信念、政治信仰等内在精神领域。法律具有确定性、强制性和普遍性的特点，在法律调整的效力范围内，任何社会主体，都必须遵守法律，并受法律保护。法律调整的范围是国家权力之间、国家权力与公民权利之间、公民权利之间的关系，以受约束主体的行为为调整对象，拒绝法律规范与道德规范的相互替代。

有学者认为，党的纪律检查机关在进行党纪处分实践中也并未将党纪与国法彻底分开。在纪委聚焦主业的背景下，纪委和监察机关加速融合，行政监察职能被弱化和替代。断崖式降级处分的出现不仅彰显纪委从严执纪的决心，同时也显示纪委执纪难以完全区分党纪与国法的界线，仍需要结合政纪处分进行党纪处罚。行政监察机关的"执法监察、效能监察、廉政监察"三项职能中的前两项被严重弱化。简而言之，"挺纪于前"的纪检体制改革在强化从严执纪的同时，也在客观上弱化了行政监察的传统职责。① 党纪机关与行政监察机关在机构上的改革，并没有消解党纪与法律之间的调整范围和对象的界限。实践中，党纪处分与行政处分往往是并行的，但是，党纪处分的根据是"党纪条例"，行政处分的根据是行政监察法、公务员法等行政法律法规，两者的法源完全不同，前者体现了党纪的组织内部的规则，后者体现了国家意志对公务员的职务约束。对于非中国共产党党员在履行职务行为时的责任，只能实施行政处分。如内蒙古呼格吉勒图冤案的追责，一部分是党纪处分和行政处分合并执行，一部分是党纪处分，一部分是行政处分。之所以会出现党纪与法律同时适用于行政履职行为的处分，是因为党纪监察机构与行政监察机构在职能上的合一，是我国执政党执政特点所决定的，但不能因此混淆党纪与法律调整内容的区别。据统计，"党纪条例"删除了 70 多条与刑法、治安管理处罚法、行政法律法规重复的条文。

其二，在法律调整的范围内，法律效力高于党纪。宪法"序言"倡导：全国各族人民、一切国家机关和武装力量、各政党和各社会团体、各企业

---

① 陈家喜：《党纪与国法：分化抑或协同"》，载《武汉大学学报》(人文科学版)2016 年第 1 期，第 18 页。

事业组织，都必须以宪法为根本的活动准则，并且负有维护宪法尊严、保证宪法实施的职责。中国共产党党内法规制定条例第 7 条规定：制定党内法规应当遵循党必须在宪法和法律范围内活动的原则。有学者认为，在法律与党纪关系上，必须坚持国法高于党纪的原则，要使党纪统一于法治体系之中，体现于法治实施的过程之中，而不是游离于法治之外。① 这一论点成立存在一个前提，即在法律调整的范围内，法律的效力高于党纪。

法律和党纪毕竟是两种有差别的制度规范。在规范的效力位阶方面，法律和党纪不可同等评价。由于党纪与法律调整的对象和范围不同，在法律调整范围之外，党纪与法律是相互辅助的关系，党纪的规范效力高于法律。这是由于法律规范的局限性所决定的。法律的设定只能针对人们的行为而无法干预未外化为行为的思想，法在控制和规范人的内心世界方面是无能为力的，强硬地采取法律手段干预、限制或禁止人的某种内心活动，其结果往往是有害的。即使在对行为的规范上，也不是法律都可以或应当干预的，譬如与社会利益无关的人们私生活领域如恋爱关系，一般来说也是法律的禁区。在中西法律史上，许多信仰、观念、道德意识等不宜由法律调整，也表明了法律调控部分社会关系的不宜性。② 作为调整人类生活的一种规范，法律其所能调整的只能是人的部分行为，只能是人与事物的外部，而不能及于其内部，其制裁所固有的局限表现为只能以强力对人类意志施加强制。③ 法律必然留出许多社会生活的空间，由其他社会规范调整，如政党组织内部关系，由党章党规党纪调整。

其三，在党组织成员资格的约束强制力方面，党纪严于法律。"党规党纪对党员的要求严于国家法律对普通公民的要求。申请加入中国共产党，面对党旗宣过誓，就成了有组织的人，就意味着主动放弃一部分普通公民享有的权利和自由，就必须多尽一份义务，就要在政治上讲忠诚、组织上讲服从、行动上讲纪律。"④党纪严于法律在西方政党制度中也是如此。如德国《政党法》既保护党员在政党内部意志的形成过程中的言论自由，又限制党员在党外的言论自由。党员在党外的言论有更大的谨慎义务，在行使言论自由权的同时不能违背对政党的忠诚，不能在公开场合攻

---

① 虞崇胜：《国法与党纪："双笼关虎"的制度逻辑》，载《探索》2015 年第 2 期，第 63 页。
② 夏锦文、徐英荣：《现实与理想的偏差：论司法的限度》，载《中外法学》2004 年第 1 期。
③ ［美］庞德：《通过法律的社会控制、法律的任务》，沈宗灵、董世忠译，商务印书馆 1984 年版，第 130 页以下。
④ 王岐山：《坚持党的领导 依规管党治党 为全面推进依法治国提供根本保证》，载《人民日报》2014 年 11 月 3 日。

许本党的声誉，并在逾越了言论自由界限受到党纪处分情况下，不得以言论自由抗辩党纪处分。

党纪严于法律是由党的执政地位决定的。党的领导是社会主义法治国家建设的政治保证。党领导人民制定和实施宪法法律，同党坚持在宪法法律范围内活动统一起来。党的主张需要通过法定程序成为国家意志，党组织推荐的人选通过法定程序成为国家政权机关的领导人员，通过国家政权机关实施党对国家和社会的领导，维护中央权威、维护全党全国团结统一。① 作为执政党，其代表人民主权的资格是通过国家政权的合法性体现出来的，执政党的执政合法性与国家政权的合法性是同比正相关关系。因而，在组织纪律建设方面，要实现党纪严于国法。现代政府和执政党执政的合法性不是一成不变的。执政党的执政理念必须通过其成员的政府行为，实现国家政权的合法性增长和执政党执政合法性的增长，而不能削弱或减损执政党执政的实质合法性和政权的实质合法性。政府合法性递减指政府执政后所获得的实质合法性随着时间的流逝而递减，是公众对政府所主导的政治理念与价值、所主导的基本政治制度、所制定和实施的经济社会政策、其施政行为及其效果的认同和支持度的消减和弱化，与之相伴的是政府声誉与公信力的不断减持，合法性基础不断受到侵蚀，最终使政府陷入合法性的全面危机。② 为避免政府合法性和执政合法性递减，执政党必须对党组织和成员施以严格的纪律规制，确保执政党对国家和社会的全面领导，良性构建社会主义核心价值观指引下的社会秩序。

党纪严于法律是指在规范效力方面，作为组织成员，党员接受党纪约束的强制力超越于法律，许多法律不能调整的范围，或者法律不予追究的，党纪都必须追究。如"党纪条例"第 32 条的规定，即使违纪人员不受刑事追究，也要承担党纪责任。再如其第 88 条第一款第 2 项规定党员领导干部不得持有"非上市公司(企业)的股份或者证券"，持有此类股份或证券，即属于违反廉洁纪律的行为，应受到党纪处分。再如"党纪条例"第十一章将"违反生活纪律"的行为作为党纪规范的内容，党组织成员私人生活领域内的行为也必须接受党纪约束。党纪严于法律符合保持党组织先进性、党员职务廉洁性、社会生活高尚性、优化执政方式的党内监督的法治思维。

---

① 范勇鹏、王欢：《党纪与政党类型及宪法关系国际观察》，载《人民论坛》2014 年 12 月中，第 15 页。

② 黄健荣：《论现代政府合法性递减：成因、影响与对策》，载《浙江大学学报》(人文社会科学版)2011 年第 1 期，第 23 页。

三、党纪与法律的关系协调机制

(一)党纪与法律关系协调原则——以宪法为核心原则

党规党纪是依法治党、规范组织及其成员行为的基础规则,是运用法治思维、法治方法管党治党的根据,是依法治国的必要组成部分。党纪与法律的统一性表现为党纪规范体现于以宪法为核心的法治体系和价值理念之中,两者协调机制应以宪法为最高原则。

依法治国的核心,即依宪治国。我国现行宪法(1982 年)是一部"改革宪法"。宪法既要伴随改革而不断修正,又要引导改革、指导改革,并在必要时能够限制改革、约束改革。① 宪法是一部构建一国之政治秩序的政治法,所有以宪法为根据制定的法律、法规都不得违反宪法条文和宪法精神,包括执政党党章、党纪和其他政党、社会团体的章程。执政党在执政活动中可以规定适用于党内的各种规范,以调整党内活动。包括党章在内的所有党内法规应遵循的原则之一是"遵守党必须在宪法和法律范围内活动的规定,不得与国家法律相抵触"。此原则是作为党内最高法规的党章的基本原则,同时也是宪法最高法律效力在党内法规体系中的具体表现。② 宪法至上、党章为本,处理好党规与国法的关系,必须摆正宪法与党章之间的关系。③ 宪法法律至上是党内法规体系构建的规范原则。宪法为核心的法律法规体系与执政党的党内法规体系必须共享同一政治话语,促使宪法法律构建的秩序与执政党意图构建的政治秩序具有完整的一致性。为了实现党的宗旨,对执政党各级党组织及其成员实施必要的纪律约束,以党纪规范的形式,要求全体党员遵守党纪和法律,是执政党保持执政能力和执政合法性的必要条件。因而,在社会主义法治体系内,将完善的党内法规体系作为其不可缺少的内容,从而实现包括完备的法律规范体系、高效的法治实施体系、严密的法治监督体系、有力的法治保障体系在内的完整的法治体系构建,就是一个必然的制度选择。这是一个包括国家法律体系和党内法规体系的完整系统。在这个完整的法治体系中,国家法律体系和党内法规体系统一于宪法规范,都是宪法实施的具体体现。

---

① 夏勇:《中国宪法改革的几个基本理论问题》,载《中国社会科学》2003 年第 2 期,第 5 页。

② 韩大元:《中国共产党依宪执政论析》,载《中共中央党校学报》2014 年第 6 期,第 9 页。

③ 王立峰:《党规与国法一致性的证成逻辑——以中国特色社会主义法治为视域》,载《南京社会科学》2015 年第 2 期,第 73 页。

（二）党纪与法律关系协调机制序位安排——党纪约束先于法律约束

在以宪法为核心的国家法律法规和党内法规体系建设中，党纪与法律关系的衔接机制应实行党纪约束先于法律约束的党员处分机制。

社会秩序的内生性往往来源于国家法律之外的社会规范。社会公共物品的供给依赖于法律和其他社会规范的共同作用。在法律中心主义者看来，法律调整的社会秩序是最良善的秩序，因为法律反映了社会成员集体行动的希望，并促进法律制度的自我复制与自我进化，从而促进社会的文明发展。但是，法律作为国家意志的体现，必然留出其他社会规范的作用空间，不可能代替所有的社会规范，对社会正义加以分配。与其他社会规范作用于人们行为和思维综合体相比较，在法律分配社会正义之前，其他社会规范依然起着先导性分配正义的功能。国家制定的法律影响社区的主要方式之一就是尽量避免干涉社区成员的内部纠纷，除非是真正重大的问题——换句话说，避免介入社区内部治理。① 政党纪律是区别于法律的社会规范的一种，从广义上说，具有法律的部分一般属性，所以称为党内法规。通过"党纪条例"法运行考察，"党纪条例"先于国家法律发挥作用，其原因有三：（1）党纪严于国法；（2）党纪广于国法；（3）党纪的触发机制早于国法。一旦发现违法违纪问题，也是由党的纪律检查机关先行调查处理。待履行完党内调查处理程序后，才会将涉及违法犯罪的人员移交国家司法机关。② "党纪条例"将规范的内容限制于法律规范作用之外的团体内部的党组织及其成员的各个方面。

有学者提出，根据法治原则，对违纪违法党员的处理，应采取先法律后党纪的衔接方式，国家（党员）干部涉嫌违法犯罪，应先由法院进行审判。如法院判决被告人有罪，被告人直接进入服刑阶段；如被告人行为尚未达到犯罪程度，而是违反党纪，则用党纪处分涉案人。这样才能树立宪法至高无上的权威。③ 这种观点没有厘清党纪调整范围与法律调整范围的差别。并非所有的党员都担任国家机关、事业单位领导干部，也不是所有的党员领导干部在违纪的同时实施涉嫌犯罪的行为，"党纪条例"所规范的党员道德纯洁、组织忠诚、价值观正确等方面，都是法律不可能触及的

---

① ［美］Eric A. Posner：《法律与社会规范》，沈明译，元照出版公司 2005 年版，第 277 页。
② 周叶中：《论"党纪新条例"的法技术与法属性》，载《武汉大学学报》（人文科学版）2016 年第 1 期，第 7 页。
③ 李建勇：《构建法治中国必须维护宪法权威》，载《上海大学学报》（社会科学版）2015 年第 1 期，第 26 页。

调整领域。因而，党纪约束先于法律约束，是执政党在宪法和法律范围内，强化成员政治行为规范，承担政治责任，履行组织义务的组织自律规矩。党内法规体系是我国法治体系的组成部分。依规治党是我国新时代监督制度的创新性发展。①

（三）党纪责任与法律责任衔接机制

党纪责任是指违反党章和党纪的组织或成员应承担的纪律责任。党章第 10 条规定，党是根据自己的纲领和章程，按照民主集中制组织起来的统一整体。因而各级党组织对外不承担法律责任，但必须承担党纪责任。对于党员需要承担法律责任的，以其个人承担法律责任。在党纪严于法律的规范效力层级中，"党纪条例"涉及的党员的行为包括政治纪律和政治规矩、廉洁纪律、群众纪律、工作纪律、生活纪律等多项内容。在党风廉政治理与反腐败制度体系中，党纪检查是主要的监督方式，行政监察是监督行政主体的法律责任。执政党以党的纪律检查为标志，党章党规党纪是治理腐败的依据，体现了执政党的治理腐败的行为。各级政府以行政监察为标志，治理腐败的依据是行政法规和行政纪律，体现了腐败治理的政府行为。司法机关以侦查、起诉、审判为标志，治理腐败的依据是涉及公民人身自由等基本权利的刑事法律，是治理腐败的国家行为，是腐败治理的最高和最严厉的表现形式。② 党员党纪责任与法律责任的衔接协调机制主要是党纪责任与行政责任、刑事责任的协调机制。

第一，党纪责任与行政法律责任的协调机制。由于我国目前党纪检查和行政监察机关合署办公，所以，党纪处分与行政处分的衔接机制，即为合一机制。对于违反党纪，又违反了行政纪律和行政法规的行为，对违纪党员决定给予或不予党纪处分后，应由行政监察机关根据行政监察法、公务员法、行政机关公务员处分条例等法律法规的规定，决定予以或不予以行政处分。不过，这种党政合署机制有自身缺陷，一方面是党政不分，容易产生误解党纪责任与行政责任是同一责任，易于混淆党纪组织成员资格型责任处分与行政法律责任型处分的区别；另一方面，从党纪适用范围看，对于非党员的公务人员，不适用党纪处分，直接由行政监察机关处以行政处分。但在目前反腐倡廉社会政治风气形成之时，党纪与行政监察合

---

① 段相宇：《依规治党》，载《中国纪检监察报》2022 年 9 月 30 日，第 1 版。
② 吴建雄：《论党纪反腐与司法反腐》，载《中共中央党校学报》2015 年第 2 期，第 21 页。

署制有利于进行党风党纪与行政职务行为的综合治理。

　　第二，党纪责任与刑事责任的协调机制。党纪责任是组织成员资格型责任，刑事责任是刑罚型处分。受党纪处分的党员又涉嫌刑事犯罪的，党纪和行政监察机关将该党员违反党纪、政纪调查期间所获得的证据和线索，移交检察机关，由检察机关审查决定是否构成犯罪，在审查可能构成犯罪后，决定予以立案侦查，进入刑事诉讼程序。

　　党纪处分与刑事责任追诉的衔接机制，包含两个方面，一是协调机构之间的关系。实践案例表明，向检察机关移送涉嫌犯罪的违纪人员的机关是"纪委"或"纪委监察部门"。目前可能存在一种误区，认为，党员干部只有经过党纪审查后才移送司法机关，是适用法律不平等。笔者认为，党纪先于法律评价，是执政党廉洁自律、坚决反腐的表现。从现有的大量案例来看，受党纪审查的党员，在接受党纪审查期间，才被发现有触犯刑法、可能涉嫌构成犯罪的行为。由于约定俗成的称谓，党纪检查与行政监察合二为一，党纪处分程序与刑事程序的衔接机构是"纪委"或"纪检监察部门"。根据2001年《行政执法机关移送涉嫌犯罪案件的规定》(国务院令第310号)第6条、第18条规定，从协调程序严谨视角看，应适宜将党纪处分与行政处分之后，向检察机关移送涉嫌犯罪的违纪人员的机关，统称为"行政监察机关"，以避免党的纪律检查机关职能与行使司法权的检察机关职能混同。

　　二是党纪规范与刑事法律规范之间的协调。"党纪条例"第6条叙明应当给予纪律处理或者处分的违纪行为相当广泛。根据"党纪条例"对党组织和其成员进行党纪处理或处分的根据，不仅包括党纪条例列举的各种行为，还包括违反了其他党规的规定。党纪责任的管束范围大于刑事法律管辖的范围。刑事责任必须是犯罪主体实施了符合刑法规定的犯罪构成要件，否则，不构成犯罪。"党纪条例"第32条、第33条在五个方面规定了党纪与(刑事)法律之间的衔接机制。党纪适用的对象是全国各级党组织和党员，目的是保证执政党成员廉洁奉公，拒腐防腐。违纪又涉嫌刑事犯罪的，适用于党员个体，目的是追究其刑事责任，一般涉嫌的犯罪都是职务类犯罪，如贪污贿赂型、渎职型、以及利用职权实施的其他犯罪。在实践中，违反党纪的证据，如违反政治纪律或政治规矩的证据，生活道德违反党纪党规的行为的证据，应不向检察机关移送，向检察机关移送的，仅仅是涉嫌犯罪的证据或线索。根据刑事诉讼法第52条第2款、第3款的规定，移送的证据可能作为指控犯罪的证据使用。

第二节　公职人员犯罪调查主体制度的演变

在监察法颁布之前，我国刑事诉讼法和刑法追究国家公职人员的犯罪行为，限定于国家机关工作人员和国家工作人员。在监察法颁布后，国家机关工作人员和国家工作人员统称为公职人员。公职人员的职务犯罪除明确规定由人民检察院和公安机关管辖的之外，都由监察机关管辖。

一、公职人员犯罪调查主体——检察机关

《刑法（1979）》第 83 条规定，本法所说的国家工作人员是指一切国家机关、企业、事业单位和其他依照法律从事公务的人员。第 84 条规定，本法所说的司法工作人员是指有侦讯、检察、审判、监管人犯职务的人员。该法第八章"渎职罪"（含贪污贿赂犯罪）的犯罪主体规定为国家工作人员。《刑事诉讼法（1979）》第 13 条第 2 款规定，贪污罪、侵犯公民民主权利罪、渎职罪以及人民检察院认为需要自己直接受理的其他案件，由人民检察院立案侦查和决定是否提起公诉。

《刑法（1997）》规定了贪污贿赂犯罪和渎职犯罪。该法第 93 条规定，本法所称国家工作人员，是指国家机关中从事公务的人员。国有公司、企业、事业单位、人民团体中从事公务的人员和国家机关、国有公司、企业、事业单位委派到非国有公司、企业、事业单位、社会团体从事公务的人员，以及其他依照法律从事公务的人员，以国家工作人员论。其第 94 条规定，本法所称司法工作人员，是指有侦查、检察、审判、监管职责的工作人员。第八章规定贪污贿赂犯罪，第 382 条规定贪污犯罪主体规定为国家工作人员，而且，第 2 款规定，"受国家机关、国有公司、企业、事业单位、人民团体委托管理、经营国有财产的人员"视同国家工作人员。第九章规定渎职罪，其犯罪主体规定为国家机关工作人员。《刑事诉讼法（1996）》第 18 条第 2 款规定，贪污贿赂犯罪，国家工作人员的渎职犯罪，国家机关工作人员利用职权实施的非法拘禁、刑讯逼供、报复陷害、非法搜查等侵犯公民人身权利的犯罪以及侵犯公民民主权利的犯罪，由人民检察院立案侦查。对于国家机关工作人员利用职权实施的其他重大的犯罪案件，需要由人民检察院直接受理的时候，经省级以上人民检察院决定，可以由人民检察院立案侦查。《刑事诉讼法（2018）》第 19 条对职务类犯罪案件作出规定，人民检察院在对诉讼活动实行法律监督中发现的司法工作人

员利用职权实施的非法拘禁、刑讯逼供、非法搜查等侵犯公民权利、损害司法公正的犯罪，可以由人民检察院立案侦查。对于公安机关管辖的国家机关工作人员利用职权实施的重大犯罪案件，需要由人民检察院直接受理的时候，经省级以上人民检察院决定，可以由人民检察院立案侦查。此规定与监察法规定相协调一致。

在对国家工作人员进行立法解释时，现行《刑法》第93条（国家工作人员的范围）规定没有采取与行政法原理相同的词汇含义，而且该立法解释对国家机关工作人员未作解释，增加了词语刑法涵义的歧义。国家机关"委派"到非国有公司、企业、事业单位、社会团体从事公务的人员，是国家工作人员还是国家机关工作人员，在外延上不确定。刑法学界将立法用语归结为"身份论"，即只要具有国家机关工作人员的身份，即使被委派到非国家机关单位，从事非国家机关的"公务"，也具有刑法规定的国家机关工作人员的犯罪行为主体资格。立法用词"委派"，通行的解释，是指委任、派遣，其形式多种多样，如任命、指派、提名、批准等。不论被委派的人身份如何，只要是接受国家机关委派，代表国家机关在非国有公司、企业、事业单位、社会团体中从事组织、领导、监督、管理等工作，都可以认定为国家机关委派到非国有公司、企业、事业单位、社会团体从事公务的人员。从行政法学原理上解释，任命、提名、批准、指派都是有着规范意义的，而且，任命、提名、批准到非国有单位从事管理等公务工作，其身份需要与其在派出机关的身份或职权、职责结合判断。除了纪检监察机关委派的之外，在行政职权意义上，被委派者均不具有国家机关的"公务"职责。①

全国人民代表大会常务委员会《关于〈中华人民共和国刑法〉第九十三条第二款的解释》（2009年8月27日修正）规定，全国人民代表大会常务委员会讨论了村民委员会等村基层组织人员在从事哪些工作时属于刑法第九十三条第二款规定的"其他依照法律从事公务的人员"，解释如下：村民委员会等村基层组织人员协助人民政府从事下列行政管理工作时，属于刑法第九十三条第二款规定的"其他依照法律从事公务的人员"：（1）救灾、抢险、防汛、优抚、扶贫、移民、救济款物的管理；（2）社会捐助公益事业款物的管理；（3）国有土地的经营和管理；（4）土地征收、征用补偿费用的管理；（5）代征、代缴税款；（6）有关计划生育、户籍、征兵工作；（7）协助人民政府从事的其他行政管理工作。村民委员会等村基层组织人员从事前款规定的公务，利用职务上的便利，非法占有公共财物、挪

---

①　朱德宏：《国家机关工作人员的刑事司法识别》，载《政法论丛》2021年第2期，第107页。

用公款、索取他人财物或者非法收受他人财物，构成犯罪的，适用刑法第三百八十二条和第三百八十三条贪污罪、第三百八十四条挪用公款罪、第三百八十五条和第三百八十六条受贿罪的规定。该立法解释明确了村民自治组织的非国家工作人员身份的人转化为国家工作人员身份的条件。在国家工作人员的确定根据方面，最高人民检察院和最高人民法院都分别作出司法解释，以明确特定案件中犯罪主体的法律身份，如《对〈关于中国证监会主体认定的请示〉的答复函》（2000 年 4 月 30 日）、《〈关于中国保险监督管理委员会主体认定的请示〉的答复》（2000 年 9 月 28 日）、《全国法院审理经济犯罪案件工作座谈会纪要》（2003 年 11 月 13 日）等。

　　最高人民检察院 2019 年 12 月颁行的《人民检察院刑事诉讼规则》（高检发释字〔2019〕4 号）第 13 条规定，人民检察院在对诉讼活动实行法律监督中发现的司法工作人员利用职权实施的非法拘禁、刑讯逼供、非法搜查等侵犯公民权利、损害司法公正的犯罪，可以由人民检察院立案侦查。对于公安机关管辖的国家机关工作人员利用职权实施的重大犯罪案件，需要由人民检察院直接受理的，经省级以上人民检察院决定，可以由人民检察院立案侦查。第 17 条规定，人民检察院办理直接受理侦查的案件，发现犯罪嫌疑人同时涉嫌监察机关管辖的职务犯罪线索的，应当及时与同级监察机关沟通。经沟通，认为全案由监察机关管辖更为适宜的，人民检察院应当将案件和相应职务犯罪线索一并移送监察机关；认为由监察机关和人民检察院分别管辖更为适宜的，人民检察院应当将监察机关管辖的相应职务犯罪线索移送监察机关，对依法由人民检察院管辖的犯罪案件继续侦查。从检察机关对自身职务犯罪侦查权的用语看，检察机关对司法工作人员的职务犯罪案件侦查权行使观点是"可以"。实务界学者认为，根据监察法和刑事诉讼法的规定，可以推论出，监察机关的职务犯罪调查权与检察机关的职务犯罪侦查权是包含与被包含关系。即监察机关有权对所有公职人员的职务犯罪进行调查，实现公职人员职务犯罪调查的全覆盖，因此，监察机关也当然有权对检察机关侦查管辖的所有职务犯罪案件行使调查权。从修改后刑事诉讼法的立法目的看，保留检察机关部分侦查权，赋予检察机关侦查司法工作人员相关职务犯罪这一监督手段，目的是体现检察机关法律监督机关的宪法地位，保障检察机关的诉讼监督，防控诉讼侵权，以便检察机关更好地维护司法公正、保障人权。① 自此，检察机关的职务犯罪侦查权被包含于监察机关的职务犯罪监察调查权。

---

　　① 尚爱国：《检察机关职务犯罪侦查管辖范围探析》，载《检察调研与指导》2019 年第 2 辑，中国检察出版社 2019 年版，第 2～3 页。

二、公职人员犯罪调查主体——监察机关

我国《公务员法(2018)》第 2 条规定，本法所称公务员，是指依法履行公职、纳入国家行政编制、由国家财政负担工资福利的工作人员。公务员是公职人员之一。除公务员外，还有许多行使公权力的机关和个人属于公职人员。我国《监察法》第 15 条规定监察机关对下列公职人员和有关人员进行监察：(1)中国共产党机关、人民代表大会及其常务委员会机关、人民政府、监察委员会、人民法院、人民检察院、中国人民政治协商会议各级委员会机关、民主党派机关和工商业联合会机关的公务员，以及参照《中华人民共和国公务员法》管理的人员；(2)法律、法规授权或者受国家机关依法委托管理公共事务的组织中从事公务的人员；(3)国有企业管理人员；(4)公办的教育、科研、文化、医疗卫生、体育等单位中从事管理的人员；(5)基层群众性自治组织中从事管理的人员；(6)其他依法履行公职的人员。《监察法实施条例(2021)》第 22 条规定，监察机关依法履行监察调查职责，依据《监察法》《中华人民共和国公职人员政务处分法》《中华人民共和国刑法》等规定对职务违法和职务犯罪进行调查。第 26 条至第 31 条规定监察机关依法调查涉嫌贪污贿赂犯罪、涉嫌滥用职权犯罪、涉嫌玩忽职守犯罪、涉嫌徇私舞弊犯罪、公职人员在行使公权力过程中涉及的重大责任事故犯罪以及公职人员在行使公权力过程中涉及的其他犯罪。《国家监察委员会管辖规定(试行)(2018)》规定行使公权力的公职人员和有关人员，① 第 20 条第 2 款规定，具有下列情形之一的，国家监察

①　主要是指：(1)公务员和参照公务员法管理的人员，包括中国共产党各级机关的公务员；各级人民代表大会及常务委员会机关、人民政府、监察委员会、人民法院、人民检察院的公务员；中国人民政治协商会议各级委员会机关的公务员；民主党派机关和工商业联合会机关的公务员；参照《中华人民共和国公务员法》管理的人员。(2)法律、法规授权或者受国家机关依法委托管理公共事务的组织中从事公务的人员，包括银行保险、证券等监督管理机构的工作人员，注册会计师协会、医师协会等具有公共事务管理职能的行业协会的工作人员，以及法定检验检测检疫鉴定机构的工作人员等。(3)国有企业管理人员，包括国有独资、控股、参股企业及其分支机构等国家出资企业中，由党组织或者国家机关、国有公司、企业、事业单位提名、推荐、任命、批准等，从事领导、组织、管理、监督等活动的人员。(4)公办的教育、科研、文化、医疗卫生、体育等单位中从事管理的人员，包括这类单位及其分支机构中从事领导、组织、管理、监督等活动的人员。(5)基层群众性自治组织中从事管理的人员，包括农村村民委员会、城市居民委员会等基层群众性自治组织中从事集体事务管理的人员，以及协助人民政府从事行政管理工作的人员。(6)其他依法履行公职的人员，包括人大代表、政协委员、党代会代表、人民陪审员、人民监督员、仲裁员等；其他在国家机关、国有公司、企业、事业单位、群团组织中依法从事领导、组织、管理、监督等公务活动的人员。

委员会可以在职责范围内并案调查：（1）一人犯数罪的；（2）共同犯罪的；（3）共同犯罪的公职人员还实施其他犯罪的；（4）多人实施的犯罪存在关联，并案处理有利于查明事实的。《国家监察委员会管辖规定（试行）（2018）》第 21 条规定，在诉讼监督活动中发现的司法工作人员利用职权实施的侵犯公民权利、损害司法公正的犯罪，由人民检察院管辖更为适宜的可以由人民检察院管辖。公职人员以外的其他人员涉嫌第十六条、第十七条所列犯罪和非国家工作人员受贿罪，对非国家工作人员行贿罪，对外国公职人员、国际公共组织官员行贿罪的，由公安机关管辖。

关于监察调查权的性质，学界普遍共识性观点是，监察调查权不属于侦查权。监察调查权即指监察办案人员通过法定方式、采取法定措施对公职人员职务违法和职务犯罪行为进行调查核实、收集证据的法定职权。由于与党的纪律检查机关采取合署办公、一体运行的工作机制，监察调查权本质上是集党纪调查权、政纪调查权和刑事调查权于一体的反腐败调查权，是一种综合性权力。监察调查权在此职能定位下不仅蕴含前置性的纪委违纪审查权还包括违法犯罪调查权，是一种特殊的"纪法同轨运行"的调查权。其政治性是监察委员会的首要特征，这是国家政权机关在党的领导下分工负责、协作配合的制度要义，也体现出我国反腐特色的党政关系，是凝聚反腐败合力的现实需要，也是实现党的领导、人民当家作主和依法治国有机统一的政治要求。[1] 调查权的复合权力性质，表现在它不仅吸收了检察机关的职务犯罪侦查权，还吸收了对于职务违纪行为的调查权，形成了党纪调查权、政纪调查权与刑事调查权一体运行的多线条复合调查体制。[2] 但是，也有学者主张，尽管宪法和监察法都没有将党纪监察明确纳入国家监察体系，但作为与中共各级纪律检查机构合署办公的国家机关，监察委员会的监察活动既涵盖了对身为中共党员的公职人员的党纪监察，也包括了对所有公职人员的政务监察，还有对那些涉嫌构成职务犯罪的公职人员的刑事监察。监察机关的调查活动无论是在行使方式、所获证据材料的法律效力上，还是在所受到的法律限制方面，都与侦查机关的侦查活动没有实质性的差异，也不可避免地要受到刑事诉讼法的约束和规范。监察调查权与原来的侦查权有所不同，并不属于单纯的职务犯罪案件调查权，具有"党纪调查权""政务调查权"与"刑事调查权"的三位一体属

① 王友武：《监察委员会调查权研究》，湘潭大学法学院·知识产权学院 2020 年博士论文，第 28、32 页。

② 顾永忠：《公职人员职务犯罪追诉程序的重大变革、创新与完善——以〈监察法〉和〈刑事诉讼法〉的有关规定为背景》，载《法治研究》2019 年第 1 期，第 19 页。

性。作为专门行使国家监察权的国家机关，监察机关同时行使党纪调查权、政务调查权和职务犯罪案件调查权，并没有改变这种职务犯罪案件调查权的性质，它仍然具有侦查权的属性和功能，也仍然要受到刑事诉讼法的规范和约束。监察调查权具有侦查权性质。[①]

公职人员职务犯罪案件的监察调查权是否属于侦查权，从英语Investigation语义上解释，调查和侦查具有同一含义。侦查也称为调查。我们在刑事诉讼语境中将侦查机关调查活动称为侦查，是区分国家机关刑事诉讼职能的语义区别。正如法庭证据调查，而不称为法庭证据侦查，在程序意义上，侦查还有主动收集获取证据的行为意义，而调查是对已有的证据材料进行证据能力和证明力的判断。所以，在刑事诉讼程序语境中，侦查更显示国家主动获取犯罪证据的责任意义。但是，在监察调查语境中，党纪调查、行政调查和刑事调查于一体，故而不区分侦查与调查的刑事程序意义区别。将监察调查权类属于侦查权，可能是为了确认职务犯罪监察调查程序的刑事司法性质而设置完善的被调查对象的人权保障法理根据。根据刑事诉讼法规定，侦查程序中犯罪嫌疑人及其近亲属有权委托律师担任辩护人，为犯罪嫌疑人提供法律咨询、会见、代理申诉控告等程序权利。但监察调查不属于或不单纯归类于刑事侦查程序的制度下，律师不可能为被调查对象提供调查程序内的辩护帮助。

三、公职人员职务犯罪侦查（调查）主体制度变迁逻辑

在新制度主义政治学看来，制度变迁是制度诸要素或结构随时间推移和环境变化而发生的改变，是制度的替代、转换和交易过程。在大多数情况下，制度变迁仅仅是指某个特定制度安排的变迁，而不是指整个结构中每个制度安排的变迁。随着环境的变化，制度一直处于一种动态变化过程中，但并不是所有的制度变迁都属于制度创新。从价值层面讲，制度创新代表一种成功的制度变迁，它特指一种成功的效率更高的制度替代原有的制度。也就是说，制度创新的过程是效率更高、效益更好的一种制度对另一种制度的替代过程，或者说是一种具有更高效率、更好效益的制度的产生过程。其动力来自对更有效的制度绩效的需求，目的是更合适经济社会发展的组织结构。从某种意义上讲，人类社会政治生活的进步和发展就是

[①]　陈瑞华：《论监察委员会的调查权》，载《中国人民大学学报》2018年第4期，第13~14页。陈瑞华：《论国家监察权的性质》，载《比较法研究》2019年第1期，第6~9页。

不断地进行制度变迁与制度创新的过程。① 理性选择制度主义分为结构性制度和非结构性制度。结构性制度分析目标是政治人物和政治行为按照一套固有的程序和制度推行着，进而实现政治活动的目标函数（objective function）。而非结构制度分析的伟大成功故事是奥尔森（Olson）提出的集体行动理论（logic），该理论认为，群体的集体行动是公共物品。而没有对集体作出贡献的成员倾向于（be attracted）投机取巧（free riding）。② 公职人员职务犯罪案件的调查或侦查，是国家政治整肃的整体性制度变迁，将原来执政党纪律检查机关的党纪调查后移送检察机关进行犯罪事实侦查，而变更为党纪调查、政务监察调查和职务犯罪调查三位一体的线性调查制度。监察体制改革的直接结果是：原来纪委行使的党纪调查权、监察部门行使的政纪调查权与检察机关所行使的刑事侦查权完全合二为一，成为一种综合性、一体化的"反腐败调查权"。③ 符合我国反腐败的国情。我国职务犯罪侦查演变成了"监察调查主导+检察侦查补充"的新型构造。④

公职人员职务犯罪在由检察机关侦查的制度下，检察机关案件来源主要来源于以下方面，其一是检察机关在日常工作中发现的犯罪线索，其二是举报人、控告人、报案人的控告、举报，其三是纪检机关对违纪党员干部、监察机关对违反行政职责的涉嫌犯罪的公职人员，移送检察机关予以刑事立案侦查。《中国共产党纪律处分条例（试行）（1997）》第169条规定，党员违反纪律需要给予行政处分的，党的组织和纪律检查机关可以提出建议；触犯刑律的，应当移送司法机关。纪律检查机关移送到检察机关立案侦查的职务犯罪案件，检察机关予以立案侦查。监察机关属于行政监察，隶属于国务院。其执法依据是《行政监察法（2010）》第2条规定，监察机关是人民政府行使监察职能的机关，依照本法对国家行政机关及其公务员和国家行政机关任命的其他人员实施监察。行政监察的对象是行政机关和行政机关工作人员，而不包括党务机关、立法机关和政协机关。该法第50条规定，监察机关对法律、法规授权的具有公共事务管理职能的组织及其从事公务的人员和国家行政机关依法委托从事公共事务管理活动的组织及其从事公务的人员实施监察，适用本法。该规定扩大了监察对象。其

---

① 虞崇胜、罗亮：《当代中国政治制度创新的路径选择——基于新制度主义政治学的考察》，载《政治学研究》2011年第1期，第7页。

② Shepsle K A, Rational choice institutionalism, The Oxford handbook of political institutions, 2006, 23: 24-26.

③ 陈瑞华：《论监察委员会的调查权》，载《中国人民大学学报》2018年第4期，第16页。

④ 胡铭、钱文杰：《侦查与调查：职务犯罪追诉的模式演进及制度完善》，载《浙江大学学报》（人文社会科学版）2019年第5期，第106页。

第 44 条第 1 款规定，监察机关在办理监察事项中，发现所调查的事项不属于监察机关职责范围内的，应当移送有处理权的单位处理；涉嫌犯罪的，应当移送司法机关依法处理。行政监察机关对于监察对象涉嫌犯罪的处理程序是移送司法机关，即检察机关。《行政执法机关移送涉嫌犯罪案件的规定(2020)》第 19 条规定，行政执法机关在依法查处违法行为过程中，发现公职人员有贪污贿赂、失职渎职或者利用职权侵犯公民人身权利和民主权利等违法行为，涉嫌构成职务犯罪的，应当依照刑法、刑事诉讼法、监察法等法律规定及时将案件线索移送监察机关或者人民检察院处理。《福建省行政监察案件移送规定(2010)》第 9 条规定，行政监察机关受理的行政违纪案件，经审查认为依法应追究刑事责任的，应根据《中华人民共和国刑事诉讼法》规定将下列材料移送有管辖权的司法机关：（1）移送案件通知书；（2）证据材料；（3）依法没收、追缴、责令退赔的财物清单，暂扣、封存的物品和其他赃款、赃物及清单；（4）其他需要移送的材料。

关于纪委机关、行政监察机关和行政机关移送检察机关的涉嫌犯罪的案件的程序衔接问题，理论和实践方面都不存在特别需要关注的。但是，纪检机关、行政监察机关和行政机关移送的证据材料的刑事证据属性问题，则是学界和实务界特别关注的问题。在 1993 年 2 月经党中央、国务院同意中央纪委、监察部合署办公，实行一套机构、两个机关名称，合署后中央纪委履行党的纪律检查和政府行政监察功能，对党中央全面负责。笔者认为，纪委与行政监察机关虽然一套机构、两个名称，但纪委查处党员贪污贿赂行为和失职渎职行为的依据是《中国共产党纪律处分条例》，履行的是纪律检查职能，而不是依据行政监察法履行行政监察职能。因此，纪委不能以行政监察机关的名义移送党员职务犯罪案件。对于不同的证据种类和证据形式，采取不同的证据能力认定标准。[1] 纪检机关获取的调查材料的证据能力问题的争论众说纷纭，特别是对于纪检口供的争议，学界中大体有肯定说、否定说与折中说三种学说。《刑事诉讼法》第 52 条第 2 款规定，行政机关在行政执法和查办案件过程中收集的物证、书证、视听资料、电子数据等资料，在刑事诉讼中可以作为证据使用。纪检机关的主体资格能否适用该规则。若按文义解释，纪委显然不属于行政机关，它应当是隶属于执政党的纪律监督组织。由于纪委调查材料的转化范围没

---

① 石学友：《使用纪委移送的"证据"需依法转换》，载《检察日报》2013 年 3 月 29 日，第 3 版。

有明确规定，导致刑事诉讼证据混乱的情况时有发生；纪委调查材料的非法证据排除规则的适用未能确定，进而导致在纪委调查过程中被调查人的权利救济诉诸无门等问题都还没有一个明确的定论。① 行政监察机关调查收集的行政监察的证据，在涉嫌被监察对象构成犯罪的情况下，必须移送至检察机关。这就产生行政机关调查收集的证据材料向刑事诉讼证据转换的问题。对于纪委调查和行政监察的证据统称为纪检监察证据，以行政程序终结后的证据材料转为刑事诉讼证据为目的，而实现行政证据与刑事证据的转换使用。

2016 年 12 月 25 日全国人大常委会通过了《关于在北京市、山西省、浙江省开展国家监察体制改革试点工作的决定》，在上述三省市设置专门行使监察职权的监察委员会。2017 年 11 月 4 日，全国人大常委会又通过了《关于在全国各地推开国家监察体制改革试点工作的决定》，将试点全面推开。根据《全国试点决定》第二条规定，监察委员会有监督、调查、处置的职责，为此可以采取谈话、讯问、询问、查询、冻结、调取、查封、扣押、搜查、勘验检查、鉴定、留置等措施。监察委员会的设置试点是将监察机关从行政机关和司法机关中独立出来，称为独立的政治机关，专司国家监察职能。监察权也不是行政权和司法权。认为"监察权属于行政权"的观点②是不符合监察制度设置原理的。法律赋予监察机关以政务违法行为行政调查权和职务犯罪调查权。职务犯罪调查权能应然性的包含着调查获取的证据可以作为指控犯罪的刑事证据。因而，监察法第 45 条第 1 款第四项规定，监察机关根据监督、调查结果，依法作出如下处置：对涉嫌职务犯罪的，监察机关经调查认为犯罪事实清楚，证据确实、充分的，制作起诉意见书，连同案卷材料、证据一并移送人民检察院依法审查、提起公诉。第 46 条规定，对涉嫌犯罪取得的财物，应当随案移送人民检察院。自此不存在监察证据的刑事程序转化问题，完成了监察证据与刑事证据的同一化制度构建。

《中国共产党纪律处分条例(2018)》删除了涉嫌犯罪移送司法机关的规定，只规定党组织和党员违反党章规定、党纪规定和国家法律应承担的党纪责任以及处理程序。在查处公职人员职务犯罪时形成的证据，不再存在纪检证据，只有监察证据一种称谓。在纪律检查委员会和监察委员会是

---

① 任惠华、金浩波：《纪委调查材料司法证据化的困境和路径》，载《湖南警察学院学报》2016 年第 6 期，第 96 页。
② 郑曦：《监察委员会的权力二元属性及其协调》，载《暨南学报》(哲学社会科学学报)2017 年第 11 期。

采用合署办公模式情况下，监察调查在实际运行中还包含纪委调查。党的廉洁纪律、工作纪律和法律对职务违法、犯罪的规定之间的高度重合，决定了违纪、违法和犯罪调查调整范围上的高度重合。① 纪检调查证据与监察证据和刑事证据一体化认可证据能力和证明力，实现了制度化惩治违纪违法犯罪的反腐败效果。

公职人员职务违法和职务犯罪的监察制度变迁的逻辑，来自于公务职权和职务监督的双重逻辑的制度变迁。

在检察机关对公职人员行使职权的犯罪监督程序中，检察机关对于公务人员的职务犯罪行使侦查（调查）权，而对于公职人员违法行为的调查，由行政监察部门调查。这样，公职人员的职务违法和犯罪的调查存在两个先后相继的行政程序和犯罪侦查程序。行政调查的证据，在刑事诉讼程序中，由于存在转换证据属性的程序特点，检察机关侦查职务犯罪案件时，必须重新进行调查，特别是涉嫌犯罪的公职人员，在行政程序中可能承认行为违法甚至是承认犯罪，但是，在检察机关侦查程序中又否定犯罪事实的存在。这样就可能存在行政违法与职务犯罪的两个评价标准，且证据属性也存在两个评价标准。

另一方面，监察在隶属于行政监察范畴时，只对行政机关公务人员进行监察，但是，对于我国其他国家机关的公职人员，如党委机关的公职人员、权力机关的公职人员、司法机关和军队机关的公职人员的违法犯罪事实，如党员违反党纪和涉嫌犯罪的公务人员，行政监察不得越权监督，行政监察无权监督，也无权进行违法调查和犯罪调查。党的各级纪检机关的政治任务是监督党员和党组织履行党章和党的各项规定的义务的情况，对于涉嫌违纪的，有权根据党的纪律规范性文件进行党纪查处。但对于非党员公职人员，党纪机关存在合法性不足的疑虑。所以，在监察体制没有改革之前的制度运行，存在很大的法理障碍。在监察体制改革以后，监察机关作为国家宪法规定的平行于中央人民政府、司法机关的又一个国家机关，行使公职人员以及与公职人员职务违法、犯罪相关的，由其他非公职人员实施的违法、犯罪行为，一并管辖调查，这是理性选择的结果。

---

① 胡铭、钱文杰：《侦查与调查：职务犯罪追诉的模式演进及制度完善》，载《浙江大学学报》（人文社会科学版）2019年第5期，第108页。

第三节　监察证据的属性及其刑事司法判断

如何完善执纪与执法有效衔接的程序，如何实现监察、检察、审判证据一体化，都需要通过科学立法来解决。[1] 监察证据是监察机关依据监察法规定，收集、调查、获取的用于对被调查人员政务处分或指控犯罪的事实材料。纪检监察体制改革后，纪检机关和监察机关实行合署一体化，对党组织和党员实施党纪检查，对监察范围内的党内和党外人员实施政务监察和犯罪调查，"在立案审查调查阶段，严格划清违纪、违法与犯罪之间的边界，对于涉及违法犯罪的，同步进行执纪审查和监察调查"。[2] 对涉嫌犯罪的，由监察机关将被监察对象，连同全案证据材料，移送检察机关审查起诉，由审判机关审理判决。监察机关调查获取的证据，既是纪律检查机关、监察机关用以对被调查人员纪律处分、政务处分的证据，也是用以指控被调查人员涉嫌犯罪，追究其刑事责任的刑事证据。学界所称的监察证据是从监察法视角对纪检检查、监察调查的证据的称谓，涵盖了纪律检查的性质。

本书关注的是，基于监察证据的属性，监察机关向检察机关移送被监察对象和涉嫌犯罪的证据后，监察证据转化为刑事证据。检察机关和审判机关适用刑事证据规则，审查判断监察证据，运用证据证明全案事实，寻求规范和价值均衡，都会受到监察证据属性的影响。

一、监察证据的属性

属性是指一事物所具有的性质和关系。一事物的属性是区分另一事物的标志。证据属性在诉讼法语境中是指证据所具有的相关性、真实性（客观性）和合法性。在纪检监察未合署一体之前，有学者研究纪检监察证据的属性，从诉讼法的证据三性特征进行研究。[3] 本书关注监察证据的属性主体，不是研究该类证据的诉讼三性特征，而是研究监察证据在形成、使

---

[1] 张文显：《以法治思维和法治方式反对腐败》，载《中国纪检监察报》2019 年 11 月 25 日，第 2 版。

[2] 福建省福清市纪委监委课题组：《关于推进"纪法贯通、法法衔接"的实践与思考》，载《中国纪检监察报》2018 年 10 月 25 日，第 7 版。

[3] 应琦：《论纪检监察证据在刑事诉讼中的属性》，载《江西社会科学》2017 年第 1 期，第 191 页。

用过程中所具有的、区别于侦查机关调查收集的证据的特征。监察证据与公安侦查所获证据、检察机关自行侦查所获证据以及行政执法机关执法所获证据之间的区别，在于其属性的不同。监察证据属性根据监察活动的性质和关系来分析确定。在监察实践中，纪检监察机关对涉嫌违纪违法的人员进行纪检检查和监察调查时，在纪检监察机关网站或在报纸上发布公告，一般的文字表述是："某人因涉嫌严重违纪违法，正接受纪委监委纪律审查和监察调查。"在纪检监察调查后，对于涉嫌犯罪的被监察调查对象，在移送至司法机关之前，必须按照干部管理权限，报经有权处分的党组织和国家其他机关，对被监察对象进行党纪处分、政务处分，而后移送司法机关。一般文字表述是："经纪委监委纪律审查和监察调查，并报请（中央委员会，省）市委批准，原职务某某某因严重违纪违法被开除党籍和公职，监察委员会将某某某涉嫌犯罪问题移送检察机关依法审查，提起公诉。"从监察证据生成的前后序位视角及调查取证主体的视角研究，可以发现，监察证据具有三重属性，即政党纪律检查属性①、类国家行为属性和诉讼属性。

（一）监察证据具有党的纪律检查属性

作为执政党，中国共产党党组织向立法机关、行政机关和司法机关以及其他国家机构、社会组织选派、推荐领导型公务人员，要求组织成员参与国家各种政治活动，表达民众意愿，并体现党的宗旨和政治理念。对于违反组织纪律，损害组织政治信仰的组织成员，必须施以纪律惩戒，以保障组织的纯洁性和先进性。《中国共产党纪律处分条例（2018）》（以下简称《纪律处分条例》）以党内法规的形式，规定纪律处分标准，约束每一个成员。从实证法的视角来看，"党纪条例"具有法技术、法运行的一般特质，并具有确定的拘束力和执行力，因而具备广义法的属性；虽不符合国家法律的部分标准，但因具备了广义法的特征而获得了社会法和软法的地位。② 作为政党组织内的执纪根据，与政党其他法规的性质一样，被称之为党内法规的规范。"依法执政，既要求党依据宪法法律治国理政，也要

---

① 中国共产党各级纪律检查委员会只调查中共党员干部的违纪行为。对非中共党员干部的违法犯罪行为的调查，由监察机关负责。监察机关所获得的证据不具有该属性。

② 周叶中：《论"党纪新条例"的法技术与法属性》，载《武汉大学学报》（人文科学版）2016年第1期，第8页。

求党依据党内法规管党治党。"①党内法规的合法性依据是国家宪法、政党党章。

《监察法实施条例(2021)》第 3 条规定,监察机关与党的纪律检查机关合署办公,坚持法治思维和法治方式,促进执纪执法贯通、有效衔接司法,实现依纪监督和依法监察、适用纪律和适用法律有机融合。监察机关是监察国家工作人员或履行国家公务的非国家工作人员的公务履职行为,以及实施了与国家工作人员违纪违法或犯罪行为相关联行为的非国家工作人员的非公务履职行为的机关。监察机关与纪律检查机关分属不同性质的机构。纪律检查是执政党内设的专注于检查党员和各级党组织履行党章义务和党内法规义务的行为,也是检查党员和党的组织履行国家法律义务的行为。执政党将党纪规范作为完善政党组织建设、强化党内监督、增强执政能力、巩固执政地位的规范性文件,是政党的国家治理理念的组织化表达。党纪既是党组织和党员的行为准则,也是评价和处置党员违背党的宗旨、违反组织行为的尺度和依据。党纪惩戒不仅对公权力廉洁高效运转起着直接的监督作用,而且可以营造出对公权力进行监督的良好社会氛围。为了实现党的宗旨,对执政党各级党组织及其成员实施必要的纪律约束,以党纪文本的形式,要求全体党员遵守党纪和法律,是执政党保持执政能力和政治合法性的必要条件。因此,对于可能涉嫌违纪违法和涉嫌犯罪的人员,由纪检机关和监察机关同时依据党的纪律处分条例及其他党内法规和国家监察法的规定,对其实施党纪检查和监察调查。纪检和监察机关调查获取的证据,即是对被调查人员实施党纪处分的根据。② 在党纪挺前于法律、党纪严于法律的党执纪原则指导下,纪检和监察调查所获的证据材料,首先表现出党纪检查的特征。③

(二)监察证据的类国家行为属性

从词源上看,我国监察制度历史悠久。中国古代监察任务是"依法整

---

① 刘作翔:《当代中国的规范体系:理论与制度结构》,载《中国社会科学》2019 年第 7 期,第 90 页。

② 秦前红,叶海波:《国家监察制度改革研究》,法律出版社 2018 年版,第 14 页。

③ 有学者认为,在中国特色政治体制下,纪律检查属于党的权力,职务监察属于国家权力,两者权力性质不同。监察调查权与纪委审查调查权各自适用的条件、对象、规范以及后果不同。监察机关与纪委不能共用取证权限和取证程序。因而,需要在纪委调查之外制定监察取证规则。参见阳平:《论监察取证规则的建构逻辑》,载《行政法学研究》2022 年第 5 期,第 97~110 页。本书认为,目前纪检调查和监察调查合二为一的体制下,不宜否定监察调查和纪律调查的权力同源性。

肃百僚"。① 中国古代监察机构独立于行政官僚机构，直接向朝廷负责。中华民国初期，孙中山先生创设五权分立制，其一即是监察权，与行政权、立法权、司法权权力机构平行构建，"这样的政府，才是世界上最完全、最良善的政府"。② 因而，监察权"具有治权的性质"。③ 到了中华民国国民政府时期，监察院的职权是"如查得有舞弊及溺职等情，当即起诉于惩吏院惩办之"，规定虽简而权力甚广大。④ 而部分西方国家将监察权列为平行于立法、行政和司法的"第四权"，独立于立法权、行政权与司法权。⑤

监察调查与纪检调查收集的证据具有同源（重合）性，即纪律调查所获取的证据，同时也是监察调查所获取的证据。在确定需要对被调查人员进行党纪处分时，该证据称为纪检检查证据；在确定需要对被调查人进行政务处分时，该证据就称为监察证据。同一项证据，只是基于其使用范围不同而呈现出不同的称谓，其实质仍然是同一项证据。现行国家监察机关调查收集的证据材料，不再属于行政机关调查收集的材料，而是"政治机关"的国家行为依法产生的法律效果。监察法规定监察调查行为为非行政行为。我们可以将其归属于不具有可诉性的类国家行为，适用《中华人民共和国行政诉讼法》（以下简称《行政诉讼法》）第 13 条的规定。因此，把监察调查收集证据的行为视为行政行为的观点，⑥ 笔者认为是值得商榷的。监察调查证据从被监察对象的一般违纪违法行为开始调查，只有在违法行为可能达到刑法规定的犯罪程度时，才转为指控犯罪的证据。《中华人民共和国刑事诉讼法》（以下简称《刑事诉讼法》）第 52 条第 2 款的规定并不适用于监察证据的属性判断，或者说该条不适用于监察证据与刑事证据之间关联机制。虽然《中华人民共和国监察法》（以下简称《监察法》）第 33 条第 1 款规定"可以"，但并不能说明监察证据类同于行政机关收集的证据。笔者认为，监察法使用"可以"，而不是"应当"或"必须"，一方面是指并非所有的监察证据都转入刑事诉讼证据，另一方面是指监察机关选择用于指控犯罪的证据，在转为刑事诉讼证据后，应当由司法机关根据刑

---

① 张晋藩：《中国古代监察法制史》（修订版），江苏人民出版社 2017 年版，前言。

② 杨熙时：《中国政治制度史》，河南人民出版社 2016 年版，第 25 页。

③ 杨阳：《中国政治制度史纲要》，中国政法大学出版社 2016 年版，第 305 页。

④ 钱端升等：《民国政制史》，上海人民出版社 2008 年版，第 186、187 页。

⑤ 魏昌东：《国家监察委员会改革方案之辨正：属性、职能与职责定位》，载《法学》2017 年第 3 版，第 8 页。

⑥ 钱小平：《创新与发展：监察委员会制度改革研究》，东南大学出版社 2018 年版，第 281 页。

事诉讼法规定，进行证据审查和判断。这也突出尊重司法职权的宪法规定，为权力间的制约留下法律空间，也是纪检监察机关自律守法的法律表达，而非指纪检监察调查收集的证据既可以作为刑事证据使用，也可以不作为刑事证据使用。

同样原理，把监察机关调查收集的证据视为侦查收集的证据，违背法理。监察人员与纪检人员具有身份重合性、证据调查行为重合性。同时，许多党内纪律调查行为，如询问、个别谈话、查询、调取、勘验检查和鉴定等外围性、批评性行为所形成的证据材料，也是监察调查行为的法律效果。这也是监察证据具有类国家行为属性的表现。监察证据体现出国家行为的特征，因而监察证据所具体体现的第二个属性是类国家行为的性质。

(三)监察证据的刑事诉讼程序属性

监察证据同源于党的纪律检查证据，对于一般违法、违纪行为，纪检和监察部门进行党纪和政务处分。"纪检—监察人员"通过一次统一的调查，既要认定公职人员违反政纪的事实，又要对那些涉嫌职务犯罪的公职人员的犯罪事实作出认定，还要对具有党员身份的公职人员违反党纪的事实一并作出认定。① 在党纪和政务处分时，由于纪律处分条例和监察法都规定被调查人员不得对党纪处分和政务处分提起行政诉讼，其权利救济方式是申请复审、复核，因而，在纪检监察证据进入不了刑事诉讼程序或行政诉讼程序内的情况下，该项证据不具有诉讼性。如《中共中央纪律检查委员会关于审理党员违纪案件工作程序的规定》第 20 条规定，需要给予党纪处分或免于党纪处分的，按照干部管理权限，抄送组织部门，需要给予行政处分的，抄送人事部门，如建议追究刑事责任的，抄送司法机关。《监察法》第 49 条规定与原《行政监察法》第 40 条规定一致，监察对象对监察机关作出的涉及本人的处理决定不服的，不得提起行政诉讼，只能通过复审、复核，解决被监察对象对政务处分的异议问题。认为"监察机关在性质上与行政权非常接近，可通过修改《行政诉讼法》将其纳入行政诉讼范畴"②的观点，有违现行法律规定，而且从党规党纪和监察法理上观察，也不应当将党内纪检事务转为诉讼公开事务，将公务职级职责事务外现于监察范围之外。在无需对被调查人员追究刑事责任的情况下，只对党

---

① 陈瑞华：《论国家监察权的性质》，载《比较法研究》2019 年第 1 期，第 7 页。
② 马岭：《监察委员会与其他国家机关的关系》，载《法律科学》(西北政法大学学报)2017 年第 6 期，第 43 页。

纪处分和政务处分的证据进行审查，不纳入刑事诉讼程序范围内。

监察证据具有诉讼性是指监察机关通过纪律审查、监察调查，发现被调查对象的行为可能涉嫌犯罪，应当移送检察机关审查起诉，案件进入刑事诉讼程序，被监察对象变更为犯罪嫌疑人，监察证据纳入刑事诉讼审查和处理范围的属性。从监察证据的真实性、合法性立法标准视角看，《监察法》第 33 条第 1 款和第 2 款的规定，是监察法和刑事诉讼法两法衔接顺畅的立法目的的体现；从刑事诉讼视角看，该条款反向印证监察证据的诉讼属性。

监察证据的诉讼属性不是指监察调查行为本身具有诉讼的特征，而是指监察调查行为所获取的证据是诉讼证据。这一点与公安等侦查机关在行使侦查权的刑事诉讼中即具有诉讼特征和属性完全不同。纪检检查权不是侦查权，监察调查权也不是侦查权。正是因为监察证据的前两个属性，即党纪检查和类国家行为属性，才使立法放弃了监察行为的检察监督，当然也排斥了辩护律师介入纪检监察调查程序。有学者从监察权和检察权、审判权视角观察认为，由于《监察法》否定了检察院对监察机关的法律监督权，所以法院和检察院对监察机关的实质制约功能只能通过强化程序间的制约机制来实现，即通过对移送司法程序的监察案件审查来实现。[①] 我国监察权、检察权和审判权之间权力相互制约的方式，只能体现为监察调查完毕，在被监察对象移送司法机关后，司法机关对监察证据按照刑事证据特征审查，对全案证据进行综合分析、判断，实现权力制约监督目的。因此，监察证据在进入刑事诉讼程序后，即为诉讼证据。这是监察证据具有诉讼属性的条件。

二、监察证据转为刑事证据的程序机制

监察证据的诉讼属性是监察证据的属性之一。刑事证据是指用以证明犯罪行为、对行为人处以刑罚的事实。在监察机关调查收集的证据材料可以证明被监察调查对象可能涉嫌犯罪的情况下，监察机关将作为证明犯罪事实、刑罚事实的事实材料移送检察机关，由检察机关对涉嫌犯罪的行为进行审查，确定被调查对象的犯罪嫌疑人诉讼身份和诉讼地位。此后，监察证据转化为刑事证据。

---

① 　高通：《监察机关收集和运用证据的要求与标准：基于〈监察法〉第三十三条第二款的分析》，载《政法学刊》2019 年第 1 期，第 32 页。

（一）监察证据转为刑事证据的条件

纪律检查、职务监察、犯罪调查，是纪检监察合署后具备的三项职能。从理论上看，三种职能是相互分离的，但是，同一机构的三项职能在内部设置上的分工，并不是职能的分离。对于被调查或被监察对象，首先是党纪调查，因此，纪检检查调查获得的纪律证据，与一般职务违法调查的证据、职务犯罪调查的证据，可能在同一案件中具有同一性，即一项证据，既可以是纪律证据，也可以是职务违法证据，还可以成为指控职务犯罪的控诉证据。纪检检查调查后，对于违反党纪的行为，在对被调查对象处以党纪处分的同时，必须对被调查对象给予政务处分。政务处分即是一般职务违法行为的处分。党纪调整的对象、违反党纪的处分方式，完全区别于监察法、行政法调整的对象、违反行政法规的处分方式，绝对不能将党纪检查等同于政务监察。这是监察法合法性和监察调查行为的政治伦理基础。

根据《监察法》第 20 条规定，在职务违法阶段调查的证据与职务犯罪阶段调查的证据在讯问措施方面有别。从刑事诉讼侦查（调查）、审查起诉和审判三阶段论的视角，认为以职务犯罪调查立案为犯罪证据收集的起始点，对职务犯罪行为调查收集的证据应当与职务违法阶段调查的证据完全分开、分离的观点，笔者认为有所欠缺。同一被监察对象在党纪调查、一般违法监察调查、涉嫌犯罪监察调查的不同阶段，就同一事实所作出的陈述或供述，不适宜区分违纪证据、违法证据或犯罪证据。可以说，职务违法的证据在党纪检查调查中已经形成，并作为认定职务犯罪的证据，符合现行纪检监察一体化运行的制度特点。把纪检调查、一般职务违法监察调查、职务犯罪监察调查完全分离的观点是意念性的，或主观切割性的，不符合监察实践的实际运行方式。

监察证据转为刑事证据的条件是，监察机关认为已经调查收集的证据可以证明被监察对象涉嫌犯罪。《国家监察委员会管辖规定（试行）》规定国家监委管辖案件的范围，除由检察机关侦查管辖的以外，对主体是公职人员、客观方面是行使公权力过程中这两个必备要件的职务犯罪案件进行专门管辖，对于与监察部门管辖的案件相关的案件，也属于监察机关管辖。《监察法》第 39 条规定的"立案"，包括严重的职务违法和职务犯罪，并不特指职务犯罪的立案。《监察法》第 22 条规定的留置措施不能视为犯罪调查正式立案的程序，原因在于，监察留置措施是代替原来纪检机关的"双规"和原监察措施的"两指"，根据《监察法》第 44 条规定可以折抵管制和拘役、有期徒刑刑期，类似于刑事诉讼刑事拘留之措施，[①] 其适用对象包含严重职务违法行为，被采取留置措施的被调查人不一定是必然构成职务犯罪的人。在决定留置的时候，已经调查收集的证据可以初步证明，被调查人已经构成严重违法或犯罪，应当接受政务处分或可能需要追究刑事责任。监察法规定留置措施的目的，是保障纪检检查和监察调查活动的顺利进行，防止被调查人采取对抗组织调查，阻碍、妨害调查活动的行为。因此对被留置的被监察对象，在监察调查结束后，没有涉嫌犯罪的人，无需向司法机关移送。只有那些根据监察法和刑事诉讼法规定，可能证明被监察对象涉嫌犯罪的，监察机关才将案件移送至司法机关。

(二)监察证据移至检察机关的程序转化

首先是监察机关向检察机关移送证据范围。并非所有调查收集到的监察证据都向检察机关移送。虽然监察法规定监察证据作为刑事诉讼证据，但并不表示所有的监察证据都可以成为直接指控犯罪、确定犯罪、对犯罪量刑的证据，只有那些对证明犯罪有证明价值的证据才可以移送。《监察法》第40条和第33条第1款、第2款规定了监察证据形成的基本要求、证据收集方法的禁止性规则以及调查收集的证据的形式。由于纪检检查和监察调查同一主体同步进行，因此，调查收集能够证明违纪违法事实的各种证据材料，各种谈话记录、询问笔录、讯问笔录等言词证据材料，运用于党纪处分、政务处分和犯罪指控。实务中，要求全面完整地收集调查证据。按照职责定位，纪检监察机关对被调查人涉嫌违纪、职务违法和职务犯罪等方面证据都要收集，防止仅收集被调查人违法犯罪的证据，而对违纪证据"一笔带过"。要全面收集定性量纪、定罪量刑的证据，围绕违纪和犯罪的构成要件收集证据，防止"缺斤短两"的现象；对量纪、量刑方面证据，收集审查从轻、减轻、加重、从重等方面的证据，避免以相关情况说明代替证据收集。[②] 笔者认为，纪检证据和监察证据具有同源性，监察机关移送的证据，已经包含纪检检查调查和监察调查共同取得的用以指控犯罪事实成立和刑罚量刑的证据材料。在移送主体方面，只有监察机关才有法定权力移送涉嫌犯罪的案件材料和被调查对象(犯罪嫌疑人)。

监察机关移送的证据材料应当包括监察调查和纪律检查所形成的言辞

---

① 马怀德：《中华人民共和国监察法理解与适用》，中国法制出版社2018年版，第89页。

② 王希鹏：《严格依规依纪依法收集审查证据的实践思考》，载《中国纪检监察报》2019年12月4日，第8版。

证据和实物证据。有学者认为，在监察调查终结后，由纪检审查部门和监察审查部门确认为非法证据的证据材料，也要移送至检察机关。理由是，根据 2017 年《关于办理刑事案件严格排除非法证据若干问题的规定》第 17 条第 3 款规定，被排除的非法证据应当随案移送，并写明为依法排除的非法证据。可以参考该规定，由监察机关自己排除的非法证据也应当随案移送，并注明为非法证据。① 纪检监察部门认为某项证据被认定为非法证据，应当排除的，在排除该项非法证据后，如果达不到指控犯罪标准的，不再向检察机关移送。反向解释，监察机关移送至检察机关的案件，至少是监察机关排除非法证据后仍有证据证明被告人行为构成犯罪的案件，但在移送案件时，监察机关已经排除的非法证据是否移送，本文认为应由监察机关决定。

其次是监察证据转为刑事证据的程序起始点。《中华人民共和国监察法实施条例》(中华人民共和国国家监察委员会公告第 1 号) 第 32 条第 1 款规定，监察机关调查过程中发现依法由其他国家机关管辖的违法犯罪线索，应当及时移送有管辖权的机关。该规定明确监察机关调查违法或犯罪行为与其他职能机关的权限划分。在监察调查职权范围内，监察调查终结后形成的证据，依刑事诉讼法之规定，在案件移交至检察机关后，检察机关有权对监察证据进行审查。《人民检察院刑事诉讼规则 (2019)》第 142 条、第 146 条规定了采取留置措施和不采取留置措施的案件的受理程序。检察机关受理监察机关移送的案件不需要开启立案程序，以检察机关对被监察对象采取强制措施为标志，完成了程序移转。检察机关接收被监察对象和全案证据，被监察对象转为刑事诉讼当事人即犯罪嫌疑人，享受犯罪嫌疑人应当享有的诉讼权利，可以委托辩护人，委托的辩护人享有法律规定的诉讼权利。律师可以辩护人身份与犯罪嫌疑人共同行使辩护权。监察证据转为向辩护律师公开的刑事证据材料。监察证据变更名称为指控犯罪的证据，即刑事诉讼证据。

再次是检察机关对监察证据的审查。监察证据转为刑事证据后，监察证据在监察程序中所证明的事实，包含纪律处分、政务处分和涉嫌犯罪的一体判断，监察机关已完成其监督、调查职责。因此，认为"监察法的调查程序实质上构成了刑事诉讼的前置程序"②的观点值得再讨论，因为其

---

① 谢小剑：《监察调查与刑事诉讼程序衔接的法教义学分析》，载《法学》2019 年第 9 期，第 72 页。

② 陈邦达：《推进监察体制改革应当坚持以审判为中心》，载《法律科学》(西北政法大学学报) 2018 年第 6 期，第 176 页。

不符合前置程序设置原理。刑事诉讼中的前置程序一般是指侦查机关正式刑事立案之前的初查程序，含有类行政性特征，相当于《监察法》第 37 条、第 38 条规定的线索核实或初步查询，与最高人民检察院 2012 年颁行的《人民检察院刑事诉讼规则（试行）》中设置专章（第 8 章）规定职务犯罪立案前的初查程序相类似。即使侦查是为公诉服务，也只能得出侦检一体的结论，不能得出侦查是刑事诉讼前置程序的结论，而且，虽然从侦查技术上看，存在由事而对人的侦查和由人而对事的侦查策略，但绝对不可故意设陷，为了对某人提起公诉而实施专门对某人采取侦查的行为。

检察机关对监察证据的审查包含证据种类、证明目的及证明标准的审查。监察法和刑事诉讼法没有规定检察机关对监察机关调查取证程序实施检察监督权，因而对监察证据的合法性审查仅限于证据形式合法性的审查，比照刑事诉讼法规定的证据类别进行法律形式审查，而不得对证据内容合法性进行审查。检察机关的司法解释也主要体现在证据形式合法性审查方面。《人民检察院刑事诉讼规则》第 73 条规定检察机关在审查起诉程序中排除非法证据，第 74 条规定检察机关怀疑可能是非法证据情形的，要求监察机关对取证合法性进行说明的要件。该规则第 341 条规定检察机关确认应当排除的非法证据合法化转化方式，第 363 条规定依据申请调取监察机关调查到但未移交至检察机关的被监察对象无罪、罪轻的证据材料。检察机关排除非法证据，对刑事证据规则具有蝴蝶效应，可以防止冤假错案的发生，但是，检察机关排除非法证据受到侦诉一体制度的影响，实践中可能面临追诉需要的单向选择。[1] 而且，合法性审查的标准依据是刑事诉讼法还是监察法，显然缺乏法律一致性规定。[2] 基于监察证据形成的特殊性，检察机关对监察证据的审查，包括排除非法证据，可能是一种制度价值预设，而不是制度价值的实践体现。从刑事追诉视角看，监察证据的合法性审查法律依据应当是刑事诉讼法规范，而不是监察法规范。否则，失去了检察监督和审查起诉的程序意义。

三、监察证据的刑事法庭审查

检察机关提起公诉后，被监察对象由犯罪嫌疑人诉讼地位转化被告人诉讼地位。作为刑事证据的监察证据，需要接受控辩审三方的庭审检视，

---

① 朱德宏：《非法证据排除规则有效性的制度逻辑：以检察机关公诉权能为视角》，载《学术界》2014 年第 10 期，第 109 页。

② 谢小剑：《监察调查与刑事诉讼程序衔接的法教义学分析》，载《法学》2019 年第 9 期，第 73 页。

由审判机关最终确定证据的证据能力和证明力。刑事庭审的司法判断，应然意义上要求坚持审判中心主义和遵循刑事证据规则，运用庭审查明的证据证明案件事实。

（一）刑事审判证据标准

监察证据转为刑事证据后，应当按照刑事诉讼规则对证据进行司法审查和司法裁判，适用统一的刑事证据标准，秉持"未经法院判决，不得确定任何人有罪"的司法最终裁决原则。有学者认为监察法的法律位阶效力高于刑事诉讼法，原因在于监察法是宪法性法律。① 虽然关于监察法与刑事诉讼法的法律地位，不是本文论证的要点，但不能因为监察机关与党纪机关合署办公，而否定监察机关的宪法地位，更不能否定监察法和监察法规在国家法律体系中的地位。

笔者认为，监察机关是我国人民代表大会制度下的国家机构，党内法规、监察法及法规不得与宪法规定的我国政体相冲突。监察机关与检察机关、审判机关是同一等级的国家机构，监察法和刑事诉讼法是全国人大制定的基本法，且以宪法为根据，不具有高低的位阶效力对比。《监察法》第 4 条规定的各机关之间的关系原则不能否定人民检察院作为检察机关独立行使检察权、人民法院作为审判机关独立行使刑事审判权的宪法性的刑事诉讼原则。在厘清刑事诉讼法的司法地位之后，我们讨论刑事证据的标准就是一个了然的问题。刑事证据形式标准和实质评价标准，只能以刑事诉讼法规定的刑事证据制度为评价标准。违背或脱离刑事诉讼证据标准对监察证据进行评价，是一种值得警惕的行为。

（二）刑事证据庭审审查

遵循证据规则，是司法判断的基本要求。证据相关性是证据原理的帝王原则。证据相关性包含两个逻辑关系，即实质性与证明性。这其中，关联性规则不涉及品格证明，包括定罪与量刑。对于在纪律检查、国家监察程序中，被调查人不积极履行党员忠诚义务，对党不忠诚，对抗组织审查等行为，可以作为纪律处分、政务处分的主观证据。

监察证据的司法判断，关键是合法性判断。合法性判断的基本出发点是防止虚假证据进入法庭。这是证据合法性审查的初始依据。比较《刑事诉讼法》第 54 条规定的非法证据排除规则，《监察法》第 33 条第 3 款的规

---

① 姜明安：《国家监察法立法的若干问题探讨》，载《法学杂志》2017 年第 3 期，第 5 页。

定显示了更严格的标准。党纪检查、政务监察的行为应当实现党纪严于法律的准则，党纪检查和监察人员应当更加严格要求自己，作遵纪守法的楷模，不得实施违法违纪的行为。

理论上看，监察机关调查的刑事证据是纪检证据、一般职务违法行为监察调查证据延续而来。在对被监察对象移送至司法机关之前，纪检监察部门必须贯彻党对纪检监察工作的领导，贯彻"反腐也要在党的领导下进行"的指导方针。党纪处分、政务处分的依据，就是纪检检查证据和监察调查证据。可以说，全案证据已形成"证据链"，且经过案件调查组织和其上级组织的认可和判断。对于非法证据，已经在报批的程序中被剔除。在监察证据合法性审查判断方面，依法反腐与依法司法应当是一致的。

在刑事证据规则体系中，除非法证据排除规则外，传闻证据规则也是重要的规则之一。我国刑事案件审判程序中存在大量的传闻证据直接适用于指控犯罪、确定犯罪成立的现象。如书面证人证言常常成为裁判的根据。我国刑事诉讼法并未规定传闻证据规则，立法要求被害人、证人出庭，赋予被告人质证权等，都是对传闻证据规则的程序保障。实践中，证人不出庭，但审前程序中形成的书面证人证言，在法庭上可直接作为控方证据证明犯罪事实和量刑事实，甚至被告人、辩护人申请法庭通知证人出庭，法庭以各种理由不予通知证人出庭。刑事诉讼法立法将是否通知证人出庭作证的权力赋予法庭，控方和辩方只有申请权，没有决定权。这与民事诉讼证人出庭由当事人自行申请，证人必须出庭作证的制度存在差异。大量的职务犯罪案件需要依靠言词证据作为定案的根据。根据言词证据的特点，证人不出庭，言词证据所形成的证据链，就会通过书面材料形成可能受到质疑的定案根据。英美证据法把书面证人证言视为传闻证据，而在我国实践中，视书面证人证言为直接证据、原始证据，普遍认为，书面证人证言的形成过程是调查(侦查)人员依法询问证人形成的，应当是第一手证据材料。即使证人不出庭，第一手证据材料也不适用传闻证据规则。笔者认为，《刑事诉讼法》第 61 条规定证人证言必须在法庭上经过公诉人、被害人和被告人、辩护人双方质证并且查实以后，才能作为定案的根据。这些书面证人证言不应当直接成为定案根据，除刑事诉讼法规定的不出庭作证的人员以外，其余都应当通知证人出庭作证。

(三)全案证据证明事实的司法判断

以审判为中心是刑事司法改革的重要成果，是相对于侦查中心而言的，是对侦查决定审判，审判庭审形式化、程式化的一种否定。从刑事审判判决应当讲究政治效果、法律效果和社会效果相一致的要求看，审判机关对于重大案件进行必要的请示、汇报、协商、沟通是可行的，也是可取的。从监察法自身文本语义看，《监察法》第 33 条第 2 款规定的"与刑事审判关于证据的要求和标准相一致"的监察证据调查标准，就是以审判为中心的表达。因此，笔者认为在监察调查的职务犯罪案件审判程序中应当坚持以审判为中心。

以审判为中心的核心是以法庭证据调查和法庭辩论为中心，以法庭对全案证据的证据能力和证明力判断为司法裁决原则。证据材料、证据、定案根据是不同的概念，定案根据是法官判断的结果，是确定是否构成犯罪、具体犯罪罪名、具体确定量刑的证据事实。《刑事诉讼法》第 50 条第 2 款规定的"查证属实"的方式是法庭庭审活动。通过法庭查证属实的证据，可以作为定案的根据，但认定一个案件事实，除了证据之外，还包括司法认知、预决事实和推定事实。① 刑事证据的审查不仅仅是刑事证据基本特征，还包括监察证据的属性对全案证据综合判断的影响，证据证明事实的判断以及司法认知。

刑事诉讼规则和刑事证据规则是实现个案正义的形式要件，但要追求个案的实质正义，不仅仅依赖静态规则体系，更要依靠司法者对规则的精神升华。威格摩尔曾判断：如果法官和律师对实质正义没有正确的现实道德态度，那么在这个世界上所有的规则都无法使我们获得实质正义。② 有学者认为，具体个案寻求正义有不同的理论视野，在司法过程中，必须对法官的裁判职责进行定位，在法律规范与法律价值之间进行个案性选择。即使在法律非常明确的情况下，总是要对法律进行解释后才能适用。③ 成文法的局限性自然是法理学讨论悠远的话题。在成文法国家，特别是职务类犯罪案件的审判中，如何依据成文规范解释个案的证据及其证明的事实，选择适用的法律，从而实现个案正义，法官的司法职业崇高性显得尤为重要。

法官依据法律裁判案件，是司法存在的社会价值。现有"法律"的解释是全国人大及其常委会制定的规范性法律文件和国务院颁布的行政法规。在监察法施行以后，"法律"是否包括监察法及其监察机关颁布的监

---

① 刘洋：《案件事实认定的新思维：从诉讼证据到定案根据》，载《甘肃社会科学》2017 年第 3 期，第 162 页。

② ［英］威廉·特文宁：《证据理论：边沁与威格摩尔》，吴洪淇、杜国栋译，中国人民大学出版社 2015 年版，第 247 页。

③ 李树民：《裁判职责的元点：一元论还是二元论》，载《华东政法大学学报》2019 年第 4 期，第 127 页。

察法规，现有立法解释没有明确。从《中华人民共和国立法法》（以下简称《立法法》）第 8 条规定的保留原则察之，刑事诉讼制度包括刑事证据制度属于国家最高立法机关的专有权力，不得为其他国家机构代行，《立法法》第 9 条规定可以授权。在全国人大授权后，最高监察机关制定的监察法规，也是刑法适用的"法律"根据。刑事审判法庭裁判刑事案件的法律依据是国家立法机关制定的法律以及授权的机关制定的行政法规和监察法规。作为调整社会秩序的规范是多元的，但法律不是多元的，即使在判例法国家，称为法律的规范，也只是法官认可的具有法律形式和法律意义的规范。这是贯彻审判中心主义的先决条件。

审判机关裁判案件受先前事实的影响。刑事诉讼中被先前判决确认的事实，对于累犯、缓刑、假释的撤销、追诉时效等具有法律意义，但对于审理中的案件的事实确认没有法律意义。但先前事实中是否包括纪检监察机关认定的涉嫌犯罪的事实确认，《刑事诉讼法》第 12 条规定予以否定。对于纪检监察机关认定的被告人违反党纪、政纪，构成纪律处分、政务处分的事实，因与本案犯罪的指控及审判没有法律关联，审判机关不予审理此事实。就纪检监察机关对被告人予以党纪、政务处分的事实和涉嫌犯罪的事实认定而言，虽然从法律上审判机关认定全案事实没有影响，但显然需要关注。《纪律处分条例》第 33 条第 3 款规定，党员违反国家法律法规，违反企事业单位或者其他社会组织的规章制度受到其他纪律处分，应当追究党纪责任的，党组织在对有关方面认定的事实、性质和情节进行核实后，依照规定给予党纪处分或者组织处理。监察机关调查总结的事实，已经由组织程序，报告有权党纪政务处分的机关或组织，对诸多项事实已经确认。实践中，监察机关已经确认的事实，在审判机关根据全案证据进行事实认定时，可能具有先决作用。尽管在留置期间，没有辩护律师介入，被告人不具有辩护权主体资格，只有"辩解"的权利，监察机关调查的证据材料对被告人是不利的，但是，诸多涉嫌犯罪事实的证据材料已经被有关组织和机关根据刑法规定予以确认。审判机关能否否定纪检监察机关先前认定的事实，可能存在疑问。基于司法认知和推定的技术特性，先前事实同样对审判机关确认犯罪事实和适用法律，产生价值性影响。有学者对此表示疑虑，相较于侦查终结提起公诉的案件的刑事证明标准，法官可能会隐性地降低监察证据证明的案件事实的刑事证明标准。①

---

① 魏小伟：《论刑事审判对监察机关职务犯罪调查的制约》，载《安徽大学学报》（哲学社会科学版）2021 年第 6 期，第 93 页。

党和国家机构的各项改革有利于加强党的全面领导，形成合力，实现党的领导、依法治国和人民当家作主的有机统一，标志着中国特色的国家治理模式更加成熟与定型。监察委员会与纪委实行的合署办公体制，使执政党纪律检查权延伸至国家权力体系的空间变得更为广阔。[①]《监察法》第15条、第32条规定了监察范围。根据目前政治生态环境的需要，强化纪检监察的监督效力，有利于净化政治生态。基于监察证据不同于侦查证据的特殊属性，检察机关和审判机关在对进入刑事诉讼程序中的监察证据进行审查判断和运用全案证据进行事实认定时，应当充分关照监察证据的特殊属性，在司法实践中彰显法律在社会治理体系和依法反腐的社会动员中应有的价值和地位。

---

① 秦前红、刘怡达：《国家监察体制改革的法学关照：回顾与展望》，载《比较法研究》2019年第3期，第86页。

第六章　法庭调查犯罪事实
——话语制度主义分析

政治科学向观念与话语研究的转向催生了"新制度主义"的第四个流派，即"话语制度主义"（discursive institutionalism）。从事话语制度主义研究的政治学者在以下四个方面显示出一致性。首先，十分重视观念与话语这两个概念。其次，将观念与话语设定在制度语境之中，并从其他新制度主义流派中汲取理论资源。再次，将观念置于"意义语境"（meaning context）之中，同时认为，话语遵循了"交往逻辑"（logic of communication）。最后，以更加动态的方式看待制度变迁，运用观念与话语逾越了新制度主义其他流派由于关注均衡和强调静态分析而形成的障碍。将话语制度主义同其他新制度主义流派区别开来的，并不是关于观念与话语的基本研究方法，而是其在自身研究传统中所关注的问题领域。①但是，话语制度主义是一个涵括广泛的概念，一方面在观念与话语的实质维度上，话语制度主义认为观念有多个层面，包括政策性观念、纲领性观念或范式、深层的哲学性观念，都指涉"是什么和应是什么"。另一方面，在观念与话语的交互维度上，观念在话语过程中既受到"协调性"政策领域的建构，还经历"交往性"政治领域的协商。②话语制度主义将制度变迁的因素归结为观念、话语和能动力与制度之间的关系及其相关性程度。这为经验社会科学的治理理论探讨治理的本源问题提供了一种新的元理论。③施密特试图将 DI（Discursive Institutionalism）定位为 NI（New Institutionalism）的一个独特变体，其关键之处在于她对制度变革和思想在

---

① ［美］维维恩・A. 施密特（Vivien A. Schmidt）：《话语制度主义：观念与话语的解释力》，马雪松、田玉麒译，《国外理论动态》2015 年第 7 期，第 10～11 页。

② Vivien A. Schmidt, Taking ideas and discourse seriously: explaining change therough discursive institutionalism as the fourth 'new institutionalsm', European Political Science Review, 2010, Vol. 2, 1-25, at6.

③ 吴畏：《作为治理哲学的话语制度主义》，载《江苏行政学院学报》2021 年第 3 期，第 79～80 页。

这一过程中的作用的方法。与 HI(Historical Institutionalism) 和社会学制度主义不同, 施密特的方法是由机构驱动的(关注"有知觉的"代理人), 然而(与理性主义制度主义和 HI 不同), "制度"被定义为"内部的(对行为者)"概念构造和结构"(Schmidt 2010)。因此, 制度变革是通过参考政治行为者的"前景话语能力"来解释的, 即对其制度进行批判性沟通, 并最终引导其走向变革。① 根据司法最终裁决原则, 任何人不经公正无偏私的法庭的审判都不得确定为有罪。法庭裁判控方指控的犯罪事实是否达到刑事证明标准, 是一个话语体系的解释。运用话语制度主义分析方法, 解释法庭调查犯罪事实并最终裁判审判制度和证明制度, 可以为我们提供犯罪事实调查制度的法庭解释。

第一节　法庭调查犯罪事实——权力、技术与权利

法官在法庭上运用法律知识, 进行法律知识的推理判断, 借以此查明犯罪事实。法官的理性和法律技术要求法官从控辩双方提交的证据判断中推断出案件事实, 根据法律的抽象的一般的规定, 对案件作出判断。心理学家告诉我们, 判断的过程很少是从前提出发继而得出结论的。判读的起点正与之相反——先形成一个很不确定的结论; 一个人通常是从这一结论开始, 然后努力去发现能够到处结论的前提。结论的统治地位对律师而言是明显的, 对法官而言却不那么明显, 因为对司法审判过程令人肃然起敬的传统描述, 不承认这种倒推的解释。在理论上, 法官以某些法律规则或原则作为前提, 并将这一前提运用于事实, 由此作出判决。② 但是, 法官的法律逻辑学和司法心理学知识以及承担的法律责任、政治责任, 督促法官不得先入为主、有罪推定, 充分运用各种经验、逻辑、法理、情理等技术, 正确裁决案件事实。

一、法庭调查证据的技术

证据裁判原则是近代刑事司法理性主义的产物。为了表示国家尊重公民个体真理探知的主体权利, 英美法系国家同样赋予涉讼公民侦查的权

---

① Dimitris Papadimitriou, Adonis Pegasiou & Sotirios Zartaloudis, European elites and the narrative of the Greek crisis: A discursive institutionalist analysis, European Journal of Political Research 58: 435-464, 2019, 437.

② [美]博西格诺:《法律之门》, 邓子滨译, 华夏出版社 2002 年版, 第 27 页。

利，大陆法系国家赋予涉讼公民调查或侦查的权利，如意大利，或者请求法官收集证据或调查对己方有利的证据的权利，如德国和法国。诉讼主体地位享有人格尊严不受国家权力侵犯的制度保障的诉讼权利。这一点表现在证人特权制度、沉默权规则（反对自我归罪）、非法证据排除规则、传闻证据规则证据制度中。证人特权以维护个人家庭伦理、社会职业伦理和公共伦理为出发点，增强社会的凝聚力，深化群体性道德延续和伸展。家庭伦理是每个社会都应关注的自然伦理。被告人享有沉默权，将证明被告人有罪的责任由国家承担，一方面显现出国家权力维护社会平和的能力，另一方面促使被告人对刑事司法的尊重和敬仰。非法证据排除规则在法国大革命之前的纠问式刑事司法中曾被广泛地接受。在十六世纪罗马教会法中就有"违反被告人有限的自然权利所获得的证据不能作为法庭断案的依据"的权威观点。非法证据排除规则根本要义是有利于查明真相，防止国家权力随意侵犯公民权利而使得公民产生深刻的无方向感。"司法是要实现正义、维护法律的，若自己却拼命靠着肮脏、违法的手段拿到证据，然后说自己是正义的代表、要以此证据惩罚'坏人'，则这自相矛盾的做法，如何服众？"①传闻证据规则是国家权力以防止裁判者的非理性因素和专业技术理性的匮乏而放弃真相的探求为手段而自我取信于民的证据调查规则。

证据调查方式或曰质证程序，是验证国家权力伦理善的外现，是个人意志与国家意志的规范理性的相互说服和彼此接受对方规范性建议进而达成规范共识。"由于所有被涉及的人在原则上都至少有机会参与实际的讨论，所以，这种话语意志的'合理性'就在于：被提高到规范地位的相互行为期望在没有欺骗的情况下使共同利益具有了正当有效性。"②直接言辞原则、交叉询问及对质抗辩的权利是审判阳光下操作的保证，是定案证据的客观化过程。控辩双方用以证明己方主张的任何证据信息都必须在公正、无偏私的中立第三方主持的公正审判中接受对方的对质及中立裁判者的询问，包括言词证据和实物证据。除特别情形外，任何书面证据都不得作为认定案件事实的根据，包括审前程序中的官方行为笔录和当事人对官方所做的认罪供述记录。对质抗辩既是官方的权利，又是官方的义务。质证权用尽后、双方无异议的证据就具有证据的客观化特征。当事双方和裁

---

① 林立：《波斯纳与法律经济分析》，上海三联书店 2005 年版，第 422 页。
② ［德］哈贝马斯：《合法化危机》，刘北成、曹卫东译，上海人民出版社 2000 年版，第 140 页。

判者对证据证明的案件事实获得了客观化的内心确真和信仰。由此，法庭裁决的事实便具有非人为臆构的特征，而具有一种真理性的满足。

二、法庭证据调查程序中的权利与权力的博弈

博弈是经济人在自由市场状态下选择商务的行为。博弈论（Game theory）可以被定义为是对智能的理性决策者之间冲突与合作的数学模型的研究。博弈论为分析那些涉及两个或更多个参与者且其决策会影响相互间的福利的局势提供了一般的数学方法。① 最简单的博弈问题产生于两个个体相互作用时，每一个个体必须在不知道对方在干什么的情况下决定自己的行为。② 博弈论中的局中人在冲突、竞争或合作等条件下做出最优决策的数学模型理论。其两个基本假设是：博弈所涉及的参与人都是理性的、智能的。博弈论模型存在多种类型，典型的静态博弈模型是双变量矩阵表述的囚徒困境。在博弈的标准式表述中，包括：参与者，选择的战略集，所有参与者选择战略的组合决定了每个参与者的收益。③

刑事诉讼程序的理性原则、参与原则、平和原则等需要诉讼主体在程序的行为中表现出来。在抗辩式诉讼中，控辩双方在诉讼中存在控诉权与辩护权冲突。由于案件证据材料的解读具有控辩差异权限，因而，控辩双方一定程度上必然存在信息不对称现象。法庭是控辩双方在审判方主持、指挥下所从事的规则化博弈。法庭证据调查的程序规则反映着控方代表的国家权力与辩方的个体性权利进行事实争辩的博弈过程。"权利是对个体意志的法律认可。人们通过拥有权利获得了他们的具体性、人性和主体性。"④在博弈的过程中，体现被告人（辩护方）个体人权的公正审判权获得充分的表达。法庭围绕公正审判展开的一整套程序性的运作，在法律语言构成的隔壁空间里，将权力意志隐藏在客观证据及其事实建构的过程中。在法庭犯罪事实调查程序中，法官是控辩双方公正博弈的中立裁决者，公开、公正地协调着控辩双方权力与权利话语的博弈选择。"在公开审判中，法院一方面通过检察院将它所代表的国家和法律与罪犯的直接矛盾转移开来，转化为罪犯与检察院或公安机关的矛盾，法庭的这种程序装

---

① ［美］R. B. 迈尔森：《博弈论——矛盾冲突分析》，于寅、费建平译，中国经济出版社2001年版，第1~3页。
② ［美］道格拉斯·G. 拜尔等：《法律的博弈分析》，严旭阳译，法律出版社1999年版，第18页。
③ ［美］吉本斯：《博弈论基础》，高峰译，中国社会科学出版社1999年版，第3页。
④ ［美］科斯塔斯·杜兹纳：《人权的终结》，郭春发译，江苏人民出版社2002年版，第11页。

置使得国家通过法院获得了一种超然的力量和客观公正的象征；另一方面，法院通过律师将国家对犯罪行为的惩罚建立在罪犯同意的基础上，从而为国家的惩罚提供了犯罪所认可的合法性。由此，律师对被告利益的辩护所产生的效果就是对国家审判制度的辩护。"①

控方的权力话语与辩方的权利诉求在程序中遵循着证据调查规则及其控辩双方的辩论呈现出序贯均衡的动态秩序。法庭保障控辩双方都遵守程序规则，按照立法者设置的事实调查阶段、步骤，保障提交到法庭的证据能够充分展示和说明。美国学者拜尔解释民事诉讼程序中的博弈进程时解释说："诉讼规则的改变不但能改变每个当事人承受的成本而且还能改变在诉讼过程中每一项成本必须在什么时候承受，这两张改变都能给诉讼的动态性带来巨大的影响。诉讼程序规则的结构使得当事人能随着案件的不断进展而了解更多的信息，当事人获取信息的方式以及在收集信息中承受的成本也会对诉讼的动态性产生巨大的影响。② 并由此假设两种博弈模型，即乐观型(optimism model)与个人信息型(private information model)。乐观模型依赖于观点的差异，个人信息模型依赖于信息的差异。在犯罪事实调查的程序中，诉讼程序的不规则或规则混乱，同样会改变控辩双方对未来己方利益的影响。无论是英美法系的当事人主义诉讼程序，还是大陆法系的职权主义诉讼程序，都蕴含着控辩双方平等抗辩的权利与权力的公正表达。因而，在法庭调查程序中，控辩双方具有重复性博弈的表现形式。重复博弈的经典假定是每一期同一个固定集合中的参与人彼此博弈。③ 重复博弈是动态博弈中最重要的一种，即每个阶段的博弈结构是相同的，其中的每次博弈称为"阶段博弈"。重复博弈可分为完全信息重复博弈和不完全信息重复博弈。不完全信息下，行为人大概不会拥有被重复着的一次性博弈所具有的一些相关信息。在这种情况下，重复博弈的重要性在于能使得行为人从其他行为人的行为中，获取并了解到信息。在完美信息的情况下，博弈中的每个决策结点都是一个子根，故每个子博弈完善均衡是一个序贯均衡局方案。也就是说，对于完美信息博弈来说，子博弈

---

① 强世功：《法制的观念与国家治理的转型——中国的刑事实践(1976—1982年)》，载《战略与管理》2000年第4期，第61页。

② [美]道格拉斯·G·拜尔等：《法律的博弈分析》，严旭阳译，法律出版社1999年版，第279~280页。

③ [美]朱·弗登博格、[法]让·梯诺尔，《博弈论》，黄涛等译，中国人民大学出版社2003年版，第145页。

完美均衡的概念与序贯均衡的概念是一致的。① 对于控辩双方来说，法庭审判中双方的信息都是不完善信息，特别是辩护方（被告方）。虽然犯罪事实成立的证明责任由控方法定分担，在静态上维护了控辩双方的纳什均衡，但是在动态均衡中，辩方抗辩信息的不完善性使得法庭调查不可能呈现序贯均衡状态。在非合作博弈状态下，辩方的权利话语对审判者关于控方指控事实的怀疑程度所产生的影响力，偏私于国家控方权力的正当性、合法性和客观性的认同。

三、法庭调查犯罪事实的智慧

（一）政治独立

如果说任何审判都是政治审判，② 那么法官审判活动是一种政治活动。如果审判权是国家权力的分支，那么法官审判权无时不被其他国家分支的政治权力所"虎视眈眈"，意图替代之。法官的审判智慧首先表现为政治智慧，即保持审判权的政治独立。都铎—斯图亚特王朝时期的王座法院首席大法官爱德华·柯克（Edward Coke，1552—1634）就是一位充满政治智慧的大法官。他主张普通法是最高法律，国王不能仅凭身份裁断案件，不能变更普通法的传统。1608 年 11 月 10 日，詹姆斯一世向王座法院提出，根据大主教建议，他得以"国王的身份"审理一些案件，理由是"法律是以理性为基础的，而国王和其他人一样具有理性"。全场静默，唯有柯克起身答道："确实，上帝赋予了陛下卓越的技巧和高超的天赋，但陛下对英格兰的法律并没有研究，而涉及生命、遗产、货物或财富的案件，不应当由自然的理性，而应当依据技艺性的理性和法律的判断来决定。陛下，法律是一门需要长时间的学习和历练的技艺……法律是用于审理案件的金铸的标杆，它保障陛下处于安全与和平之中。因此，布拉克顿才会说：'国王应当不受制于任何人，但应受制于上帝和法律'。"这句话令詹姆斯一世勃然大怒，却一时无从辩驳。③ 柯克大法官机智地运用法律知识专业化功能排除了国王权力对法院审判活动的干涉，维护了司法权在政治上的独立地位。

---

① [美]R. B. 迈尔森：《博弈论——矛盾冲突分析》，于寅、费建平译，中国经济出版社2001 年版，第 147 页。

② Noam Chomsky, Paul Lauter, and Florence Howe, Reflections on a Political Trial, *The New York Review of Books*, August 22, 1968.

③ 林海：《顽固的老柯克》，载《检察日报》2011 年 12 月 15 日，第 3 版。

（二）案件事实确认的个体独立

法律是国家强制力维系的道德的集中表现，法庭审判也是一出寓道德审判于法律审判之中、抑恶扬善的道德剧场。任何人面对被害人的泪水和血痕，都会表现出界限分明的善恶感情。法官个体性对刑罚功能的认知，在一定程度上决定了印证证据的实践合理性的底限。这就是具体案件出现了具体不同的底限标准。例如，西方国家职业型和非职业型（陪审员和参审员）事实裁决者，由于对于刑罚功能认知的规则性和非规律性的差异，进而导致对待案件行为性质的判断就会出现差异。我们应该承认事实上存在着法官独立于法律逻辑的行动逻辑。

事实裁决者应该是中立的、无偏私的，这是程序正义的基本要求。1985 年 9 月在意大利米兰举行的第七届联合国预防犯罪和罪犯待遇大会通过了《司法独立基本原则》。司法独立包括法官个体独立、法院集体独立和司法内部独立，包括法院和法官独立于立法机关、行政机关、大众传媒、案件当事人，包括法院之间相互独立、法官之间相互独立。"独立"的含义，则可以从消极方面和积极方面理解，从消极方面来看，司法独立表示法院和法官免于其他组织和个人干预法官行使裁判的权力，从积极方面来看，法官只服从本案证据以及证明的事实，据以认定事实，发现并适用法律。我国法院组织法和法官法都规定了法院独立行使审判权。在我国司法语境中，法官是司法机关组织体内的法官，即法官个体不独立。法院，作为一个国家的审判机构，整体独立于行政机关、社会团体和个人，而且法官审理案件的裁判权被法律制度性地分割或者说让与给了法院内部设置的层级性行政首长（庭长、院长）和审判委员会，个体意见被机构意见淹没了，这就产生了审理与判定的分离。从有利于审裁主体一致的司法裁判原则发挥实践价值，我国司法独立中法官个体的独立判断智慧，应受到制度保障。

第二节　法院审委会裁判刑事案件权力运行机制

对于我国法院审判委员会作为超越于独任庭和合议庭的审判组织的法律性质、法律地位、行使裁判权的法理根据，国内学术界异议纷呈。最高人民法院于 2010 年 1 月颁布《关于改革和完善人民法院审判委员会制度的实施意见》（以下简称"审委会制度实施意见"），意在规范各级法院审判委员会的职责、讨论决定案件的范围，规范审委会案件裁判权。刑事诉讼法第 178 条、第 180 条、《关于适用〈中华人民共和国刑事诉讼法〉的解释》（以下简称"高法解释"）第 178 条、第 179 条规定基层人民法院审判刑事案件的审判组织的形式，是独任庭和合议庭，其又规定了本级法院审判委员会讨论、决定案件裁判的权力、程序及效力。由于基层法院承担着绝大多数刑事案件的一审裁判，因而笔者选择中部地区的一基层法院作为个案样本法院，对本院审判委员会讨论决定刑事案件，行使裁判权的实践运行状态加以研究，以期探索审委会刑事裁判权的实践效果、存在的理论困境，提出审委会决定刑事案件裁判制度的改进策略与方法的意见。

一、样本法院审委会裁判刑事案件实证数据解释

（一）数据分析

样本法院是中部省一个经济比较发达的中等城市的一个区级法院，该院刑庭共有四名法官（审判员和助理审判员），全部具有法律专业本科以上学历，每年大致审结刑事一审案件（含二审发回重审和审判监督程序再审的一审案件）约 300 件左右。该院有审判委员会委员九名，其中专职审委会委员一名，刑庭庭长是审判委员会委员。该院聘有人民陪审员 20 名。为了解决审理案件职业法官人数缺少的问题，除独任审判外，合议庭审理案件时每个案件都聘请人民陪审员一至二名，作为合议庭组成人员参加法庭审判。根据 2010 年至 2012 年刑事判决书署名审判组织成员的统计资料，在近三年的刑事案件审判中，除刑庭庭长外，无一名刑庭外的审判委员会委员作为刑事审判的合议庭组成成员参与法庭审判。

表 6-1　　　　**样本法院刑事审判案件数统计（单位：件）**

年份	全院刑事案件审结总数	独任庭审结数	合议庭审结数	审委会裁决案件总数	审委会改变判决案件数	简易程序审理	普通程序审理
2010	226	87	139	83	12	93	133
2011	308	131	177	126	13	192	116
2012	303	66	237	69	16	71	232

从上述表 6-1 中可以看出，审委会裁判案件比例呈现无规则状态。据该院法官介绍，在 2011 年审委会裁判案件数比例增长的原因，是该院涉

法涉讼上访案件数增长过快，上级法院及同级党委、人大部门要求该院加强审判管理工作。总体来看，审委会裁判独任庭审理的案件比例在逐年下降，而由合议庭审理的案件比例在逐年上升。这可能是因为合议庭审理的刑事案件首选普通程序审理，但也并不表明合议庭审理的案件必然由审委会裁决更能保障案件定性正确，量刑准确。

表6-2　　　　　　**样本法院审委会裁判刑事案件数比例（％）**

年份	占全年审结案件总数比例	独任庭提交案件占审委会全年裁判案件比例	合议庭提交案件占审委会全年裁判案件比例	审委会改变判决案件数占全年审结案件比例	审委会改变判决案件数占审委会裁判案件比例
2010	36.7	48.2	51.8	5.3	14.5
2011	40.9	39.7	60.3	4.2	10.3
2012	22.8	30.4	69.6	5.3	23.2

从审委会改变判决案件数占审委会裁判案件数的比例看，审委会改变独任庭法官和合议庭法官关于案件事实和量刑观点的比例呈不规则状态，大致比例不大。这或许可以说明，审委会对刑事案件的裁判更易于与独任庭法官和合议庭法官的裁判意见维持一致。统计数据抽样的三年中，合议庭变更控方指控罪名的案件只有1件，由指控的敲诈勒索罪变更为诈骗罪。一般控辩双方不一致、对抗激烈且承办法官亦对案件认定有不同意见时，案件必须提交审委会裁判。这也从一个侧面反映出辩护律师在案件中的作用在增强。

表6-3　　　**独任庭与合议庭提交审委会裁决刑事案件数及比例（％）**

年份	独任庭提交审委会裁决案件数及占全院全年审结案件总数的比例（件/％）	独任庭提交审委会裁决案件数占独任庭全年审结案件总数的比例	合议庭提交审委会裁决案件数及占全院全年审结案件总数的比例（件/％）	合议庭提交审委会裁决案件数占合议庭全年审结案件总数的比例
2010	40/17.3	46.0	43/14.0	30.9
2011	50/16.9	38.2	76/24.7	42.9
2012	21/6.9	31.8	48/15.8	20.2

独任庭审理简单刑事案件，但独任庭审理的案件并不代表判决简单。表 6-3 显示，独任庭提交审委会讨论决定的案件数占该种审判组织裁判案件的比例很不符合独任审判的法律意旨。在 2012 年统计数据中，合议庭提交审委会讨论裁决的案件比例大约一半。

（二）审委会裁判案件涉及的罪名范围

在数据抽样的三年中，样本法院审理的刑事案件涉及的罪名涵盖了刑法分则除第一章、第七章、第十章之外的各章规定的罪名，但绝大部分案件涉及分则第四、五、六章的罪名，只有极少部分案件涉及分则第三章、第八章和第九章的罪名。如果按照犯罪行为类型的自然犯和法定犯分类，那么，样本法院主要审理的案件范围是自然犯居多，法定犯居少。这也是该市经济社会发展状态的一个缩影。根据未在此文列出但由法官提供的统计数据推论，法定犯提交审委会裁判的案件比例占该类案件总数的比例要大于自然犯案件比例。这也可能说明，在社会转型期，法官在裁判涉及经济类犯罪和职务类犯罪案件时，尽管相信自己的裁判是正确的，但仍然希望通过审委会裁判，以获得案件裁判的社会信任度，增强裁判的社会接受性。

（三）审委会裁判案件涉及的量刑范围

基层法院审理的案件在量刑方面的限制，是最高判处有期徒刑 15 年以下刑罚的案件。对于数罪并罚可能达到有期徒刑 20 年的刑事案件，基层法院一般先请示上级法院，尽量提审至中级法院审判。因此，样本法院审委会裁判案件时，在量刑方面也没有固定的框架，凡是独任庭和合议庭提交至审委会裁判的，审委会不考虑可能的量刑范围。按照"审委会制度实施意见"的要求，基层审委会裁决刑事案件，在量刑方面，对于无罪、缓刑、管制等轻刑化的判决，由审委会裁判。这延续了十年前或更前期的司法实践做法。但样本法院对此并无强制性内部规定。只有轻刑化判决可能危及社会稳定、信访等考核时，才进入审委会。审委会在裁判案件时，会注重考虑案件裁判效力的社会效果与法律效果的统一。对于当事人之间合法、合理地刑事和解的案件，审委会一般不进行裁判。对于被告人是老弱病残，或者刚成年不久的，犯罪情节较轻、社会危害性不大的案件，在量刑上会在法律规定的范围内尽量给予被告人予以人文关怀。

二、审判委员会裁判权与刑事审判庭裁判权的关系

(一)审委会刑事裁判权的功能

有学者通过对基层法院审判委员会的功能进行实证研究后认为,基层法院审委会具有两类七种功能:显性功能包括司法审判功能、经验总结功能和审判管理功能;隐性功能包括职务待遇确定功能、检察监督功能、权力协调功能、抵御不当干涉功能。[①] 刑事诉讼法、司法解释和地方性司法管理规定都将审判委员会作为本院"最高的"审判组织。从司法用语分析,审委会对案件裁决结论的"决定"适用于审判法庭对审判中发生的程序性事项的管理性命令,其对应的权利或权力的救济方式是"复议"。"高法解释"第 179 条规定"(独任法官或合议庭成员对审委会的决定)有不同意见的,可以建议院长提交审判委员会复议"。由此而推,审判委员会的组织性质,应属于行政性裁决组织,而不属于司法开庭听审的司法审判组织。从这个意义上说,审判委员会刑事裁判权是行政权,其权力行使方式,是由少数法官组成、讨论决定刑事案件的定罪与量刑时,实行少数服从多数的议事原则的集体决议,审委会组成人员个体决议成为集体决议的组成部分。审委会通过行政性裁决案件的方式,根据法律规则和司法标准所适应的决策能力,实现对庭审法官裁判权的限制,以维护司法权的政治独立性,自我强化司法权运行的政治合法性。

在权力体系中,司法独立无论是法院整体性独立,还是庭审法官个体性独立,都体现在个案的预期裁判权的独立行使。从政治学意义上说,成文法国家的立法者制定刑事法律规则,已经包含着司法个案裁判结论的预期性理由,但并不可能直接命令某个案的诉讼结果。制定法建构普遍化的思维模式,照应刑事个案的差异性的司法动态思维,在一定程度上个案差异性交授由法官裁判。立法者限制司法权的方式有二种:其一是制定法设定司法权界限范围,即罪刑法定及程序法定;其二是宪法规约下的国家观念,即司法视域中的公共利益的政治理念。从政治学方面说,立法者如果一边赋予司法管辖范围内的案件裁判权,一边又禁止法官对诉讼中的法律问题进行司法调查,或者直接指示诉讼中的案件

[①] 洪浩、操旭辉:《基层法院审判委员会功能的实证分析》,载《法学评论》2011 年第 5 期,第 126 页。

的部分或全部裁判内容，那么就彻底颠覆了司法裁判独立的政治观念。① 庭审法官对于成文法，面临两种立法状态，即个案可以直接适用的法律文本；个案适用的制定法文本中包含着一个语言学上的空隙或者含混之处。作为司法权一体的法院在具体适用法律过程中，采用一种解释决策程序或者一套规则，能够满足（关于意义、意图或目的的）准确性层面上的要求，将附随的决策成本与不确定性降至最低。法官或者法院对刑事法律的解释，不是简单地履行裁判程序的义务，而是发现一种整体上充分考虑法院、行政机关以及解释体制制度其他主题的制度能力。在现代法律中，司法正义的可能性并不存在于规则（立法文本）的陈述中，而是在规则的背后，在规则陈述已穷尽、且相应的行为的司法裁判与该裁判依赖的规则文本发生自相矛盾地重新解释中。规则体系的法律解释的局限性说明，"法律与其说存在于规则之中，存在于它们的线性时间之中，存在于它们的社会环境中，不如说存在于出自'背后的某个地方'的裁断中"。② 刑事司法的审判程序不仅仅是法律技术与法律规则的职业化动作，更是政治行动过程的一部分，它表现出政治制度在运作、影响方面的主要特征，表现一个立法者形塑法律权利分配中的特别关键的角色，维系着社会一致性力量的法律规制。

基层法院审委会刑事裁判权的功能，主要体现为司法权力运行的政治合法性，其外在表象是法院在立体的权力体系中的现实存在感。我国现行的权力运作模式具有传统演成性，具有政治权力至上、权力自上而下流动性运作的政治非理性与非逻辑性的特点。在向现代理性政治的转型过渡期，权力观念和权力运行机制缺失政治理性和法治强制规约性，使得基层法院审委会运用类似行政权力的模式代行刑事司法裁判权。这也体现了司法权内部体系中权力分配的经验性结构。如果说西方法律理论中对法律原则的形式理性化的认定，是以罗马法以来的私法作为经验对象的，那么中国法律理论中对法律原则中体现阶级意志的镇压职能的认定，事实上是以刑法作为经验对象的。③ 基层审委会裁决刑事案件所应当遵循的刑事诉讼正当程序转化为行政正当程序，通过行政化司法裁决，获得司法裁判结论

---

① Martin H. Redish, Federal Judicial Indepence: Constitional and Political Perspectives, Amrcer Law Review, 1995, Vol. 46. at713.

② ［美］玛丽安·康斯特布尔：《正义的沉默：现代法律的局限和可能性》，曲光娣译，北京大学出版社 2011 年版，第 114 页。

③ 强世功：《法制的观念与国家治理的转型——中国的刑事实践（1976—1982 年）》，载《战略与管理》2000 年第 4 期，第 59 页。

的政治合法性，并超越司法，证明国家政权体制的政治合法性。现代国家政权体制合法性包括两个方面：其一是形式上的合法性，即合法律性，形式合法性(合法律性)是一种评价性和规范性分析，其二是实质上的合法性，即政治学意义上的合法性，实质合法性(政治学意义上的合法性)则是包含评价性、规范性、规定性及经验性的综合分析。① 本文样本法院审委会裁决案件数量的变化，与庭审法官个人综合素养、法官守法标准，特别是与涉讼涉法的信访量、以地方党组织为政治权力核心的其他国家权力机构对司法的信任度，具有正相关关系。这也说明审委会裁判权的司法功能与政治功能的牵连关系，司法权本身的合法性不仅体现在实施法律、司法裁判，还表现在司法裁判中执行政党时事政策、司法行政化的司法策略中。这是学界和实务界反对基层审委会裁决刑事案件时所忽视了一个重要因素。当然，法院审判委员会成员根据自我的法律理解和指控行为罪质的判断，对案件的定罪、量刑发表意见，最后形成审委会决定，交付审判法庭执行，与审判法庭刑事裁判权存在悖论性的双面关系，即一方面分解了独任法官和合议庭法官的刑事裁判权，另一方面又统合了法院作为行使司法权整体的刑事裁判权。

(二) 分解刑事审判法官的案件裁判权

审判法庭的责任在于：一是查明事实真相。对于绝大多数人来说，法律诉讼都是罕事，是灾难性的经历，并且，即使发生了这样的灾难，最经常与争议相连的也不是法律，而是事实。② 法庭是争议案件事实的最终裁判者。二是保障被告人公正审判的权利。司法的第一美德是公正，公正之所以成为一种正义义务，即公正是履行其他各种正义义务的必要条件。③ 三是规约良好的社会秩序。法律本源于社会关系的反常与病态，当且仅当社会平衡频繁失调时发挥作用。法律在对先前的习惯秩序的破坏中兴起，并随着导致政治社会内部自身分裂的冲突而增强其力量。法律和秩序是历史的幻象；法律对(versus)秩序才是历史的真实。④为了保障法庭裁判犯罪案件事实调查的正确性，法律总是尽量设计出正

---

① 黄健荣：《论现代政府合法性递减：成因、影响与对策》，载《浙江大学学报》(人文社会科学版)2011年第1期，第22页。

② [美]本杰明·卡多佐：《司法过程的性质》，苏力译，商务印书馆2000年版，第80页。

③ [英]约翰·穆勒：《功利主义》，徐大建译，上海人民出版社2008年版，第62页。

④ [美]博西格诺：《法律之门》，邓子滨译，华夏出版社2002年版，第332页。

当的程序，以实现事实探明的客观性。因而，立法者选择最能体现现代法治要求的查明犯罪事实的法庭审判程序，以规范法庭犯罪事实调查的各个参与主体的诉讼行为。

法庭审判的程序意义表现为在静态的法律语言构成的当事人诉讼行动中嵌入动态的社会成员的行动秩序感，在公民权利与国家权力冲突的协调过程中架构出符合国家正义的社会现实需要的法治秩序，是一种法律宣言的布道历程。刑事审判原理要求刑事审判组织成员必须是法定的，且成员遵守庭审规则，符合审判原理性要求所必备的权利保障要素，如直接言辞原则、证据裁判原则等。法庭最后的裁判是直接参与审判的裁判者在法律体系内的司法程序规约下的集体化行动的结果，也是审判组织成员集体行动的法律归结。审判法庭之外的组织和个人对于法庭的裁判可以批评、批判，但不可以代行审判职责，否则即为越权审判或侵犯法庭审判职权。在我国法院内设审委会刑事案件裁判权合法律化的裁判制度中，庭审审判组织首先在裁判文书的开篇即说明本案的审判组织形式和适用的审判程序类型，如判决书或裁定书在列明公诉机关、被告人信息、辩护律师信息后，即叙明"本院依法组成合议庭，适用简易（普通）程序（不）公开开庭审理了本案"，或者"本院依法适用简易程序，实行独任审判，（不）公开开庭审理了本案"。为了表明本案经过审委会讨论决定的程序过程，判决书叙明："经本院审判委员会讨论决定，判决如下"，或者"经本院审判委员会讨论决定，现已审理终结"。裁判文书中记载诸多解释，意在说明"本案"已经合议庭或独任庭审理，但裁判结果由本院审委会作出。但在样本法院的刑事判决书中，经过审委会讨论的案件，也并不标注"经本院审委会讨论、决定"的陈述。在样本法院抽样的三年统计数据组合中，审委会裁判刑事案件数量占全年刑事审结案件数量最高的比例达40.9%，审委会裁判结论改变审判庭法官法裁判意见的案件数占审委会裁判案件数的比例达23.2%。这种实践做法可能在一定程度上忽视了审委会刑事裁判权对庭审法官刑事裁判权的分解作用。

刑事裁判合法性实现的条件是发现案件真实、权力与权利的利益妥协、社会公众的法律认同。托克维尔认为美国的任何争议，包括政治和伦理的，最终都有可能转变为法律问题，通过法律的方式来加以解决。其实，我国目前的政治权力构筑的基本逻辑，也在意图实现任何问题的法律化解决，即在推崇法庭审判对政治合法性、社会道德价值体系的自我证成。在刑事案件审判中，法官对刑事案件的伦理性和道德性的认知，恰恰是法律发展的路径。霍姆斯认为，法律的进步之路在于法官对案件蕴含的伦理规则加以认知并鼓励善治理念的伦理的善。① 鉴于基层法院审委会对庭审法官权力的政治控制，分解审判庭法官裁判权的案件范围已经趋于制度化。"审委会制度实施意见"第 10 条所列基层人民法院审判委员会应当讨论决定的案件类型：第一项属于纠错审判，第二项是需要层报最高院裁判的案件，第三项是无罪裁判的案件，可能涉及审前程序的合法性判断，第四、五、六项是涉及管辖的案件。该条规定的案件范围很具体。但其第 11 条规定的比较抽象，扩大了基层法院审委会裁判的案件范围。2013 年 1 月施行的"高法解释"第 178 条对于基层法院独任庭、合议庭审理、交由审委会裁判的刑事案件范围，特别强调庭审法官主动性。对合议庭成员意见有重大分歧的案件、新类型案件、社会影响重大的案件以及其他疑难、复杂、重大的案件，合议庭认为难以作出决定的，可以提请院长决定提交审判委员会讨论决定。在基层法院，由审委会作出裁判的刑事案件，从抽象的意义上，应是疑难、复杂、重大的案件。根据样本法院的资料分析，大致包含几类：其一是社会公众关注的案件；其二是上级信访或其他机关督促或交办的案件；其三是涉嫌犯罪的行为在刑法上具有争议性或疑惑的案件；其四是上级法院发回重审（再审）的案件。实践中，独任庭、合议庭法官对于案件事实并不复杂，或者案情不符合司法解释要求报审的案件，也交由审委会裁判，从而使得审判法庭在"规则的背后"失去了在审案件的完整的司法裁判权。

（三）统合刑事审判法官的案件裁判权

法院作为司法机关，在权力体系内必须协调与立法权、行政权之关系，在公民权利体系内，必须负载权利保障的义务。成文法国家的司法并不仅是法律三段论逻辑的实践者，是法律实践的简单格式化的操作能手，更应该是寓含着政治、伦理道德与法律多重价值映射的社会秩序变迁的解释者和推动者。在批判律例逻辑教旨主义观点时，霍姆斯认为，在决定针对某人适用哪个法律规则的过程中，时代的情感要求、流行的道德和政治理论、甚至包括法官及其同僚之间共存的偏见等因素，要比逻辑三段论发挥更为重要的作用。法律反映出某个国家历经沧桑的发展历程，因此，我们不能像对待那些仅仅包含公理和推论的数学课本那样对待法律。② 成文

---

① Oliver Wendell Holmes, Jr., the path of the law, Harvard Law Review, 1897, Vol. 10, at458.

② Oliver Wendell Holmes, Jr. The common law, Transaction Publishers, 2005, p. 1.

法司法认知的思维模式特别专注于法律逻辑。但司法认知的案件真相并不隐藏在逻辑推理中，而是超越法律。"在现代法律体系中，正义不是发生在被理解为社会现象的规则中，也不是发生在可以超越规则的社会因素中。正义的可能性存在于规则的'背后'——在当人们需要采取行动时确立必须做什么的法律中。"①"法律之内应有天理人情在"（安提戈涅）的法律谏言，使法律的未来实践作业认可此观点：流行的道德和政治理念、社会政策、法官的个人偏见性情感对法官裁决的影响比逻辑的影响要大得多。

法律表达的正义是司法实践中的动态正义。实在法拒斥任何先在的必要性或者正义的束缚，起源或渊源在于一种权威意志的持续性强加。法庭通过诉讼证据的调查程序和刑法的解释性适用，作出最终正确的裁决，得以昭示其实质合法性。法庭遵循一个立法文本的程序规则，是"立法正义"的形式化。"刑事审判不是不必要的程序赘物，还是自由的试金石。"②罪刑法定的刑法原则在面对纷繁社会冲突中的权利诉求，其相对性首要表现在促进相对于国家权力而言的公民权利的优先性。法官在审理案件中对刑法规范的解释理念和解释方法，蕴含着创制规则的司法"越权"。"审判是最高形式的守法主义行为，它如同所有的政治行为一样，并不是发生在真空里。它是其他制度、习惯、信仰的复杂系统的一部分。"③英国学者通过实证研究发现，在无陪审团审判的法庭和有陪审团审判的法庭中，庭审法官的职业压力完全不同。因为在无陪审团审判中，诉讼中事实发现是孤立的责任，没有任何人可以代替或代行这种责任。而量刑或程序性问题则可以借鉴其他同僚裁决的案例。在无陪审团审判的案件中，法官必须阐述各种理由，论证其事实裁判的合理性。而陪审团裁决事实则无需理由。④ 样本法院审委会裁决的案件性质在犯罪事实方面并不具有较大的争议性，即使是控辩双方对抗剧烈的案件、可能判处无罪的案件。审委会裁决案件的程序过程本身的价值，主要体现在对庭审法官关于案件事实的强化确认、量刑的选择范围等权利与权力权衡的状态中，从外观上看，裁

---

① ［美］玛丽安·康斯特布尔：《正义的沉默：现代法律的局限和可能性》，曲光娣译，北京大学出版社 2011 年版，第 157 页。

② ［英］萨达卡特·卡德里：《审判的历史——从苏格拉底到辛普森》，杨雄译，当代中国出版社 2009 年版，第 11 页。

③ ［美］朱迪丝·N. 施克莱：《守法主义：法、道德和政治审判》，彭亚楠译，中国政法大学出版社 2005 年版，第 126 页。

④ John Jackson, Sean Doran, Judge Without Jury: Diplock Trials in the Adversary System, Clarendon Press, 1995, p. 213.

决更富有现实立体感。

审委会刑事裁判权整合了个案的差异性，维护法院整体独立的宪法意志。从权力技术和司法技术方面看，把某项判决加入一组显然相同的判决中去，可以产生一种包含在刑法公正体系中的、具有守法主义价值的规律感，并持续维护社会一体语境下的公共利益的司法理念。公共利益是社会规训的一个反应。法官们将自己视为占据着为实施法律而奋斗的一个关键位势。① 法官始终意识到其刑事裁判结论可能对社会所产生的后续性危险，如疑难案件的识别。"疑难、复杂、重大"语义本身所蕴含的案件性质的判断，就是一个个体性差异的问题。疑难案件是指涉及法律平等的诉讼案件。疑难案件会诱使法官试图延伸甚至是损害争议中的案件涉及的法律原则，但是法官又不可以如此而为。样本法院审委会对本院刑庭法官认为应提交审委会决定的案件的裁决，统合了个案的差异而归于司法连续意义上的一致性，也避免了法官在法律适用中的刑法解释权这样一种说没有但事实上在解释法律、说有但法律规定又不明确的"若有若无"状态；同时避免了法官裁判责任的模糊化，防止法官借口法外干预的存在而把不公正的判决都推给了各种各样的干预。审委会的裁判结论可能涵括着未来社会秩序和社区自由的预期理由，并且成员们零散的经验碎片和政治顾虑与庭审法官的裁判价值和技术具有一种可明确阐明的价值沟通。统合司法裁判的一致性越强，相较于审委会而言，庭审法官的刑事裁判权越弱。

三、基层法院审判委员会刑事裁判权的变革途径

（一）审判委员会刑事案件个体解释权

学界和实务界质疑审委会裁决案件合理性的理由之一，是审委会判而不审，不能履行审判法庭的司法责任，侵犯了当事人宪法权利。如果说在十几年以前，基层法院审委会裁决案件是因为法官法律素质低下，司法政治环境混乱，难以适应法律秩序构建的权力要求，那么，现在基层法院审委会裁决案件的正当根据，已经演进为预防法官的专业技术和逻辑神学的机械操盘而造成刑事裁判的扁平化，缺失社会秩序构筑的立体现实感。在司法导引社会良性转型的过程中，刑事司法需要更加精细地解释刑法文本，以适用于具体案件。我国基层法院审判委员会行使部分案件的刑事裁判权可以视为是本级法院资深法律专家组成的、对审判个案的内部监督的

---

① J. A. G. Griffith, The Politics of the Judiciary, Fontana Press, 1997. p. 302.

机构。在程序正义和司法独立的语境下，面对刑事裁判权合法性危机，基层审委会裁决刑事案件制度应加以变革。

　　基层法院审委会对刑事案件的裁决权变革路径之一，是改变审委会直接裁决案件，完善刑事案件裁判要素的解释功能。合议庭审判长、独任庭法官提请审委会讨论的刑事案件，审委会不再对讨论的案件作出一个裁判结论，仅限于对在审案件的证据、程序、事实和法律适用的审委会成员的个体性解释，供庭审法官参考，案件的司法裁判职责由审判法庭承担。审委会成员在个案适用法律的解释的基础上，从事案件审判指导，总结审判经验，并甄选优秀裁判，作为指导性判例。

　　司法的创造性功能表现在两个方面，即解释成文法和推动法律发展。成文法国家的立法权排斥了庭审法官的罪刑立法权，但认可法律具体适用于案件的"事实"解释权。实践中庭审法官裁判案件，判决理由表达法官对法律的理解。在一定意义上，法官发现法律精神而不是拘泥于法律文字，并与日常生活常识（经验）合理性保持一致，或者说，是他们将经过自己"解释"的法律适用于具体个案。实在的法律实务教程，包含着经验与理论的融合。任何法律解释理论都应立足于有关法官的制度能力和裁判的系统性影响的制度性和经验性条件。基于运用一系列来自于政治科学、经济学、决策理论以及其他学科的社会科学方法所作的分析，沃缪勒教授坚持认为，归根结底，法律解释是一种在经验事实极度不确定状态下的决策活动。法官解释法律是一种权力，法官通过解释作出裁判，需要考虑的因素包括：规则和标准，制度能力和决策能力，激励、动机和代理，系统性影响：立法机关、行政机关以及私法主体的反应。①

　　法官必须要在不同解释规则之间作出选择。首先是不确定性：制度能力和系统性影响的评估，错误成本、决策成本和协调成本的计算都需要相关信息，但法官并不知晓这些信息，而且在任何有意义的时段内，至少是短期内根本无法获得这些信息。由于法院内部、外部之间的制度性互动复杂多变，以至于没有决策者能够看似合理地对那些可能结果的概率进行赋值。其次是有限理性：真实世界中的决策者，包括法官，都仅有有限能力去理解或运用甚至是他们已经掌握的信息。不完全理性容易导致认知偏见，进而导致法官高估他们从观察特定诉讼案件事实中获得的信息。庭审法官将合议庭难以形成裁判的案件，提交审委会各位加以审查，作出在经

---

① ［美］阿德里安·沃缪勒：《不确定状态下的裁判：法律解释的制度理论》，梁迎修、孟庆友译，北京大学出版社 2011 年版，第 74~77 页。

验基础关系上的事实与法律的解释，交由法庭参考。各位委员的解释并不具有终局性，也不强化审委会作为集体意见的裁判价值，由庭审法官对在判决理由部分阐述审委会委员的观点。样本法院曾采用此例。被告人 D 在成为在编公务员之前，是该机关合同制工作人员。后被发现其在合同制工作期间犯有涉嫌受贿的犯罪行为。该案如何定性，合议庭提请审委会讨论。审委会没有形成表决性意见，只是将各位委员的意见转交合议庭参考，由合议庭作出判决。

基层法院审判委员会委员解释在审的刑事个案的权限应按照刑事诉讼法的规定，确定案件范围。刑事诉讼法第 149 条修正了"审委会制度实施意见"第 10 条第二款的规定。依据本文观点，基层法院审委会对在审的、庭审法官提交审委会讨论的案件，不再直接作出决定，而将其讨论对象仅仅限制于对案件的刑事法律的解释。为了与其他基本法律不相冲突，笔者认为，基层法院审委会成员解释个案的范围，应是庭审法官主动提出请求并符合以下三种类型的案件：其一是需要向中级法院请示改变级别管辖的案件。级别管辖的变更表示基层法院法官无权涉足该案审理，在控方起诉后如果需要移送上级法院管辖，应交由审委会进行释法论证。改变级别管辖的案件说明基层法院已无决策能力。其二是法定刑以下量刑的案件。法官的能力或者将要适用被选择的法律教义的决策者的能力，影响着司法裁判的限度。根据刑法规定，法定刑以下量刑案件的裁判权，已由立法机关交由最高法院审核。本院审委会委员应对该类案件优先审核。其三是法律适用边缘性且可能具有案例指导价值的新型案件。该类案件是最容易促进法庭信任的典型或指导价值的案件。

对于本院决定再审或上级法院指令再审的案件类型，不易再由审委会成员进行解释，因为根据《人民法院组织法》第 13 条规定："各级人民法院院长对本院已经发生法律效力的判决和裁定，如果发现在认定事实上或者在适用法律上确有错误，必须提交审判委员会处理。"这说明在再审一审程序开始前，审委会已经对该案作出解释。对于判决无罪的案件，审委会成员也不必在庭审外加以解释，因为无罪判决是合议庭按照普通一审程序审结的，无论是因为排除非法证据和非法程序行为的效力而使对被告人犯罪的指控缺失证据证明，法庭作出无罪判决，还是因为控方证据不足，错误适用法律而导致法庭作出无罪判决，都是庭审法官的裁判权的应然内容。法庭直接作出无罪判决，有利于推动社会崇尚司法，尊重法庭审判。对于需要向上级法院请示法律适用的案件，应通过上诉审或抗诉审程序，由上级法院适用法律作出选择。在未决审判中，向上级法院请示本身就说明法院层级之间行政化管制的非法性。庭审法官可以将此类案件作为边缘性或指导性案件，提请审委会成员进行法律解释。

(二)审委会总结刑事审判经验新思维

人民法院组织法第 10 条："各级人民法院设立审判委员会，实行民主集中制。审判委员会的任务是总结审判经验，讨论重大的或者疑难的案件和其他有关审判工作的问题。""审委会制度实施意见"明确了基层法院审委会总结刑事案件审判经验的价值。基层法院承担着绝大部分刑事案件的审判工作，其审委会对具体刑事审判业务经验的总结，与法院承担司法权的地位和功能保持一致。保持基层法院审委会刑事审判的业务指导地位，总结并推广审判经验，对法官进行审判实践能力培训，是维护审委会制度合法性的途径。

在解释法律的基础上，审委会委员可以更加科学地总结刑事审判经验。法治在中国的兴起不单单是一个立法的过程，事实上，而是理性的法律主体形塑过程，是法律技术转换的过程，也是现代国家的治理策略的转型过程。① 法律知识作为一种真理，是总结审判经验的产物。审判经验包含三方面内容：一是如何驾驭证据审查与程序的推进，二是如何运用证据认定事实，三是如何适用法律，即找法的技能。如果说法律的生命是经验，那么，符合法治原则的审判经验正是推动刑事法律发展的动力。刑事审判经验不仅可以产生法学理论，修正、检验刑法理论及刑事诉讼法理论的实践适应性，推动法学理论特别是刑法理论和刑事诉讼法学理论的发展，而且将静态的立法文本转化为活的法律或行动中的规则，在后立法时代，是搜寻法律生命的意义所在，特别是刑事法治秩序的现实根据。我国刑事成文法的实践生命力需要法官在具体的案件裁判中体现。作为基层法院的资深法官，审委会成员个体的审判经验往往是其最直接感受的社会变化、法律规则、司法制度与诉讼原理的世俗表达，其个体性和微观层面的经验在准确反映实践需求方面可能存在偏见，但也可能是维护良善社会秩序的最直接的感知。经验对判断的价值不仅体现在填补规则、制度和程序的不足，即经验的填补功能，而且，经验借助于专业思维，建立规则与个案事实之间的联系，即经验的辅助判断功能。现时代审判经验的总结与推广，要比任何时期都显得具有价值。基层法院面对每年几百例刑事案件的

---

① 强世功：《法制的观念与国家治理的转型——中国的刑事实践(1976—1982 年)》，载《战略与管理》2000 年第 4 期，第 62 页。

审判，这些审判程序与法律适用已经远离刑事法律条文的规范意义，而具有社会共识价值的规约意义。

法庭是布道正义光亮的法律剧场，是正义对邪恶的审判，蕴含着作为人类良知共识的法治伦理基础和政治价值。刑事审判程序内在地具有对犯罪惩罚的渴望和对误判的担心之间的紧张关系。基层法院审委会总结审判经验的首要内容就是对争议事实与法律的经验性判断。资深法官的审判经验是一个刑事司法发展和进步的实践环节，是司法者在法律与自己的良心之间建立直接对话的通衢，与法官接受的教育背景有关，与他的法律信仰有关。法官是保守的，是本国法律的仆役，但人类良知的通约性注定法官必须关注他国法律之正义，法官之良知，以借之对本国法律秩序的批判。法庭原本就是为了让罪犯服罪而建立的。如果在任何情况下可以处死一个人，那么，就没有理由再审判，这个世界也就不会对法庭产生尊重。纽伦堡审判进行中，美国法官杰克逊主张："法官们将调查证据，并得出一个独立的决定……这就是为什么在最初，美国的立场就是这里必须要有审判，而不应该是政治迫害……我不同情那些人(比如，那些可能的被告)，但是，如果我们决定要有一个审判，那么，它必须是一个真正的审判。"①真正的刑事审判必须包括可保障合理审查程序的证据法规，必须遵循与法律体系的其他目的相容的正当程序，以查明犯罪行为的发生过程及其社会危害。这是长期从事审判的资深法官职业生涯特有的法律感悟，行列整齐的法律文本是无法表述的。基层法院审委会总结审判经验，与其行使刑事案件裁决权相比，对法治进程的贡献更有价值和意义。审委会委员审判指导地位不是依靠权力的服从，而是依赖于创设一种将审判经验上升为裁判理论而形成的法律知识的共享机制。

(三)指导案例选择

法庭审判不是扁平化地解决刑事纠纷的工具，而是渗透着社会善良秩序的导引作用。"法庭"更意味着围绕公开审判展开的一整套程序性的运作，正是通过这些程序的运作，法律知识才能完成不同形式化域限之间的自由转换，才能将权力支配的任性隐藏在客观知识的展开过程中。当然，法庭的秘密并不仅在于为法律知识在不同形式化域限中的转换，提供了

---

① 郑欢等：《雄辩之美——法律、良知与辩才的角力》，新华出版社2000年版，第224页。

"权力的支座"，而且本身就体现了一种迂回的权力支配方式。① 在社会转型期和信息化时代，犯罪行为的复杂化和罪行边缘化，是法庭裁判必须面对的难题。在罪与非罪、此罪与彼罪的判断区分过程中，法官精细的程序运作、睿智的司法智慧，通过案件裁判，对刑法及其他法律文本的解释，形成成文法规范下的现实秩序。

《人民法院五年改革纲要》规定："2000 年起，经最高人民法院审判委员会讨论，决定的适用法律问题的典型案件予以公布，供下级法院审判类似案件时参考。"《关于案例指导工作的规定》第 4 条第 3 款规定，指导性案例经最高人民法院审判委员会讨论决定。指导性案例是由两高或者地方各级人民法院和人民检察院审理终结的，但只有通过一种自上而下的遴选程序，并且根据实体性条件，最高人民法院审判委员会或者最高人民检察院检察委员会最终决定，才能作为指导性案例正式颁布。② 最高人民法院指导案例选择制度建立的目的，就是征集全国优秀的案例判决。我国法官发展成文法的先例，在民事诉讼方面，具有值得赞赏的案例，如侵权责任中的附随义务。现行的指导案例征集和颁布制度，纠正了前期判例指导制度存在的弊端。前期判例指导制度意在专注最高法院和省级法院判例所涉及的案件类型，忽视了与基层法院的审判实践之间的对接。对于基层法院而言，最需要得到判例指导的基层法院恰恰被这样的判例制度模式冷落在一旁，由判例指导产生的司法知识却被阻断在制度化的流动之外，难以变为一种可以被全体司法者共享的司法知识形态。③ 现行的案例指导制度表面，无论哪一级法院所作出的判决，只要它符合了法律解释之合法性与妥当性的要求，具有可仿效性和可参考性，并通过一定的制度媒介可能成为一种可以共享的司法知识形态，就有资格被作为具有指导价值的案例。最高法院公布的刑事指导案例大多来自于基层法院。基层法院审委会对于本院具有司法知识共享意义的案件的优秀判决，审委会负责案件讨论，遴选后逐级推荐，显示出法律进步的实践动力。即使本院审委会进行法律解释的判决，不具有全国性指导价值，但对于本院以后处理类似案件，仍可以具有重要参考价值。这样的案件解释与判例法较为接近，可以充分吸收判例制度的优点，使审委会委员的个体性法律解释权真正成为一体化司法权

---

① 强世功：《法制的观念与国家治理的转型——中国的刑事实践（1976—1982 年）》，载《战略与管理》2000 年第 4 期，第 61~62 页。

② 陈兴良：《案例指导制度的规范考察》，载《法学评论》2012 年第 3 期，第 118 页。

③ 周少华：《法典化制度下刑事判例的制度功能》，载《环球法律评论》2010 年第 6 期，第 129 页。

的组成部分。

第三节 刑事证明标准：法庭的裁判语言

话语制度主义的分析方法是语义分析法，其理论基础是符号学、言语行为理论等，哲学基础是建构主义认识论，诠释性分析和批判性分析是目前政策话语分析的主要研究取向。话语制度主义坚持从观念入手，以话语为分析单位的话语分析方法体现的是后实证主义的研究取向，确定于非定量因素分析。话语制度主义将观念、话语与制度置于话语语境和制度环境同时分析，从而让研究者能借助话语分析在观念、话语与制度的意义框架下考察包括观念危机、对话、话语替代等在内的话语与制度过程，借助于承载了行政者话语的文本等具体载体的诠释和分析，归纳概括除广阔历史(制度)的存续和变迁面貌。① 运用话语制度主义分析方法解释刑事证明标准，特别是我国刑事诉讼法规定的不同的名词的解释，可以为我们提供另一个证明标准的司法实践面相。

刑事诉讼证明标准在刑事证据法学理论体系中的地位，在不同的刑事诉讼构造和证明体系中存在差别。英美证据法将证明标准列为控方通过实现举证责任而说服裁判者的标准。我国刑事诉讼法教科书和证据法学教科书对刑事证明标准的地位表达不一，有的教科书放置于证明理论中阐述，司法证明的基本要素包括证明对象、证明责任和证明标准。② 有的教课书放置于证据的审查判断中。我国现有讨论证明标准的文献，主要集中于证明标准的种类选择。就刑事证明标准本体论而言，我国的刑事证明标准存在着三种观点分类说，即客观真实说、主观真实说和法律真实说。③ 也有二种观点分类说，即客观标准说和主观标准说。④ 2012 年刑事诉讼法第53 条作出规定后，我国证明标准的讨论未能超越标准的选择又加入了我国证明标准的立法选择问题和实践运用方法的学术探讨。

刑事证明标准是与举证责任一体双面的两个制度。对证明标准的解释以新制度主义理性选择主义方法，以制度人为解释证明标准本体，对于完

---

① 丁煌、梁健：《话语与公共行政：话语制度主义及其公共行政价值评析》，载《上海行政学院学报》2022 年第 1 期，第 7~9 页。

② 陈瑞华：《刑事证据法》（第 3 版），北京大学出版社 2018 年版，第 401~403 页。

③ 廖永安主编：《诉讼证据法学》，高等教育出版社 2017 年版，第 189 页。

④ 邓子滨：《刑事诉讼原理》，北京大学出版社 2019 年版，第 288 页。

善我国刑事证明标准本体论具有学术意义。

一、"犯罪事实清楚"的语义解释

"犯罪事实清楚"是中国立法者提高法律易读性，保证法律的准确性和规范性的民族语言。边沁认为："（法律语言）尽量使用社会普通民众能够易于理解的语言，立法语言要为非法律专业人士所理解。"①法律文本的文体、词汇、结构不仅符合本民族语言习惯和文化内涵，而且还需要关注语言的世俗化背景，关注民族文化中法律意义的民众化口语交际的语义表达和理解能力。立法语言选择的过程就是立法者以法官和律师之外的平民思维，普通民众生活的语言方式，形成立法语言的话语生成和话语参与者的理解过程，对晦涩艰深的专业性法律含义，运用大众语言加以表述。提高法律语言的易读性就是为了提高法律言语行为的有效性。了解受众怎样理解、解释词句的方式，从而可以使用直截了当、具体、熟悉的词句来写作，使法律语言所传递的信息明了，避免误解。当然，"任何社会之所以能够成为一个稳定有序的社会，必得依赖某种权威。而真正的权威不是建立在武力或暴虐基础上的，而是建立在话语权威的基础上。因此，真正的权威总是一种话语权威。历代统治阶级往往试图建立法律语言的话语霸权以维护特定社会的法律秩序"。② "立法语言文字应当符合常规，在必要时虽然也可以适度超出常规使用语言文字表述法的内容，但要严格控制。"③法律是一种国家权力的象征，这必然要求立法法律语言具有权威性、强制性、严肃性，在一定的条件下，法律语言必然具有不同于普通民众的语言特点。但这只能是法律具体化行为指向的制度语言。

法律语言学家约翰·吉本斯在谈到法律语言的语法时说："在有些方面，法律语域（legal register）的语法似乎遵循着稍稍有别于那些日常语言规则的规则。"（虽然这里用了"似乎"），并提到穆尔（Moor）曾清楚地指出法律语法起作用的方式有些不同于"普通"语法："法律将不理睬普通英语句法，在将法律所要求的犯罪意图适用于该犯罪行为的所有物质要件的时候，如果有必要它将用 and 去代替 if。在我们的文化中，我们，即我们律

①　[英]边沁：《道德与立法原理导论》，时殷弘译，商务印书馆 2000 年版。
②　[美]约翰·吉本斯：《法律语言学导论》，毛凤凡、秦明译，法律出版社 2007 年版，第 252、282 页。
③　周旺生：《立法学》，法律出版社 2004 年版，第 358 页。

师正是这样做的。"①法律语言是由于领域的不同而产生的语言变体。通过对法律领域语言"特殊性"的实证研究，我们发现，领域语法的变异表现出的只是对日常语法的选择，领域语法并没有超出日常语法许可的范围之内。所谓"法言法语"的特殊性主要表现在法律术语即专有术语和两栖术语上。法律领域的专有术语，是指在法律领域形成了专门的概念，即法律领域根据其特有内涵加以凝练而成的词语，法律领域的两栖术语，指既应用于法律领域也应用于日常语言的词语。两栖术语与日常语言词语的不同在于，法律领域所使用的是特指义。虚词尚且如此，在立法语言中没有产生出"超出常规"的新义项，其特殊性只在于对日常语言虚词的某些义项的偏爱或选择；立法语言的语法结构框架更不应该超出常规，产生有悖于日常语言的特殊表达形式。事实上，立法语言在句法上的特殊性主要表现在对不同短语或句式的选择上。② 我们不认为存在一种独立的法律语言——至少没有哪一种以理解为目的的语言是这样的。

二、我国学界关于刑事证明标准的解释

（一）案件客观事实

学界自 1979 年《刑事诉讼法》颁布以后，一直把我国的刑事证明标准定义为客观真实。从立法文本上看，1979 年《刑事诉讼法》至 2018 年《刑事诉讼法》的文本，都没有出现证明标准或客观真实的语言表述。1979 年《刑事诉讼法》第 100 条规定的"人民检察院认为被告人的犯罪事实已经查清，证据确实、充分，依法应当追究刑事责任的，应当作出起诉决定，按照审判管辖的规定，向人民法院提起公诉。"该法第 120 条规定一审法院"根据已经查明的事实、证据和有关的法律规定，作出被告人有罪或者无罪、犯的什么罪、适用什么刑罚或者免除刑罚的判决。"立法没有提及案件事实必须达到客观事实的证明程度。1996 年《刑事诉讼法》第 141 条保留 1979 年《刑事诉讼法》第 100 条的规定，第 162 条保留 1979 年《刑事诉讼法》第 120 条的规定，至 2018 年《刑事诉讼法》。2012 年《刑事诉讼法》第 53 条第 2 款规定，证据确实、充分，应当符合以下条件：（1）定罪量刑的事实都有证据证明；（2）据以定案的证据均经法定程序查证属实；

---

① 　[美]约翰·吉本斯：《法律语言学导论》，程朝阳等译，法律出版社 2007 年版，第 65、68 页。

② 　邹玉华：《立法语言规范化的语言哲学思考》，载《中国政法大学学报》2012 年第 1 期，第 72~73 页。

（3）综合全案证据，对所认定事实已排除合理怀疑。《刑事诉讼法》首次将"排除合理怀疑"规定在文本中。2018 年《刑事诉讼法》第 55 条重复了 2012 年《刑事诉讼法》第 53 条的规定。

2012 年《刑事诉讼法》尽管使用了"排除合理怀疑"语词，但是，该表述用以解释"证据确实充分"的含义，这里使用"排除合理怀疑"这一提法，并不是修改了我国刑事诉讼的证明标准，而是从主观方面的角度进一步明确了"证据确实、充分"的含义，便于办案人员把握。[①] 犯罪事实清楚或案件事实清楚，是刑事诉讼目的使然。我国刑事诉讼法规定的"真实"，是"查明犯罪事实"、是"犯罪事实清楚、证据确实充分"，这实际上就是客观真实，即法律在辩证唯物主义认识论的指导下确认"客观真实"这一科学的理论概括。[②] 有学者认为，排除合理怀疑已成为对中国刑事诉讼证明标准的一种解，亦即刑事诉讼中认定案件事实的一项辅助性标准。[③]

对于学界批驳客观真实的论点，甚至将冤案、错案归咎于客观真实的证明标准，显然是超出了证明标准所应承载的法律意义。客观真实和法律真实两者都强调审判结论具有唯一性，即不具有其他可能性结论，特别在犯罪主体要素证明标准方面。在诉讼过程中，裁判者作出裁判结论，都是根据自己的判断确定被告人是否有罪。差别在于，客观真实具有法律意识形态上的标准化要求，而法律真实可能失去政治合法性的解释理由。至于法院裁判是否符合客观事实，刑事再审程序纠错的系列案例证明，原判认为符合客观真实的裁判，是存在错误的。但是错误的判决，可能不是证明标准的问题，而是证据规则的适用问题。如陈满故意杀人案，对于行凶刀具都出现错误，[④] 根据常识，则可以判断被害人被害非为被告人持有平口刀所为。

（二）排除合理怀疑

排除合理怀疑证明标准是英美国家陪审团审判制度的产物。陪审团审判制度，它的两种作用是：第一，它是作为司法制度而存在的；第二，它

---

① 参见全国人大常委会法制工作委员会编：《〈关于修改中华人民共和国刑事诉讼法的决定〉条文说明、立法解释及相关规定》，北京大学出版社 2012 年版，第 53 页。

② 陈光中、陈海光、魏晓娜：《刑事证据制度与认识论——兼与误区论、法律真实论、相对真实论商榷》，载《中国法学》2001 年第 1 期，第 42 页。

③ 龙宗智：《中国法语境中的"排除合理怀疑"》，载《中外法学》2012 年第 6 期，第 1125 页。

④ 陈满故意杀人案，浙江省高级人民法院刑事判决书 (2015) 浙刑再字第 2 号。

是作为政治制度而起作用的。① 排除合理怀疑的制度环境首先是陪审制度。美国司法裁判认为，根据举证责任与证明标准之关系，控诉方必须使事实审理者确认犯罪的所有实质性要素。美国联邦最高法院在 1970 年明确规定，除非以排除合理怀疑方式证明构成所指控犯罪所必需的每一个事实，依据正当程序条款，则被告不受刑事定罪裁决。② 排除合理怀疑被认为是法律真实的代表性观点。从证据制度的历史发展来说，从神明裁判制度的神示真实、口供主义的口供真实、法定证据制度的形式真实到现代西方的"自由心证"的真实"、排除合理怀疑"的真实均为法律真实。③ 法律真实是不是与客观真实相悖，理论上存在疑问，实务中也存在矛盾之处。法律真实版的排除合理怀疑被我国学界推崇的原因，在于强调司法裁判者的个体独立性，特别关注证据规则与刑事诉讼价值多层级选择的难题。以此作为完善我国证据规则，如非法证据排除规则、传闻规则、证人向法庭作证规则等。但是，学界对美国排除合理怀疑的解释，存在两个误区，其一是合理怀疑是不是有理由怀疑，其二是合理怀疑是不是来自于裁判者。

　　排除合理怀疑的语义解释是美国司法界和学界难以接受的一种法官向陪审团指示的实际做法。"有理由的怀疑"这一解读在过去已经遭到了一些批评。美国学者对一些法官告诉陪审团，合理怀疑就是"有理由的怀疑"（a doubt based on reason）的指示提出批评，认为，这种解读存在三个缺陷。首先，其违背了这样一种观点，即陪审员有权在没有明确理由的情况下，基于直觉就认定被告人"无罪"。其次，这种解读可能会造成歧义，即这种合理怀疑究竟是在陪审员脑海中的一个有理由的怀疑，还是一个能够被明确表达给其他陪审员的怀疑。再次，这种解读可能会误导陪审团向被告人寻求解释。④ 在对抗制审判中，辩护人及被告人是全部合理怀疑的制造者，也是唯一真正具有动力制造合理怀疑的主体。面对辩方提出及制造的合理怀疑，控方必须将之一一排除，可见，控方是合理怀疑的排除者。如果在控方的全部论证中，无法排除一切合理怀疑，也就是说还存在

① ［法］托克维尔：《论美国的民主》（上卷），董国良译，商务印书馆 1988 年版，第 311 页。

② 约翰·W. 斯特龙主编：《麦考密克轮证据》（第 5 版），汤维建等译，中国政法大学出版社 2003 年版，第 659 页。

③ 陈光中、陈海光、魏晓娜：《刑事证据制度与认识论——兼与误区论、法律真实论、相对真实论商榷》，载《中国法学》2001 年第 1 期，第 42 页。

④ ［美］乔恩. O. 纽曼：《认真对待"排除合理怀疑"证明标准》，江东译，载《证据科学》第 29 卷第 5 期，中国政法大学出版社 2021 年版，第 623 页。

合理怀疑。① 在直接言辞审理原则和及时审理原则保护下，辩护方对控方提出的证明被告人有罪的证据及证明结构提出否定性质疑，从而使陪审团对控方指控的犯罪存在如同辩护方提出的"合理怀疑"。

我国现行《刑事诉讼法》第 55 条第 2 款文字作为第 1 款文字"口供"与"调查研究""被告人供述"与其他证据能够达到"确实充分"程度之间关系的解释和说明。该条文第 1 款与 1996 年刑事诉讼法第 46 条规定完全一致。文字本身作为特别强调政治性语言"调查研究"的法律表达。全案证据的审查判断的结果，可以得出认定的事实"已排除合理怀疑"，这是证据审查判读证据以及认证的结果。如果将此作为我国刑事诉讼法规定的证明标准，可能有牵强附会质疑。

（三）内心确信

内心确信被认为是自由心证的另一种表达。其缘起于法兰西帝国 1808 年通过的《法兰西刑事诉讼法典》第 342 条（《法国刑事诉讼法典 (1958)》第 427 条）：……法律只向他们提出一个能够概括他们职务上的全部尺度的问题："你们真诚地确信吗？"内心确信强调裁判者自由判断证据和案件事实，而无需说明"确信"的理由。西方近代自然科学家认为确定性存在 3 种类型，即自然的确定性(physical certainty)、数学上的确定性(mathematical certainty)和道德上的确定性(moral certainty)。人类本身所能达到的最高程度的确定性非自然的确信，而只能是道德确信。"道德确信"排除的是合理怀疑(reasonable doubt)，而非任何怀疑(any doubt)。②内心确信的本质是对证据的证明力的自由判断。

法国、德国等刑事诉讼法规定的内心确信证明标准与英国、美国的排除合理怀疑证明标准并非同一语词含义。英国学者认为，"排除合理怀疑"，是指控诉一方必须将事实证明至道德上的确信程度，即能够"使人信服、具有充分理由、可以据以作出判断确信的程度"。③美国一些法官认为，说服陪审员定罪的证据必须要达到"道德确信"(moral certainty)的程度。但一些联邦法院明确拒绝适用该"道德确信"标准，担心"确信"一词会与"合理怀疑"概念相抵触，尽管有一些州法院对此种解读表示赞同。

---

① 陈雪珍：《论"排除合理怀疑"入律与证明标准的虚置化》，载《江汉论坛》2019 年第 5 期，第 133 页。

② 潘驰：《陪审团裁判传统与排除合理怀疑标准的确立》，载《中西法律传统》2015 年第 2 期，第 283 页。

③ ［英］特纳：《肯尼刑法原理》，王国庆等译，华夏出版社 1989 年版，第 549 页。

联邦最高法院表示，不能"容忍使用已经过时的'道德确信'一词"，但允许用本应澄清的语言加以详述。有趣的是，"道德确信"标准最初是为了减轻控方证明责任而引入的，因为"道德确信"被认为是"合理确信"（reasonable certainty），而非某些陪审员所认为必须要达到的"绝对确信"（absolute certainty）。① 将法、德的内心确信混同于排除合理怀疑，可能存在裁判者对证明标准的主观认知的差别。从认知的起源上讲，证明标准的定义在触及人之本质领域，通过对人类学与心理学的研究方式分析"合理怀疑"，表现出神学性质的探讨。

我国学者认为，内心确信是从肯定控方指控的视角规定证明标准，排除合理怀疑是从否定控方视角规定证明标准。证明标准设立的目的是为了解脱控方的证明责任。② 该类观点显然是不符合刑事诉讼主体理论。证明标准的本体要素受制于犯罪理论、举证责任理论和诉讼结构。在犯罪论方面，在对抗之诉讼结构中，辩护方提出的积极保护理由就是为裁判者提供"合理怀疑"的理由来源。英美法系的证明标准并没有想象中的那么高，从一定程度上可以说它在部分案件中（例如积极辩护事由存在合理怀疑的案件）是允许"疑罪从有"的。③ 这与大陆法系法官职权主义结构体现出来的实质真实的关照义务完全不同。

三、刑事证明标准的构成要素

刑事证明标准是由裁判者主体和对案件客观事实的判断，有学者认为证明标准包含两个不可分割的层面，一是主张者提供证据论证某一事实的真实程度，这是带有一定客观性的标准，可以通过主张者所提供的证据以及论证的效果来进行衡量，这也就是司法证明的"确定性"。二是主张者通过论证某一事实的存在，使得裁判者对该事实所形成的内心确信程度，这属于一种主观性较强的标准，也就是司法证明的"可信度"。可以说，作为客观方面的"确定性"与作为主观方面的"可信度"，两者结合起来，才构成了证明标准的完整内容。④ 本书认为，刑事证明标准的构成要素是指刑事证明标准内含的与案件争议事实有关的、作为法庭审理对象的事

---

① [美]乔恩·O.纽曼：《认真对待"排除合理怀疑"证明标准》，江东译，载《证据科学》第 29 卷第 5 期，中国政法大学出版社 2021 年版，第 624 页。
② 陈瑞华：《刑事证明标准中主客观要素的关系》，载《中国法学》2014 年第 3 期，第 187 页。
③ 李昌盛：《证明标准因何而设》，载《学术界》2020 年第 7 期，第 86 页。
④ 陈瑞华：《刑事证据法》（第 3 版），北京大学出版社 2018 年版，第 457 页。

实，其包含三种事实，即社会纠纷事实、行为事实和犯罪事实。对犯罪事实的肯定和否定性评价是证明标准外显的表达方式。这种表达方式是刑事诉讼法律规范使用的证明标准语言。

（一）社会纠纷事实

任何社会纠纷都可以归结为社会事实。现代社会意义上，社会纠纷的产生根源于人类交往中的权利冲突，解决纠纷的方式是法律的规范控制。但是，并非所有社会纠纷都纳入法律规范控制内，许多纠纷可以通过社会其他组织对纠纷作出裁决，如民间组织和国际民间组织。在社会纠纷没有获得完善解决的后果，也可能导致纠纷主体寻求自力救济，采取暴力方法，维护自认为应得的利益。但是，社会纠纷并非都是为了利益。这在利益法学派看来，是不可接受的。

社会纠纷是一种社会现象，是伴随着人类而必然发生的。在人类存在的社会环境中，纠纷既是社会主体之间的争端，也是促进社会改善其运行功能的原子。社会现象（事实）是存在于人们身体之外的行为方式、思维方式和感觉方式，同时通过一种强制力，施予每一个个人。这些现象不同于有机体的现象，后者是通过某些形态和动作表现而存在的。他们不同于心理的现象，心理现象只存在于个人意识之中和通过个人意识表现出来。① 社会纠纷达到社会无法容忍的越轨行为成为犯罪，但并非社会越轨行为与犯罪同等含义。某个人或法律规定的单位独立或联合他人实施了某一种或某几种违反社会规范的行为，形成一种社会纠纷，可能成为社会群体关注的对象。在法律上，对于涉嫌犯罪的纠纷，会被纳入刑法规制，体现出社会事实的强制力。但是，法律上如何看待某一种越轨现象，需要经过法定程序，由有权机关作出决定。作为社会传播的信息对象，一件社会事实可能已经为社区群体传播，包括被涉嫌犯罪行为侵害的被害人及其亲属和其所在的社区，被传为行为实施者的亲属和其所在的社区。更可能发生的是，通过个体传播途径，引发全社会关注。而民间传播的影响力不可忽视。② 某一纠纷形成的社会事实是自然性的，并非无加工的，但更符合社会大众的从众心理需求。这是某一纠纷成为社会事实的心理因素。

从司法社会学视角看，日本学者棚濑孝雄认为，社会公众对法官作出

---

① ［法］迪尔凯姆：《社会学研究方法论》，胡伟译，华夏出版社 1988 年版，第 5 页。
② 索琪、王力媛：《官方—民间舆论场协同驱动的异质层次网络个体传播力影响力评价》，载《情报探索》2022 年第 1 期。

的决定以称赞或批判，在心理上对法官自由裁判具有制约作用，尽管这种制约作用可能发生得很脆弱。通过各种渠道而表现出来的法律家或国民的肯定反应是对法官的一种心理支持。尽可能地获得这样的反应能够成为作出某个选择或特定决定的动机之一。在法官的良心和他的重大利益发生矛盾或自己原有的价值观出现较大动摇等情况下，法官才有更大可能受到这种肯定或否定的意见影响。① 我国刑事判决书对专家意见书的态度表达出法官职业的保护态度。在吴某妨害公务罪刑事判决书中，一审法院对专家意见书的认定是"对于专家意见书，已被公诉机关提供的证据所否定，本院不予认定"。② 而避免对专家意见书的证据形式的判断和证据能力的判断，也未从司法独立的视角对专家意见书对法官的公正裁判心理影响表示反驳。在冯某故意伤害案中，一审刑事判决书认为"专家意见书多为推断性结论，不具有参考价值，不予采信"，③ 把专家意见书列为推论性书面结论，符合社会纠纷的大众认知逻辑。但是，社会公众的纠纷认知，是司法机关认定案件犯罪事实的裁判要素。如许霆盗窃案原一审判处无期徒刑，剥夺政治权利终身，并处没收个人全部财产。④ 但在上诉审法院发回重审后，一审判决许霆构成盗窃罪，判处有期徒刑五年，并处罚金二万元。⑤ 后报请最高人民法院核准，判决生效。⑥ 学界关注许霆案，专门探讨新型案件的定罪与量刑问题和案件事实的认定问题。⑦ 广东省惠州市于德水盗窃案显然受到许霆案件判决的影响，一审判处被告人缓刑刑罚。⑧

　　某一社会纠纷转化为社会事实，首先成为个体意识的法律评价，进而成为社会群体集体意识的法律评价。当某个体意识的法律评价与国家权力机关最终确定的案件事实不一致，且会严重影响干扰到纠纷当事人朴实的公正心理期待时，便容易形成脱离国家秩序规则而依靠自身力量寻求自力报复。"德国复仇母亲"事件也为社会纠纷事实成为刑事司法证明标准内容提供注解。1980 年，母亲玛丽安（Marianne）7 岁女儿被被告人克劳斯

---

① ［日］棚濑孝雄：《纠纷的解决与审判制度》，王亚新译，第 179～180 页。
② 吴某妨害公务罪，浙江省诸暨市人民法院刑事判决书（2016）浙 0681 刑初 159 号。
③ 冯某 1、冯某 2 故意伤害罪，河北省唐山市丰南区人民法院刑事判决书（2017）冀 0207 刑初 56 号。
④ 许霆盗窃罪，广东省广州市中级人民法院刑事判决书（2007）穗中法刑二初字第 196 号。
⑤ 许霆盗窃罪，广东省广州市中级人民法院刑事判决书（2008）穗中法刑二初重字第 2 号。
⑥ 许霆盗窃罪，中华人民共和国最高人民法院刑事裁定书（2008）刑核字第 18 号。
⑦ 赵秉志主编：《中国疑难刑事名案法理研究：许霆案件的法理争鸣》第 4 卷，北京大学出版社 2008 年版。
⑧ 于德水盗窃罪，广东省惠州市惠阳区人民法院刑事判决书（2014）惠阳法刑二初字第 83 号。

(Klaus)奸杀，抛尸河边。法庭上，被告人推翻之前的有罪供述，其与辩护律师辩护无罪。在吕贝克地区法院审判的第三天，玛丽安在法庭上向被告人连开 8 枪，被告人当场死亡。该事件引起德国全社会的伦理与法律的沉思。① "在正义到达不了的地方，还有妈妈！"这种现象在文艺作品中反映频繁。如俄罗斯电影《伏罗希洛夫射手》描述的退伍老兵对轮奸（gang rape）他孙女的包括警察局长儿子在内的三个纨绔子弟的报复。在证据充分、嫌疑人认罪的情况下，警察局长和检察长仍然侮辱被害人、不追究犯罪嫌疑人刑事责任，致使退伍老兵只得自己寻仇。这就是美国学者所说的因权力偏见而引发的仇恨犯罪。② 我国学者认为报复性犯罪也属于仇恨犯罪的一种。③

我们讨论社会纠纷事实的目的是为了防止在调查犯罪、指控犯罪时，故意或过失地遗漏可以证明全案真相的证据材料。真相是法庭调查出来的，但法庭调查的证据，是节选性的。

（二）行为事实

刑法上的行为概念分别具有分类功能、联接功能和区别功能。刑法学上对行为的解释，是指人可以控制并具有社会意义的举止。④ 这个概念是社会行为论的解释。刑事诉讼中的行为必须表现为一个事实，这个事实类同于刑法中的客观行为。刑法中行为概念的功能必须在程序动态中表现出可证明的事实状态。在我们客观地观察法律规范对象时，我们必须承认法律不仅仅规范人的行为，而且规范人的主观意识。没有人的主观意识的纯粹行为，是意外事件或自然灾害，不是法律规范的对象。因而，在法庭判决指控的犯罪事实是否达到证明标准的前提时，首先需要关注的是人的行为的事实，即隔离开人行为时的主观意识，刑法上称为的罪过，而客观地审视行为事实，将社会纠纷事实转为法律行为事实。

对证明标准中行为事实的认知过程，就是将涉案行为转为刑法分则规定的具体罪名规定的客观行为表现的对应过程。如行为人甲在一间茶室里偷盗一个手提包，手提包里有现金 1000 多元和一只装有白粉的小纸包。

---

① 《这个母亲法庭上连开 8 枪，当场打死侵害女儿的凶手》，http：//society. sohu. com/a/585923719_121124710。
② 参见[美]詹姆斯·B. 雅各布、吉姆·伯利波特：《仇恨犯罪——刑法与身份政治》，王秀梅译，北京大学出版社 2010 年版。
③ 施鑫：《社会抗争理论视域下中国仇恨犯罪的治理研究》，吉林大学法学院 2018 年博士论文，第 43 页。
④ 李海东：《刑法原理入门》，法律出版社 1998 年版，第 24、31 页。

行为人后经询问同伙，猜测该小纸包白粉可能是毒品，随后在夜总会里卖给一购买人，获取 800 元。前例根据《最高人民法院、最高人民检察院关于办理盗窃刑事案件适用法律若干问题的解释》（法释〔2013〕8 号）第 1 条第 4 款规定，盗窃毒品等违禁品，应当按照盗窃罪处理的，根据情节轻重量刑，对行为人行为事实作出盗窃罪客观行为比对。而又根据刑法第 347 条规定，作贩卖毒品罪的客观行为比对。在我国刑法分则中，贩卖都不是当然地必须具备买进与卖出两个环节，事实上，我国刑法分则中的"贩卖"一词，只能被规范地解释为出卖或者出售、销售，而不能要求买进后再卖出，否则便不当地缩小了处罚范围。① 再根据刑法罪数理论，决定行为人行为事实的客观表现形式是否符合法定罪名。由于该白粉的名称不明，物理形状不明，化学成分不明，数量不明，因而，对白粉是否归属毒品事实存在疑问。又如行为人乙在火车卧铺车厢里偷盗一手提包，该包里有钱包，内装现金 700 多元，另有一把民用手枪。在火车到前站后，行为人下车，拿出现金后，将手提包和手枪丢弃在远离火车站 3 公里的河滩边的桥下荒草丛里后离去。后搜查到该被盗提包和手枪。根据刑法第 127 条规定盗窃枪支罪和第 128 条规定的私藏枪支罪的客观行为表现，比对该行为事实是否符合刑法规定的客观行为表现形式。私藏枪支的行为事实是刑法语言的社会学解释问题，而不是法律制度性解释问题。丢弃顺手牵羊盗窃来的枪支能不能解释为刑法规范内的私藏，则是诉讼程序中司法裁判者的主观解释对象。

公诉机关向法庭提起起诉事实陈述顺序是先有行为主体，后有主观支配下，行为主体实施的犯罪行为，再有危害后果，触犯刑法条文，追究刑事责任。但是，在我们案件事实侦查过程中，存在两种侦查方法，即以涉嫌犯罪的行为主体为线索和以已经发生的危害后果（包括危险）为线索。在以人为主线侦查的案件中，人的行为事实是供述的，至于其他印证证据则按照供述调查收集。在以事（危害后果）为侦查线索的案件中，首先查明危害后果是不是实际发生，即排除该危害后果的社会判断功能。如一人夜半 2 时左右从其 9 楼的办公室窗口下落，摔地而亡。该死亡者死亡原因是自杀还是他杀，是相约被害人同意自杀还是被害人自己自杀，决定了该纠纷是否纳入法律程序评价和调查的条件。经过现场勘验和被害人身体检查，发现该死亡者是被外力推下窗口，高空坠落摔死。这就是一个需要查明的行为事实，即行为人如何实施将被害人从窗口推下致其高空摔死的行

---

① 张明楷：《刑法分则的解释原理》，中国人民公安大学出版社 2003 年版，第 357 页。

为事实。

刑事证明标准内含的行为事实是与危害后果相连接的行为原因。这与刑法上的因果关系不是同一含义。刑法上的因果关系分析对象是行为人实施犯罪行为与危害后果之间存在哲学上的因果关系。如醉驾机动车的行为，根据最高人民法院、最高人民检察院、公安部《关于办理醉酒驾驶机动车刑事案件适用法律若干问题的意见》（法发〔2013〕15 号）第 1 条规定，在道路上驾驶机动车，血液酒精含量达到 80 毫克/100 毫升以上的，属于醉酒驾驶机动车。这里饮酒行为是前行原因行为，但是，酒精含量达到 80 毫克/100 毫升数量标准的，规定为醉驾，而不考虑个体差异，酒精吸收的生理状态不是醉驾的标准。对于呼吸检验或血液检验的数据差异，可能影响危险驾驶行为事实的，有关地方司法机关规定为两者择其一。如湖南省高级人民法院、湖南省人民检察院、湖南省公安厅《关于办理醉酒驾驶机动车刑事案件若干问题的会议纪要》（湖高法〔2022〕27 号）第 1 条、第 3 条的规定。我国台湾地区学者认为饮酒是机动车驾驶行为的原因自由行为，但不能免除其刑事责任。[①] 在刑事证明标准体系中，对于行为事实的评价，需要客观地整理出与损害后果具有因果关系的客观行为事实。该客观行为事实不包含行为人的主观意识，更不包含刑法意义上的犯罪构成要件的故意或过失，或有责任的判断。因为，刑事诉讼程序规范和刑法规范的区别正在于刑法语言的静态表达或解释，与诉讼程序中裁判者、当事人和其他诉讼参与人多方主体对行为的解释存在完全不一致的状态。从犯罪的社会学意义上看，也需要以旁观者的视角，看待行为事实的证明逻辑。迪尔凯姆认为，把犯罪归类于社会学的规则现象中，一方面是指出，尽管犯罪是人类难以矫正的、遗憾的恶行，但它却是不可避免的现象，另一方面则表明犯罪是公共健康的一种因素，是社会健康整体中的一个组成部分。如苏格拉底提出自由思想，不仅有利于人类，而且有利于他的祖国雅典。我们目前享有的思想自由也同样，如果在禁止思想自由的时期没人去犯禁，没有越轨行为，那么思想的好事到现在还不可能实现。哲学自由的遭遇也同样，在整个中世纪，甚至在距今不远的近代，一些提倡自由哲学的先辈皆被视为异端邪说的制造者。然而如果没有这些异端邪说，哲学也不会有今天的进步。[②] 裁判者正是在进步的意义上看待产生刑法意义上危害后果的行为事实，才能秉持冷静的观察者视角，分析判断犯罪事实是

---

① 黄荣坚：《基础刑法学（上）》（第 3 版），中国人民大学出版社 2008 年版，第 107 页。

② ［法］迪尔凯姆：《社会学研究方法论》，胡伟译，华夏出版社 1988 年版，第 55~56 页。

否成立。

（三）犯罪事实

人类对犯罪的认知，是伴随社会复杂性而表现出来的。关于犯罪的概念，原始社会没有犯罪概念。奴隶社会对犯罪的认知主要是违反神意，而且犯罪事实的裁断取决于法官的个人信念。罗马法时期的《十二铜表法》赋予犯罪的一般社会意义，分类规定看"私犯、公罪"。中世纪时期，犯罪概念基本上成了神学概念，教会的信条成了政治信条，圣经的词句在法庭上拥有至高无上的法律效力，一切都从属于宗教神学。① 从行为事实到犯罪事实，是刑法犯罪论研究的主题。犯罪构成必须说明行为事实的行为主体行为时的主观状态，坚持主客观相统一的定罪政策。某一行为是否构成犯罪，是随着时代和国家政体的不同而呈现不同的差异。我国刑事诉讼法第 109 条和第 112 规定立案程序，条件是有犯罪事实发生和应当追究刑事责任。由于我国采取诉讼阶段论结构，侦查机关立案侦查要求存在犯罪事实或犯罪嫌疑人。侦查终结移送审查起诉的案件的证明标准是"犯罪事实清楚，证据确实、充分"（《刑事诉讼法》第 162 条），公诉机关"认为犯罪嫌疑人的犯罪事实已经查清，证据确实、充分，依法应当追究刑事责任的"，依法提起公诉（《刑事诉讼法》第 176 条），审判机关作出有罪判决的证明标准是"案件事实清楚，证据确实、充分，依据法律认定被告人有罪的，应当作出有罪判决。"（《刑事诉讼法》第 200 条）。学界有学者认为，证明标准从侦查程序到审判程序都是同一个标准，显然违反了诉讼认知规律，应当建立层次递进性的证明标准，将犯罪事实清楚，证据确实、充分作为审判裁判证明标准。② 有学者将证明标准的层次性理解为不同的证明责任承担主体适用证明标准的层次性和不同证明对象适用不同证明标准层次性。③ 有学者以心证程度不同为标准，提出证明标准层次性新概念，即广义证明标准层次性和狭义证明标准层次性。所谓狭义证明标准的层次性是指在不同的问题上，法律对心证程度做不同要求而体现出的层次性，而广义证明标准的层次性是指在维持心证要求不变的情况下，因获得该心证

---

① 彭凤莲，汪维才主编：《刑法学》（第 2 版），安徽师范大学出版社 2016 年版，第 19 页。
② 参见陈卫东、刘计划：《关于完善我国刑事证明标准体系的若干思考》，载《法律科学》2001 年第 3 期。
③ 参见王海燕、范培根：《论刑事证明标准层次性——从证明责任角度的思考》，载《政法论坛》2001 年第 5 期。

之程序的严格程度不同而形成的层次性。① 我国学界提出的证明标准的层次性理论无力解释刑事诉讼证明理论。层次性证明标准是在无力改变我国刑事诉讼线性结构的既存事实中寻求一种法官判断犯罪事实客观真实的心证存在的合理性。

刑事证明是诉讼主体包含司法裁判者案件事实的认知，该认知的基础是主体对客体的分析判断过程，刑事证明标准包含主观因素和客观因素。但是裁判者不是证明责任主体。心证是裁判者的心证，是法律赋予裁判者对刑事纠纷事实的定纷判定权力的主观反应。裁判者不得拒绝裁判，就是说明裁判者责任。以裁判者心证现实合理性论证犯罪事实主观认知客观存在，有循环论证的轨迹。

从话语制度主义论证犯罪事实的裁判者认知，自然离不开社会纠纷事实和行为事实的前提。控方按照证明逻辑体系向法庭提交证据，证明被告人、被害人的行为事实，以及这类行为事实主体在实施该行为时的主观心理状态。在行为事实与行为人主观状态融合为一个完整的事实逻辑体系时，控方才实际履行了举证责任。而辩护方即被告方既可以构建自己的行为事实和行为人实施指控的行为时的主观状态，也可以破解击毁控方的证据能力和逻辑证明体系中的任何一环，提出任何合理或不合理的怀疑，即使这些怀疑是仇恨性的，如辛普森谋杀案。在控辩双方构建的案件事实中，裁判者对犯罪事实是否成立作出判断。法庭审理案件的程序是一个控辩双方语言表达事实的过程，是法庭获取案件事实的证据过程，而不是裁判者证明认知过程。特别是在美国陪审团审判的法庭上，虽然在庭前会议中排除了非法证据，但是庭审后，陪审团作出任何有罪或无罪的裁决，都是无理由的裁决，无需向任何陪审员、法官和案外人陈述裁决理由。在这个意义上，可以说，纳入法庭调查的证据以及控方证明的犯罪事实，是中立的裁判者理念性的观察对象。而法律规定被告人有罪的标准是控方指控的犯罪事实能够达到法律语言的要求，而该法律语言如何成为裁判者裁判（verdict）被告人有罪或无罪，则是裁判者自己智识和智慧可以解释的。社会纠纷事实的社区观点和行为事实的法律观点能不能成为裁判者裁决的要素，包含在证明标准的认知方面，就是一个"值得怀疑"的事情。

排除合理怀疑在英美法系不是证明标准，而是为了排解陪审员的判断

---

① 孙远：《刑事证明标准层次性理论之适用问题研究——以〈刑事诉讼法〉第 55 条第 2 款之解释为视角》，载《法学家》2019 年第 5 期，第 64 页。

焦虑，实现从宗教判断到道德判断。① 英美证据法自 20 世纪中叶时期开始转向，从关注证据规则的领域转向关注证明过程，证据科学更为关注相关性、可信性和推断力（或者证明力）的证据属性。② 相关性、可信性和证明力皆为主体对证据主观认知的意见陈述。犯罪事实既是控方的证明对象，也是辩方的证明对象，控方能不能将指控的犯罪事实证明到排除合理怀疑的程度，不仅是控辩护双方提供证据及证明逻辑推演的问题，而且是说服陪审团接受已方观点的问题。因此，有学者认为，陪审团制度中仍然充满着非理性，虽然现在陪审员必须基于证据裁判案件，但是他们的裁决和以前一样非理性。在一个很少有人相信上帝的时代，司法的希望被寄托在随机选择的人类智慧上。③ 笛卡儿的怀疑哲学充彻着英美社区的群体法律思维。由于陪审团审判肩负着反对独裁的制度使命，因而，英美法系国家陪审团制度依然成为理想主义的审判制度。英美法系法庭审判的悖论是：法律拟定下的证据规则和证明标准的哲学基础是理性主义哲学，但陪审团审判是非理性裁决，以非理性的裁决主体运用理性的证据规则、证明逻辑，是理性规则侵蚀非理性判断，还是非理性判断遮蔽了理性规则。只能解释为：法律的复杂性是现代国家的社会复杂性的镜子。④ 我国刑事诉讼法借鉴英美法系排除合理怀疑的证明标准，在第 55 条作出文字表述，对全案证据证明的事实达到排除合理怀疑的程度。该条文是整体主义的解释证明标准。立法者意图在学界认知的"客观真实"证明标准外再加上"事实怀疑"的主观证明标准，寻求学界和立法语言的平行话语对话。但是，学界对英美证明标准的引介和解释忽视了我国刑事证据规则的缺失现状，而转为强调主观认知的标准话语。从刑事证明制度转向看，犯罪事实清楚与排除合理怀疑都是立法者寄希望于裁判者查明案件事实真相的美好愿望，刑事证明制度的变迁意图保持犯罪事实在哲学（意识形态）认知和法律（案件事实）认知之间一致性。我国刑事司法裁判的实践指向也证明了这种制度变迁的犹豫。

四、我国刑事证明标准的实践指向

我国刑事诉讼法规定犯罪事实清楚，证据确实充分，并没有使用"客

① 参见肖沛权：《排除合理怀疑研究》，法律出版社 2015 年版。

② 舒姆：《关于证据科学的思考》，王进喜译，载《证据科学》2009 年第 2 期，第 70 页以下。

③ [英]萨达卡特·卡德里：《审判的历史——从苏格拉底到辛普森》，杨雄译，当代中国出版社 2009 年版，第 242 页。

④ [德]魏德士：《法理学》，吴越、丁晓春译，法律出版社 2005 年版，第 95 页。

观真实""法律真实"的语言表达证明标准。《刑事诉讼法(2012)》使用"排除合理怀疑"语言,并非指我国刑事证明标准,作为文义分析,该文字解释"证据确实充分"的判断结论。学界学者将"排除合理怀疑"视为"认定案件事实的一项辅助性标准"。① 该说法使得我国刑事证明标准出现混同化现象,不能合理解释刑事证明制度变迁的动力。实践中,我国刑事司法裁判文书中,经常表达对案件事实的审理查明陈述,"经审理查明"既是法官尽其澄清案件义务的过程,也是将事实与法相互拉近的过程,这一过程包括两个阶段,一是抽象事实的阶段,二是证明已抽取事实为真的阶段。② 法庭受控审分离原则约束,审理对象应是控方指控的犯罪事实,查明的事实也应是控方指控的行为事实是否可以根据法律被判定为犯罪事实。刑事裁判文书如何表述刑事证明标准,映射了证明标准的实践指向。

(一)证据确实充分的判决

自近代以来,社会控制首先是国家的职能,并通过法律来行使。它的最后效力依赖于转为这一目的而设立或遴选的团体、机构和官员所行使的强力。它主要地通过法律发生作用,这就是说,通过被任命的代理人系统的和有秩序的使用强力。③ 刑事司法是整肃社会治安秩序的最终措施,虽然看起来并不一定是最优化的措施。自党中央十一届三中全会之后,法制建设已经被重视,将会逐步完善部分法律体系。1979 年颁布《刑事诉讼法》,该法第 1 条规定制定该法的根据之一是"打击敌人,保护人民",同时颁布《刑法》。中共中央专门发文《关于坚决保证刑法、刑事诉讼法切实实施的指示》。但是,由于社会治安恶性案件急剧增加,且许多暴力性案件社会危害性特别严重,"群众失去安全感,党内外反映强烈"。④ 为了为严厉惩治违反社会治安的犯罪行为提供法律根据,1983 年 9 月,全国人民代表大会常务委员会颁布了《关于严惩严重危害社会治安的犯罪分子的决定》(中华人民共和国主席令第 3 号)和《关于迅速审判严重危害社会治安的犯罪分子的程序的决定》(中华人民共和国主席令第 4 号),规定在刑事诉讼程序上简化刑事诉讼法规定的部分期限,量刑偏重型判决。在犯罪

---

① 龙宗智:《中国法语境中的"排除合理怀疑"》,载《中外法学》2012 年第 6 期,第 1125 页。

② 邓子滨:《刑事诉讼原理》,北京大学出版社 2019 年版,第 293~294 页。

③ [美]罗庞德:《通过法律的社会控制/法律的任务》,沈宗灵、董世忠译,商务印书馆 1984 年版,第 13 页。

④ 田全华:《"严打"的社会背景分析》,载《公安大学学报》1998 年第 2 期,第 15 页以下。

事实的认定方面，适用"两个基本"原则。"两个基本"是指基本事实清楚，基本证据确实。实务界学者赋予"两个基本"原则对证明标准很大的认知能力，如有学者认为，客观真实就是我国刑事证明标准的本质属性，也是定罪标准的本质属性。刑事诉讼法所规定的"案件事实清楚，证据确实、充分"这一定罪标准就坚持和体现了这种属性。"两个基本"体现了唯物论和可知论，坚持了客观真实的要求。① 我国尚无成文的证据规则和统一的证据标准，对"事实清楚、证据确实充分"这一有罪判决标准的认识不尽统一，正是"两个基本"原则有效弥补了证据规则的缺失。② "两个基本"与"事实清楚，证据确实、充分"内涵一致，前者作为指导司法实践的政策性表述，长期以来对司法实践具有重要的指导作用。③ 学者龙宗智表示，在目前强化保障人权的背景下，为防止冤假错案，如何坚持"两个基本"，要准确把握。检察机关不仅与法院之间要互相理解、配合，还要与公安机关加强协同性。④ 学者刘仁文认为，"两个基本"使提起公诉更容易，但却是一个较低的证明标准，达不到排除合理怀疑的证明高度，难以应对现行刑事诉讼模式下辩护方对非基本事实、证据的交叉询问和盘诘。⑤ 从上述学术观点梳理中我们看出，客观真实的证明标准，在实践中可以被通过语言转化为"基本事实"，证明标准在裁判文书中不会出现"基本事实""客观真实"等语言，而是在"本院认为"部分，沿用法律语言"犯罪事实清楚、证据确实充分"表达对指控的犯罪事实的裁判认可。

法庭审判的职责是查明事实真相、公正保障被告人与被害人的权利和规约善治的法治秩序。⑥ 法庭对指控犯罪事实能否达到证明标准，是控方举证责任实现的标志。实践判决否定学界主张的客观真实证明标准，而是直接使用立法语言，表明案件事实清楚的证明程度。这说明客观真实的证明标准只是学术观点，不可能成为判决文书说理解释犯罪事实清楚的判决标准。我国法系基本属于大陆法系，特别强调裁判文书说理目的和说理方

---

① 姚仁安：《"严打"整治斗争中如何理解和贯彻"两个基本"的办案原则》，载《人民司法》2001年第7期，第9页。

② 余啸波：《正确认识和贯彻"两个基本"》，载《检察日报》2014年4月21日，第3版。

③ 陈国庆、王佳：《"两个基本"与我国刑事诉讼的证明标准》，载《法制日报》2014年4月9日，第9版。

④ 戴佳、周丹紫：《中国检察学研究会公诉专业委员会召开第四届公诉论坛：坚持"两个基本"严格证据审查》，载《检察日报》2014年4月10日，第3版。

⑤ 刘仁文、陈妍茹：《要慎重使用"两个基本"》，载《人民法院报》2015年7月29日。

⑥ 朱德宏：《刑事审判合法性与法官责任》，载《学术界》2016年第7期，第207~209页。

法，释法说理成为审判机关裁判文书质量评查的标准之一。① 长春"孙氏三兄弟"案系有关黑社会性质组织案，一审法院将"大肆宣扬""扬名造势""以社会大哥自居""笼络社会闲散人员""为非作歹、称霸一方""欺压残害群众"的主观描述性语言，作为行为事实的典型表现。原审判决的说理中未能根据犯罪构成进行判断，将黑社会性质组织的犯罪理解为是对其他具体犯罪（如故意杀人罪、行贿罪）的汇总和整合，似乎通过证明被告人触犯了以上若干犯罪，就可以同时认定其构成黑社会性质组织。据此可知，刑事裁判文书说理的最基本要求是必须紧紧围绕犯罪构成要件展开，而非根据办案人员或群众的日常经验进行判断。② 裁判文书说理是将社会纠纷事实转化为行为事实，再转化为犯罪事实的法律论证过程。如果刑事证明标准无法用语言表达出裁判者对指控犯罪事实的真实性认可，最后只能以法律条文的语言，表达案件事实的证明标准。这也是为什么我们的刑事裁判文书选择使用案件事实清楚，证据确实充分的原因。

（二）排除合理怀疑的判决

在 2012 年刑事诉讼法颁行后，刑事裁判文书偶尔出现"排除合理怀疑"的文字，作为证明标准，判决指控的犯罪事实成立与否。有学者利用司法统计学研究方法研究，发现，自 2012 年至 2019 年中国裁判文书网能够查询到的刑事裁判书使用排除合理怀疑的数据证明，刑事裁判文书在作出裁判时，运用排除合理怀疑证明标准的比例，在 2012 年为 0.07%，2019 年达到 0.47%。裁判文书对不能排除合理怀疑的理由主要存在证据间不能相互印证、直接证据不能得到补强、间接证据之间未能形成完整的证据链、案件存在其他可能、不符合逻辑推理、证据存在疑问、矛盾、得不出唯一结论等。案件能够排除合理怀疑的理由主要是间接证据能形成完整的证据链、证据之间能够相互印证、符合逻辑和经验、得出的结论具有唯一性、证据之间无实质性的矛盾等。③ 从使用排除合理怀疑的语言而论证案件事实能不能排除合理怀疑的标准看，无论是不是排除合理怀疑，都存在一个类同于客观真实标准的论证语言和论证过程。尽管判决书中使用排除合理怀疑，但裁判者裁判心理仍然停留在实在性说理的客观真实证明

---

① 最高人民法院《关于加强和规范裁判文书释法说理的指导意见》（法发〔2018〕10 号）。

② 高尚：《刑事裁判文书说理的基本要求与理想模式——基于三则改判案件的经验考察》，载《东北师大学报》（哲学社会科学版）2022 年第 4 期，第 93~95 页。

③ 孙婷：《"排除合理怀疑"证明标准适用状况的实证研究》，安徽财经大学法学院 2021 年硕士论文，第 3~9 页。

标准的论证技术。这既是我国法系的固有思维决定的法官司法，不超越立法语言的表现，也是我国刑事证明标准理念和思维与英美法系否定性评价思维不适应的表现。

现代大陆法律体系与英美法律体系之间的巨大鸿沟主要在于事实调查的行为。在英美的法律传统中，我们把调查事实的工作分配给三组参与者：当事人的律师、专业法官和充当陪审员的外行。我们把收集、筛选和提供事实证据的责任交给律师。[1] 英美法系陪审团裁决案件是陪审员自己说服自己排除合理怀疑，其深厚的社会思维逻辑是逻辑多值和否定即成的事实。控方指控的犯罪事实是陪审员必须以否定思维得出肯定的事实结论，如果不能肯定，就必须作出否定的决定。证据构建的事实类似于假说模型构建的事实，而陪审员心理上构建的案件事实来源于自身的假说。假说的逻辑可能是多值的，并非同时为真或同时为假。被告人也可能犯了杀人罪，被告人也可能没有犯杀人罪，或者，被害人可能是被他人杀害，被害人也可能是自杀或意外事件。当这些命题呈现在陪审员面前时，陪审员不是作出肯定或否定的答案，而是根据自己的价值和思维，得出一个否定或肯定的结论。同时，由于陪审员是非法律专业的社会群体成员，其个体价值多元，从不同的角度分析控方指控的事实，解释辩方抗辩的事实。陪审员作出裁决的逻辑是归纳推理，而不是演绎推理。多主体的归纳推理结论建立在价值多元基础上的结论。价值的多元性，是指在一定范围的社会生活中，现实主体的存在是多元的（并非只有单一主体），而每一个主体都有一套自己的价值坐标体系，不同主体之间在价值关系上不可能彼此等同、重合或代替。[2] 由于不同的陪审员来自于不同的社会阶层、不同的职业分工、不同的家庭经历，因而，陪审团作出一致的裁决需要在多元化的价值判断中，通过非集体讨论性质的个体判断，取其共同认知。在陪审团法庭中，法官的裁决指示和立法用语不会为陪审员作出任何有罪或无罪的暗示。因为，在美国，陪审制度把法学家精神推广到一切阶级，因此，司法的语言差不多成了普通语言。法学家精神已走出学校和法院的大墙，扩展到整个社会，深入到最低阶层，使全体人民都沾染上了司法官的部分

---

[1]　John H. Langbein, Historical Foundations of the Law of Evidence: A View From the Ryder Sources, 96 Colum. L. Rev. 1168, 1996, at1168.

[2]　李德顺：《价值论——一种主体性的研究》（第3版），中国人民大学出版社2013年版，第61页。

习性。①

我国刑事诉讼法立法理念贯穿着肯定性犯罪事实的评价倾向。从立案条件、侦查行为到公诉条件的证明标准，都在为法庭提供一个暗示：被告人是有罪的。我们的刑事诉讼法立法语词与排除合理怀疑要求的证据调查方法存在重大差别。我国刑事诉讼法第 120 条②的规定，在字面意义上看不出犯罪嫌疑人接受讯问的强制性，但是，从本法刑事强制措施以及立案、犯罪嫌疑人身份确定的规定看，讯问时就推定了嫌疑人犯有侦查机关确定的犯罪事实，只是需要给犯罪嫌疑人一个认罪认罚的机会。对于被讯问者而言，这就是一个二难问题。犯罪嫌疑人、被告人总是在国家刑事追诉机关设定的二难程序中为自己解围。

虽然我国刑事诉讼法规定侦查机关应全面调查收集证据，调查收集有罪、无罪、罪重罪轻的证据材料，但控方在指控犯罪时不会将全案证据全部移送至法庭。在庭审中，辩护律师对控方指控的犯罪事实提出怀疑，可是没有证据证明怀疑是合理的，法庭不采纳辩护律师意见符合证明原理。法院在刑事裁判文书中也只列出控方证据，不列出辩护方证据，且证明本案犯罪事实的逻辑关系，在证据审查判断章节中指出该证据内容，并不写明该项证据证明对象。我们把"排除合理怀疑"理解为案件事实存在"疑点"，而不是作为刑事司法证明体系的理念基石。于英生杀人再审案就再一次解释"基本事实""基本证据"的证明标准很可能会造成冤案。最高检察机关在指导性案例《检例第 25 号》文中指出，在复查刑事申诉案件过程中，除全面审查原有证据外，还应当注意补充收集、调取能够证实被告人有罪或者无罪、犯罪情节轻重的新证据，通过正向肯定与反向否定，检验原审裁判是否做到案件事实清楚，证据确实、充分。③ 在刑事申诉案复查中需要全面调查收集证据，那么在一审审判之前的审查起诉程序、侦查程序中，更应该全面调查收集证据，而不是隐瞒证据、毁灭证据。李关成故意杀人案一审判决在证据确实充分的判词中，列出物证"铁锹"作为行为工具，但是，被害人被害伤口的物理痕迹与该物证无关，且工具上没有任

---

① [法]托克维尔：《论美国的民主》(上卷)，董国良译，商务印书馆 1988 年版，第 310 页。

② 《刑事诉讼法》第 120 条规定：侦查人员在讯问犯罪嫌疑人的时候，应当首先讯问犯罪嫌疑人是否有犯罪行为，让他陈述有罪的情节或者无罪的辩解，然后向他提出问题。犯罪嫌疑人对侦查人员的提问，应当如实回答。但是对与本案无关的问题，有拒绝回答的权利。侦查人员在讯问犯罪嫌疑人的时候，应当告知犯罪嫌疑人享有的诉讼权利，如实供述自己罪行可以从宽处理和认罪认罚的法律规定。

③ 最高人民检察院指导性案例"于英生申诉案"(检例第 25 号)。

何被害人的不物理粘连物。① 仅凭借作案行为事实无行为，即可判断被告人不可能使用铁锹实施杀人行为。在行为事实不能确定的情况下，犯罪事实不可能成立。

法官经过庭审，梳理案件的证据和事实，依据其自身的知识和阅历，经过价值判断来还原出案件的裁判事实。② 否定性思维是知识进步的精神动力。"排除合理怀疑"是否定性思维的证明标准，与传统的客观真实的肯定性思维方向相反。法院刑事裁判文书较少使用该文字表述，也表明通过话语构建的司法证明逻辑和证明思维存在诸多理念性障碍。

刑事证明标准包含着社会纠纷事实、行为事实和犯罪事实的法律递进性认知。无论从控方证明责任还是从事实认知逻辑，犯罪事实真相都是一个不确定的司法判断疑问。刑法的犯罪构成理论和刑事责任理论为裁判者判断某一纠纷是否属于犯罪以及犯罪事实成立的法律根据，反对裁判者对犯罪事实进行脱离社会纠纷事实和行为事实的裁剪。刑事诉讼法规定的固化的客观真实证明标准与借鉴的排除合理怀疑证明标准相融合，是一个话语制度转向的潜在理念。对犯罪事实的认知，从肯定性判断到否定性判断，是一个思维逻辑的反向转向路径。如何在刑事裁判文书中论证本案事实已经或未能够排除合理怀疑，是证明结论的判断，而不是证据本体论的判断。排除合理怀疑是事实判断，其生成的制度环境是陪审团审判制度，如何在专业法官审判制度中实现证明制度变迁，则有着制度环境的限制。

---

① 李关成杀人案，甘肃省陇南市中级人民法院刑事附带民事判决书(2017)甘 12 刑初 2 号。
② 钟林燕：《司法裁判修辞说理的情感需求和理性限度》，载《江西社会科学》2022 年第 8 期，第 162 页。

结语：刑事诉讼法典化下犯罪事实调查制度变迁趋向

民法法典化为其他部门法法典化提供了有益的尝试和实验。民法法典化促进了对刑事诉讼法典化的理论探讨。刑事诉讼法典化是否符合我国现有刑事司法实践和刑事诉讼理论研究现有状态，是一个需要斟酌的议题。犯罪事实调查制度是国家权力运作制度。在刑事诉讼法典化的过程中，应以犯罪事实调查制度为核心，建立法典化体系。

一、刑事诉讼法典化理论探讨

法典化要求对一个部门法律下的所有基本原则与重要规则进行系统性编纂，形成"完整、连贯和清晰"的法律，从而有效提升法律的科学化程度，实现国家治理的有序性与规范性。① 有学者认为 2018 年修订为我国刑事诉讼法典化的成熟阶段，在内容上主要作了三个方面的调整：一是回应监察体制改革，完善监察法与刑事诉讼法的制度衔接。二是吸纳认罪认罚从宽及速裁程序的改革成果，构建繁简分流的审判体系。三是于第五编增加一章作为第三章，规定了缺席审判程序。② 我国刑事诉讼法经过三次修订后，在刑事诉讼原则、侦查制度、公诉制度、辩护制度、审判制度和证据制度等方面，作出了与时代同步的修改。但就其价值定位和程序制度，依然存在着许多混乱的规定，特别在刑事诉讼结构方面、审判原则方面、证据规则方面，都存在着法典化所需的统一性要求问题。而且在修订技术方面，我们采取的条文编排模式也值得反思。在迄今为止的立法实践中，"全部条文重排式"始终作为我国制定法修改的主要应用技术而存在，那种固化条序的处理方法并未得到广泛的运用。当未来《刑事诉讼法》的修正工程再度启动时，是继续坚持"全部条文重排式"，还是逐步尝试"固

---

① 陈卫东：《论刑事诉讼法的法典化》，载《中国法学》2021 年第 3 期，第 51 页。
② 万毅：《法典化时代的刑事诉讼法变革》，载《东方法学》2021 年第 6 期，第 187 页。

化法条删加式"，这是立法机关在制度设计的同时必须加以重视的技术难题。①

　　刑事诉讼法典化与成文法有区别。我国是成文法国家，但不是法典化国家。英美法系国家也颁布有成文法，仍然是判例法国家。刑事诉讼法是成文法，但是不是法典化的成文法。刑事诉讼法典化需要完整的价值体系支撑着程序规则和证据规则，首先我们在刑事诉讼构造理论方面就没有理清我们的选择。从民法典的结构争论看，对于人格权要不要作为民法典的一篇，立法者最后选择入典，是对学术争论给予确定的答案。我们在刑事诉讼构造方面的争论，至今为止仍然没有一个可选择的适当理论。尽管刑事诉讼构造理论学说呈现观点纷呈，② 但是适合我们的，学界多数观点坚持传统的职权主义构造，需要改造的，只是在职权主义框架内，选择各种权力配置、辩护制度和被告人权利保护程序。

　　其次是关于我国刑事诉讼法典应该如何配置国家的侦查权、公诉权和审判权。现行《刑事诉讼法》坚持宪法第 140 条的规定："人民法院、人民检察院和公安机关办理刑事案件，应当分工负责，互相配合，互相制约，以保证准确有效地执行法律。"从法典化历程看，此宪法规定不会在法典化后废之不用。现行《刑事诉讼法》第 7 条规定："人民法院、人民检察院和公安机关进行刑事诉讼，应当分工负责，互相配合，互相制约，以保证准确有效地执行法律。"此规定简写为刑事诉讼三机关权力分配原则。"以审判为中心"的诉讼结构改革，并没有改变此原则的立法旨意。有学者认为，"以审判为中心"的诉讼制度改革是针对目前刑事诉讼立法"各管一段"的架构提出的，审判中心原则的确立，要求在构建刑事诉讼法的法典体系时，应当围绕审判权而非侦查权或检察权的有效行使展开。③ 但是，"以审判为中心"作为司法政治政策缺乏宪法根据。这是很难认可其宪法合法性的。

　　关于证据制度，我国现行立法采取的是成文刑事诉讼法程序和证据一体规范的立法体系，独立的证据法体系没有建立，学界虽然也提倡制定刑事证据法典，独立于刑事程序法，但寓于大陆法系成文传统，单独制定刑事证据法的立法体系暂时不可能实现。就一体立法体系而言，刑事诉讼

---

① 卞建林、孔祥伟：《论刑事诉讼法的修法技术——由 2018 年〈刑事诉讼法〉再修改展开》，载《法学》2020 年第 6 期，第 15 页。

② 关于国外刑事诉讼模式理论学说，参见虞平、郭志媛主编：《争鸣与思辨：刑事诉讼模式经典论文选译》，北京大学出版社 2013 年版。

③ 陈卫东：《论刑事诉讼法的法典化》，载《中国法学》2021 年第 3 期，第 65 页。

法并没有强化证据规则的立法价值，而只规定了非法证据排除规则。对于其他证据规则，刑事诉讼法没有规定。在司法证明过程中，证明对象、证明责任和证明标准以及证据的审查判断等程序规则，也没有显现出现代法治国家应承担的程序义务。我国学界对证据制度的研究，主要关注证据种类、证据分类、证据审查判断和证明标准的解释等，而对于诸多规范证据能力、证明力的规则，则研究甚少。这对法典化有着理论上的缺失。

其他的程序制度，包括辩护制度、管辖制度、回避制度、一审制度、二审制度以及再审制度等，学界能不能为法典化提供理论营养，现在看来，还值得商榷。

二、刑事诉讼法典化价值取向

学界对刑事诉讼法价值普遍接受的观点是，刑事诉讼程序的外在价值和内在价值两分法，被实体和程序公正价值两分法代替。刑事诉讼实现程序正义价值，同时不能放弃实体公正价值，即追求程序公正和实体公正。刑事诉讼法虽然是保障刑法的正确实施，但是，刑事诉讼法与刑法是两个完全不同的部门法。在成文法的传统中，诉讼法与实体法相比，是辅助法，应该以追求实体真实为诉讼程序设置目的。现代德国刑事诉讼法仍然以追求实质真实为刑事诉讼目的，这对我国继受大陆法系传统有很大的影响。在英美国家中，由于刑法是不成文法，以判例作为刑法规则，即案例刑法，其诉讼程序法独立于刑法理论和司法判决案例。英国谚语"先有程序，后有权利"，为英美国家确立了诉讼程序价值。美国联邦最高法院法官威廉姆道格拉斯（William O. Douglas）对程序的宪法价值作出论证："权利法案的大多数条款都是程序性条款，这一事实决不是无意义的。正是程序决定了法治与恣意的人治之间的区别。"[①]程序价值上升为宪法意义上的价值，也证明了宪法秩序的程序基础。

刑事诉讼法典化首要条件是刑事诉讼价值取向。无论程序是限制国家权力，还是保护案涉人员权利，都需要确定一个基本的价值和定位，即公民权利优先还是国家权力优先。现行刑事诉讼法在此方面是矛盾的。如刑事诉讼法第 52 条规定，"审判人员、检察人员、侦查人员必须依照法定程序，收集能够证实犯罪嫌疑人、被告人有罪或者无罪、犯罪情节轻重的各种证据。严禁刑讯逼供和以威胁、引诱、欺骗以及其他非法方法收集证据，不得强迫任何人证实自己有罪。必须保证一切与案件有关或者了解案

---

① 季卫东：《法治秩序的构建》，中国政法大学出版社 1999 年版，第 3 页。

情的公民，有客观地充分地提供证据的条件，除特殊情况外，可以吸收他们协助调查。"但是，在该法第120条第1款又规定，"侦查人员在讯问犯罪嫌疑人的时候，应当首先讯问犯罪嫌疑人是否有犯罪行为，让他陈述有罪的情节或者无罪的辩解，然后向他提出问题。犯罪嫌疑人对侦查人员的提问，应当如实回答。但是对与本案无关的问题，有拒绝回答的权利"。有学者认为这是刑事诉讼法的内部冲突。① 在笔者看来，这是两个不同的立法目的。《刑事诉讼法》第52条规定的是以国家权力为中心的司法公共政策，禁止国家权力机关刑讯逼供，调查收集全案无罪或有罪的证据，不得以追求定罪为目的，在调查收集证据时偏听偏信。而第120条规定的是一种侦查措施，是侦查人员获取犯罪嫌疑人供述的一种国家侦查行为。该条与《刑事诉讼法》第54条第1款规定的"人民法院、人民检察院和公安机关有权向有关单位和个人收集、调取证据。有关单位和个人应当如实提供证据"的义务一致。与其说这是刑事诉讼内部条文之间的冲突，不如说是立法者价值取向的犹豫，即在保障公民权利优先与维护国家权力优先之间存在矛盾倾向。

　　罗尔斯的权利优先原则是一种分配正义。在两个正义原则中，第一个正义原则适用于权利与义务的分配，第二个正义原则适用于社会和经济利益的分配。第一个正义原则确立了权利在社会结构中的根本重要性，规定社会中每个人拥有平等的权利，其表述中的"基本自由"指的就是人们平等拥有的各项权利，包括："政治上的自由（选举和被选举担任公职的权利）及言论和集会自由；良心的自由和思想的自由；个人的自由和保障个人财产的权利；依法不受任意逮捕和剥夺财产的自由。"②罗尔斯的权利优先原则是一个自由社会的分配原则，尽管差别原则消弱了权利优先的政治学价值，但是权利优先原则在现代法治社会中，可以成为立法的价值取向。在秩序和自由之间，法理学理论永远无法提供一套全部接受的方案，但是部门法可以在规则之间提供秩序与自由的平衡点。正如美国刑事证据规则建立的无数个例外一样，例外的存在不影响该诸多证据规则对侦查权、控诉权和审判权对案件事实确认的约束效果。我国刑事诉讼法典化的价值取向定位不明，法典化就成为不可能发生的事实。即使冠以法典化名称，也达不到"完整、连贯和清晰"的立法目的。梅利曼总结法国和德国

---

① 万毅：《法典化时代的刑事诉讼法变革》，载《东方法学》2021年第6期，第190页。
② ［美］约翰·罗尔斯：《正义论》，何怀宏、何包钢、廖申白译，中国社会科学出版社2006年版，第61页。

崇尚法典的政治结构原因是议会立法权与法官司法权严格区分开来。乐观的理性主义精神就会蛊惑人心地使人们相信，制定完整而系统的法典并非不可能，但是这种法典应具有这样的特征，即法官的作用仅限于根据条文的内容，选择可适用的法典规定，并阐明其确切的含义。① 如果刑事诉讼程序中任何公民权利都由立法者规定清晰透彻，那么法官不再需要解释，那么这种情形理论上不可能，实践上反而破坏了法治秩序。

因此，公民权利优先原则应成为刑事诉讼法典化的价值取向，在此意义下，才能构建完整、清晰、连贯的诉讼程序规则。

三、刑事诉讼法典化价值体现

在权利优先的价值定位下，刑事诉讼程序规则和刑事证据规则就应当体现出该价值。在这种统一整体的立法逻辑下，对刑事诉讼构造、基本原则、证据制度、侦查制度、公诉制度和审判制度等方面作出具体的规则设计，并将大数据、数字化技术的应用体现在具体规则中。

首先是建立审判为中心的刑事诉讼构造。这是刑事诉讼程序的核心。在阶段论的刑事诉讼模式下，行政性的刑事追诉程序使得审判的意义不符合现代法治精神。以审判为中心与审判中心主义虽然在中国语境下存在差别，而且以审判为中心被学者认为是技术性的，而不是价值性的，② 即使含有悲切心理，但是在刑事诉讼法典化的过程中，建立以审判为中心或审判中心主义，是改变我国现行刑事诉讼构造的关键要素。在此构造下，刑事诉讼的基本原则才可能有改变的理论支撑点。

其次是建立刑事证据规则和刑事证明制度。无证据即无事实。但是证据裁判主义成为我国刑事诉讼法的基本原则之一后，就证据规则而言，我国刑事诉讼法现行规定是欠缺的。目前非法证据排除制度已经建立，但是，传闻证据规则、品格证据规则、特权规则、证人资格规则和证人作证规则等其他一系列的证据规则都没有明确规定。法典化过程中，需要对证据规则作出详细的规定，以证据规则作为审视侦查行为合法性的方法。

司法证明是一项事实形成程序。我国目前没有规定自由证明制度，在法典化过程中，建立自由证明制度，对于裁判者自由判断进入法庭调查的证据的证明力，是一项艰难的改革。我国一直提倡实事求是、客观公正的

---

① ［美］约翰·梅利曼：《大陆法系》，顾培东、禄正平译，法律出版社 2004 年版，第 29 页。

② 龙宗智：《以审判为中心的改革及其限度》，载《中外法学》2015 年第 4 期，第 846 页以下。

司法观，对于法官的主观判断尽量使用明确的规则体系加以限制，甚至不认可法官自由裁判。在量刑方面，根据刑法规定的幅度刑裁量，也需要有证据事实的客观根据。这对于防止法官臆断具有抑制作用，但也否定了法官的主观自由。法典化过程中，能否赋予法官自由心证，还需要理论上深化研究。

再次是侦查程序和公诉程序。我国现行刑事诉讼法将侦查程序独立成篇，作为公诉准备的程序，但是又赋予侦查机关自由调查的权力。这使得目前侦查程序中侵犯犯罪嫌疑人权利的现象比较难以控制。在法典化过程中，建立检察指挥侦查、检察控制侦查的制度设计，会有效地改变现有结构。我国学界对警检关系作出了详细的讨论，检察官指挥警察侦查行为的作法，应该值得再讨论。至于建立侦查行为的司法（法官）控制的学说，在目前法典化过程中，可能还有宪法制度上的合宪性审查问题。但检察官控制侦查行为，在目前制度空间内，还是可以尝试的。侦查程序中的刑事强制措施，包括人身强制和调查强制、秘密侦查、技术侦查等，都可以在检察官控制侦查行为的制度内实现。

复次是审判程序的程序设计。审判程序包含一审程序、二审程序和再审程序、特别程序。在法典化过程中，对企业刑事合规不起诉试点的实践作法，可以规定在一审程序的特别程序中，与现存的特别程序构成一个体系。各个审判程序的功能和目的需要在法典化过程中作出区分，如一审事实审，二审法律审，再审法律审。除非有新的证据，二审和再审程序不再对一审认定的事实作出裁判，也不评价一审程序作出的事实认定。在法律审中，对一审程序对证据规则的适用、证据资格、证明力的判断作出审查并裁决。这不是事实审，而是法律审的必然内容。对死刑案件，适用三审终审制。

全国人民代表大会常务委员会 2021 年 8 月 20 日通过《关于授权最高人民法院组织开展四级法院审级职能定位改革试点工作的决定》。该规定对人民法院审理民事、行政案件的审级制度作出试点许可，"授权最高人民法院在本院和北京……重庆、陕西 12 个省、直辖市的人民法院组织开展四级法院审级职能定位改革试点工作，就完善民事、行政案件级别管辖制度，完善案件管辖权转移和提级审理机制，完善民事、行政再审申请程序和标准，完善最高人民法院审判权力运行机制等内容开展改革试点"。最高人民法院《关于完善四级法院审级职能定位改革试点的实施办法》（法〔2021〕242 号）规定民事行政案件的审级调整。在刑事诉讼法典化过程中，可以借鉴民事行政案件的审判试点作法，重新厘定四级法院的审判职能和审判范围。

最后是完善刑事有效辩护制度。人权和民主法治密不可分。我国改革开放以来，民主法治建设逐步推进，人权保障日益加强。2004 年修改的《宪法》第 33 条规定："尊重和保障人权。"三中全会《决定》和四中全会《决定》均提出"加强人权司法保障"。辩护权是刑事司法中的首要人权保障。[①] 有效辩护制度是人权保障的重要措施。辩护制度的有效绩效主要依赖于程序的诉讼化，而不是行政化。在法典化过程中，审前程序诉讼化和审判程序公开化、庭审实质化，是有效辩护制度实现的程序保障。

关于刑事判决的执行，暂时没有刑事执行法的条件下，保留现行的刑事执行规定。其他制度的法典化，由于学界争议不大，如管辖制度、回避制度等，可以与基本法典化同步。

刑事诉讼法是人权宪法。人权宪法属于部门宪法[②]的范畴。刑事诉讼法典化建立在权利优先的价值基础上，对诉讼结构、基本原则以及其他程序制度作出和谐、完整、清晰的程序制度，是法典化的基本要求。在理论研究和实践探索为法典化提供智力支持和经验归纳的情形下，法典化进程应该逐步推进。

---

① 陈光中：《如何理顺刑事司法中的法检公关系》，载《环球法律评论》2014 年第 1 期，第 64 页。

② 我国《刑事诉讼法》制定法源根据是《宪法》。我国《宪法》规定了三机关职权配置原则和人权保障原则。因此我国刑事诉讼法中关于人权保障的程序制度是不是属于部门宪法，可能存在疑问。根据德国学者克吕格尔解释，部门宪法是指"国家宪法"没有规定的，但实际上普遍存在的具有宪法实践的、针对特定领域社会生活秩序的宪法性规范。[德]赫伯特·克吕格尔：《部门宪法》，王锴译，载《师大法学》2019 年第 1 辑，第 27～28 页。我国台湾地区学者苏永钦认为，部门宪法是宪法教义学和规范学之间发生矛盾后对宪法研究的一种方法论变换。我国《宪法》第一章的总纲和第二章的基本权利与义务，即已对许多部门做了纲领的提示，为启动部门宪法的研究建立了良好的基础。也正因如此，各部门法的制定多主动彰显其宪法基础，近年部门法的讨论更常聚焦于基本原则，同样显示个别秩序确有追求长期稳定发展的需求。苏永钦：《再访部门法学》，载《法理研究》2020 年第 3 期。部门宪法限于宪法典中的规范。部门宪法应包括宪法修正案及宪法解释中的相关宪法规范。部门宪法在本质上仍属于宪法，它只是宪法规范的集合，而不包括相关的普通法律规范。上官丕亮：《部门宪法的实质》，载《法学论坛》2022 年第 5 期，第 50 页。

参 考 文 献

一、中文文献

（一）译著

[1]《阿奎那政治著作选》，马清槐译，商务印书馆，1963.

[2]［英］安德鲁·海伍德：《政治学核心概念》，吴勇译，天津人民出版社，2008.

[3]［德］奥特弗里德·赫费：《政治的正义性——国家的批判哲学之基础》，庞学铨、李张林译，上海译文出版社，2005.

[4]［美］B. 盖伊·彼得斯（B. Guy Peters）：《政府未来的治理模式》，吴爱明、夏宏图译，中国人民大学出版社，2001.

[5]［美］B. 盖伊·彼得斯（B. Guy Peters）：《政治科学中的制度理论：“新制度主义”》（第 2 版），向民、段红伟译，上海人民出版社，2011.

[6]［古希腊］柏拉图：《理想国》，郭斌和、张竹明译，商务印书馆，1986.

[7]［美］德沃金：《至上的美德：平等的理论与实践》，江苏人民出版社，2003.

[8]［德］哈贝马斯：《合法化危机》，刘北成、曹卫东译，上海人民出版社，2000.

[9]［德］马克斯·韦伯：《经济与社会》（上卷），林荣远译，商务印书馆，1997.

[10]［德］马克斯·韦伯：《经济与社会》（下卷），林荣远译，商务印书馆，1997.

[11]［德］魏德士：《法理学》，吴越、丁晓春译，法律出版社，2005.

[12]［德］卡尔·曼海姆：《意识形态和乌托邦》，艾彦译，华夏出版社，2001.

[13][法]布罗代尔:《文明史纲》,肖昶等译,广西师范大学出版社,2003.

[14][法]迪尔凯姆:《社会学研究方法论》,胡伟译,华夏出版社,1988.

[15][法]迪尔凯姆:《社会学方法的规则》,胡伟译,华夏出版社,1997.

[16][法]狄骥:《公法的变迁·法律与国家》,郑戈,冷静译,辽海出版社,春风文艺出版社,1999.

[17][日]富永健一:《社会结构与社会变迁——现代化理论》,董兴华译,云南人民出版社,1988.

[18][英]哈特:《法律的概念》,张文显等译,中国大百科全书出版社,1996.

[19][法]卢梭:《社会契约论》(修订第3版),何兆武译,商务印书馆,2003.

[20][美]L. 科塞:《社会冲突的功能》,孙立平等译,华夏出版社,1989.

[21][美]杰克·奈特:《制度与社会冲突》,周伟林译,上海人民出版社,2009.

[22][法]孟德斯鸠:《罗马盛衰原因论》,婉玲译,商务印书馆,1962.

[23][法]孟德斯鸠:《论法的精神》(上册),张雁深译,商务印书馆,1961.

[24][法]米歇尔·福柯:《规训与惩罚——监狱的诞生》,刘北成、杨远婴译,三联书店,2003.

[25][法]莫里斯迪·韦尔热:《政治社会学:政治学要素》,杨祖功、王大东译,东方出版社,2007.

[26][美]安东尼·M. 奥勒姆:《政治社会学导论——对政治实体的社会剖析》,董云虎、李云龙译,浙江人民出版社,1989.

[27][美]阿德里安·沃缪勒:《不确定状态下的裁判:法律解释的制度理论》,梁迎修、孟庆友译,北京大学出版社,2011.

[28][美]埃文斯、鲁施迈耶、斯考克波:《找回国家》,方力维等译,生活·读书·新知三联书店,2009.

[29][美]本杰明·卡多佐:《司法过程的性质》,苏力译,商务印书馆,2000.

[30][美]博西格诺:《法律之门》,邓子滨译,华夏出版社,2002.

[31][美]波斯纳:《法理学问题》,苏力译,中国政法大学出版社,2002.

[32][美]丹尼尔·缪勒:《公共选择理论》,张军译,上海三联书

店，1993.

[33][美]戴维·L.韦默主编:《制度设计》，费方城、朱宝钦译，上海财经大学出版社，2004.

[34][美]丹尼尔·贝尔:《社群主义及其批评者》，李琨译，三联书店，2002.

[35][美]道格拉斯·C.诺斯:《经济史上的结构和变革》，厉以平译，商务印书馆，1992.

[36][美]道格拉斯·G.拜尔等:《法律的博弈分析》，严旭阳译，法律出版社，1999.

[37][美]达玛斯卡:《司法和国家权力的多种面孔——比较法视野中的法律程序》，郑戈译，中国政法大学出版社，2004.

[38][美]米尔健·R.达玛斯卡:《漂移的证据法》，李学军等译，中国政法大学出版社，2003.

[39][美]格林斯坦、波尔斯比:《政治学手册精选》，储复耘译，商务印书馆，1996.

[40][美]吉本斯:《博弈论基础》，高峰译，中国社会科学出版社，1999.

[41][美]哈罗德·D.拉斯韦尔:《政治学:谁得到什么?何时和如何得到?》，杨昌裕译，商务印书馆，1992.

[42][美]约翰·罗尔斯:《正义论》，何怀宏译，中国社会科学出版社，1988.

[43][美]约翰·罗尔斯:《政治自由主义》，万俊人译，译林出版社，2000.

[44][美]约翰·吉本斯:《法律语言学导论》，毛凤凡、秦明译，法律出版社，2007.

[45][美]约翰·梅利曼:《大陆法系》，顾培东、禄正平译，法律出版社，2004.

[46][美]乔纳森·哈斯:《史前国家的演进》，罗林平等译，求实出版社，1988.

[47][美]约拉姆·巴泽尔:《国家理论》，钱勇译，上海财经大学出版社，2006.

[48][美]詹姆斯·B.雅各布，吉姆·伯利波特:《仇恨犯罪——刑法与身份政治》，王秀梅译，北京大学出版社，2010.

[49][美]詹姆斯·G.马奇，[挪威]约翰·P.奥尔森:《重新发现制度:政治的组织基础》，张伟译，生活·读书·新知三联书店，2011.

[50] [美]克利福德·吉尔兹：《地方性知识事实与法律的比较透视》，邓正来译，梁治平编：《法律的文化解释》（增订本），三联书店，1998.

[51] [美]科斯塔斯·杜兹纳：《人权的终结》，郭春发译，江苏人民出版社，2002.

[52] [美]莱斯特·M. 莎拉蒙等：《全球公民社会——非营利部门视界》，贾西津、魏玉等译，社会科学文献出版社，2003.

[53] [美]赖特·米尔斯、塔尔考特·帕森斯等：《社会学与社会组织》，何维凌、黄晓京译，浙江人民出版社，1986.

[54] [美]迈克尔·麦金尼斯：《多中心治理体制与地方公共经济》，毛寿龙、李梅译，三联书店，2000.

[55] [美]马丁·梅耶：《美国律师》，胡显耀译，江苏人民出版社，2001.

[56] [美]Eric A. Posner：《法律与社会规范》，沈明译，元照出版公司，2005.

[57] [美]玛丽安·康斯特布尔：《正义的沉默：现代法律的局限和可能性》，曲光娣译，北京大学出版社，2011.

[58] [美]尼古拉斯·格林伍德·奥努夫：《我们建构的世界》，孙吉胜译，上海人民出版社，2018.

[59] [美]庞德：《通过法律的社会控制·法律的任务》，沈宗灵、董世忠译，商务印书馆，1984.

[60] [美]R. 柯朗、H. 罗宾：《数学是什么》，左平、张饴慈译，科学出版社，1985.

[61] [美]罗伯特·E. 勒纳等：《西方文明史》，王觉非译，中国青年出版社，2003.

[62] [美]罗伯特·兰沃西等：《什么是警察：美国的经验》，尤小文译，群众出版社，2004.

[63] [美]R. B. 迈尔森：《博弈论——矛盾冲突分析》，于寅、费建平译，中国经济出版社，2001.

[64] [美]苏珊·哈克：《逻辑与法律》，刘静坤译，载陈金钊、谢晖主编：《法律方法》（第8卷），山东大学出版社，2009.

[65] [美]托克维尔：《论美国的民主》（下卷），董果良译，商务印书馆，1988.

[66] [美]潘恩：《潘恩选集》，马清槐等译，商务印书馆，1981.

[67] [波]托波尔斯基：《历史学方法论》，张家哲等译，华夏出版社，1990.

[68] [美]朱·弗登博格、[法]让·梯诺尔:《博弈论》,黄涛等译,中国人民大学出版社,2003.

[69] [美]朱迪丝·N. 施克莱:《守法主义:法、道德和政治审判》,彭亚楠译,中国政法大学出版社,2005.

[70] [美]R. 科斯等:《财产权利与制度变迁——产权学派与新制度学派译文集》,刘守英等译,上海三联书店出版社,1992.

[71] [日]富井政章:《民法原论》,陈海瀛、陈海超译,中国政法大学出版社,2003.

[72] [日]冈田朝太郎等口授,郑言笔述:《检察制度》,蒋士宜编译,中国政法大学出版社,2002.

[73] [日]青木昌彦:《比较制度分析》,周黎安译,上海远东出版社,2001.

[74] [日]棚濑孝雄:《纠纷的解决与审判制度》,王亚新译,中国政法大学出版社,2004.

[75] [英]安德鲁·海伍德:《政治学》(第2版),张立鹏译,中国人民大学出版社,2006.

[76] [英]边沁:《道德与立法原理导论》,时殷弘译,商务印书馆,2000.

[77] [英]戴维·毕瑟姆:《官僚制》(第2版),韩志明、张毅译,吉林人民出版社,2005.

[78] [英]戴维·米勒:《社会正义原则》,应奇译,江苏人民出版社,2001.

[79] [英]哈耶克:《法律、立法与自由》(第2、3卷),邓正来等译,中国大百科全书出版社,2000.

[80] [英]哈耶克:《自由秩序原理》,邓正来译,三联书店,1997.

[81] [英]洛克:《政府论》(下篇),叶启芳、瞿菊农译,商务印书馆,1982.

[82] [英]约翰·穆勒:《功利主义》,徐大建译,上海人民出版社,2007.

[83] [英]萨达卡特·卡德里:《审判的历史——从苏格拉底到辛普森》,杨雄译,当代中国出版社,2009.

[84] [英]简·埃里克·莱恩:《公共部门:概念、模型与途径》(第3版),谭功荣等译,经济科学出版社,2004.

[85] [英]迈克尔·曼:《社会权力的来源(第1卷)》,刘北成、李少军译,上海人民出版社,2002.

[86] [英]密尔:《论代议制政府》,汪监译,商务印书馆,1997.

[87][英]约翰·W. 斯特龙：《麦考密克论证据》(第5版)，汤维建等译，中国政法大学出版社，2003.

[88][英]特纳：《肯尼刑法原理》，王国庆等译，华夏出版社，1989.

[89][英]肯尼思·O. 摩根主编：《牛津英国通史》，王觉非等译，商务印书馆，1993.

[90][英]梅因：《古代法》，沈景一译，商务印书馆，1959.

[91][英]罗素：《西方哲学史》(下册)，何兆武、李约瑟译，商务印书馆，1963.

[92][英]麦高伟、杰弗里·威尔逊：《英国刑事司法程序》，姚永吉等译，法律出版社，2003.

[93][英]韦恩·莫里森：《法理学：从古希腊到后现代》，李桂林等译，武汉大学出版社，2003.

[94][英]威廉·特文宁，《证据理论：边沁与威格摩尔》，吴洪淇、杜国栋译，中国人民大学出版社，2015.

[95][英]罗伯特·巴特莱特：《中世纪神判》，徐昕等译，浙江人民出版社，2007.

[96][德]乌尔里希·贝克：《风险社会》，何博闻译，译林出版社，2004.

[97][古希腊]亚里斯多德：《政治学》，吴寿彭译，商务印书馆，1965.

(二) 中文著作

[1]陈光中：《中华人民共和国刑事诉讼法再修改专家建议稿与论证》，中国法制出版社，2006.

[2]陈光中：《中华人民共和国刑事证据法专家拟制稿——条文、释义与论证》，中国法制出版社，2004.

[3]陈朴生：《刑事诉讼法论文选集》，台湾五南图书出版公司，1984.

[4]陈瑞华：《刑事审判原理论》，北京大学出版社，1997.

[5]陈瑞华：《刑事证据法》(第3版)，北京大学出版社，2018.

[6]陈瑞华：《刑事辩护制度的实证考察》，北京大学出版社，2005.

[7]陈卫东：《刑事二审程序论》，中国方正出版社，1997.

[8]陈卫东：《模范刑事诉讼法典》，中国人民大学出版社，2005.

[9]陈卫东：《刑事诉讼法实施问题调研报告》，中国方正出版社，2001.

[10]陈永生：《侦查程序原理论》，中国人民公安大学出版社，2003.

[11]慈继伟：《正义的两面》，三联书店，2001.

[12]邓云：《刑事诉讼行为基础理论研究》，中国人民公安大学出版

社，2004.

[13]邓子滨：《刑事诉讼原理》，北京大学出版社，2019.

[14]杜飞进：《中国的治理：国家治理现代化研究》，商务印书馆，2017.

[15]樊崇义：《迈向理性刑事诉讼法学》，中国人民公安大学出版社，2006.

[16]樊崇义：《刑事诉讼法修改专题研究报告》，中国人民公安大学出版社，2004.

[17]樊崇义：《刑事证据法原理与适用》，中国人民公安大学出版社，2001.

[18]樊风林：《刑事诉讼法学》，中国人民公安大学出版社，1998.

[19]范学进：《权利政治论》，山东人民出版社，2003.

[20]冯亚东：《平等、自由与中西文明》，法律出版社，2002.

[21]谷春德：《西方法律思想史》(第2版)，中国人民大学出版社，2006.

[22]郭道晖：《社会权力与公民社会》，译林出版社，2009.

[23]江溯：《网络刑法原理》，北京大学出版社，2022.

[24]韩旭：《被追诉人取证权研究》，中国人民公安大学出版社，2009.

[25]何家弘：《证据的语言——法学新思维录》，中国人民公安大学出版社，2009.

[26]何俊志等编译：《新制度主义政治学译文精选》，天津人民出版社，2007.

[27]胡建淼：《公权力研究：立法权、行政权、司法权》，浙江大学出版社，2005.

[28]黄荣坚：《基础刑法学(上)》(第3版)，中国人民大学出版社，2008.

[29]黄健荣等：《新公共管理》，社会科学文献出版社，2005.

[30]季卫东：《法治秩序的构建》，中国政法大学出版社，1999.

[31]《六韬·龙韬(卷三)·论将》，中州古籍出版社，2008.

[32]李德顺：《价值论——一种主体性的研究》，中国人民大学出版社，2013.

[33]李海东：《刑法原理入门》，法律出版社，1998.

[34]李学灯：《证据法之基本问题》，世界书局，1983.

[35]李学宽：《刑事诉讼法学》，科学技术文献出版社，1988.

[36]李学尧：《法律职业主义》，中国政法大学出版社，2007.

[37]梁玉霞：《刑事诉讼方式的正当性》，中国法制出版社，2002.

[38]廖永安：《诉讼证据法学》，高等教育出版社，2017.

[39] 林立：《波斯纳与法律经济分析》，三联书店，2005.

[40] 林钰雄：《新刑法总则》(第3版)，元照出版有限公司，2011.

[41] 刘品新：《刑事错案的原因与对策》，中国法制出版社，2009.

[42] 龙宗智：《相对合理主义》，中国政法大学出版社，1999.

[43] 卢现祥、朱巧玲：《新制度经济学》，北京大学出版社，2007.

[44] 马怀德：《中华人民共和国监察法理解与适用》，中国法制出版社，2018.

[45] 苗力田：《亚里士多德全集》(第9卷)，中国人民大学出版社，1994.

[46] 裴苍龄：《刑事诉讼法学概论》，兰州大学出版社，1988.

[47] 彭凤莲、汪维才：《刑法学》(第2版)，安徽师范大学出版社，2016.

[48] 彭文华：《犯罪构成的经验与逻辑》，中国政法大学出版社，2021.

[49] 钱端升等：《民国政制史》，上海人民出版社，2008.

[50] 钱小平：《创新与发展：监察委员会制度改革研究》，东南大学出版社，2018.

[51] 秦前红、叶海波：《国家监察制度改革研究》，法律出版社，2018.

[52] 瞿同祖：《中国法律与中国社会》，中华书局，2003.

[53] 全国人大常委会法制工作委员会编：《〈关于修改中华人民共和国刑事诉讼法的决定〉条文说明、立法解释及相关规定》，北京大学出版社，2012.

[54] 全国人大法制工作委员会刑法室编著：《中华人民共和国刑事诉讼法释义》，法律出版社，1996.

[55] 尚爱国：《检察机关职务犯罪侦查管辖范围探析》，中国检察出版社，2019.

[56] 史立梅：《程序正义与刑事证据法》，中国人民公安大学出版社，2003.

[57] 宋英辉：《刑事诉讼目的论》，中国人民公安大学出版社，1995.

[58] 宋英辉等：《刑事审判前程序研究》，中国政法大学出版社，2002.

[59] 孙长永：《沉默权制度研究》，法律出版社，2001.

[60] 孙孝福等：《刑事诉讼人权保障的运行机制研究》，法律出版社，2001.

[61] 田文昌、陈瑞华：《〈中华人民共和国刑事诉讼法〉再修改律师建议稿》，法律出版社，2007.

[62] 汪建成：《理想与现实——刑事证据理论的新探索》，北京大学出版社，2006.

[63]王海明：《伦理学原理》，北京大学出版社，2001.

[64]王立民：《中国传统侦查和审判文化研究》，法律出版社，2009.

[65]夏勇：《走向权利的时代——中国公民权利发展研究》，中国政法大学出版社，1999.

[66]肖沛权：《排除合理怀疑研究》，法律出版社，2015.

[67]谢佑平、万毅：《刑事侦查制度原理》，中国人民公安大学出版社，2003.

[68]谢佑平等：《刑事诉讼原则：程序正义的基石》，法律出版社，2002.

[69]徐家力：《中华民国法律制度史》，中国政法大学出版社，1998.

[70]徐静村：《21世纪中国刑事程序改革研究——中华人民共和国刑事诉讼法第二修正案(学者建议稿)》，法律出版社，2003.

[71]王兆鹏：《刑事被告的宪法权利》，元照出版公司，2004.

[72]薛晓源、陈家刚：《全球化与新制度主义》，社会科学文献出版社，2004.

[73]闫照祥：《英国政治制度史》，人民出版社，1999.

[74]杨熙时：《中国政治制度史》，河南人民出版社，2016.

[75]杨阳：《中国政治制度史纲要》，中国政法大学出版社，2016.

[76]叶娟丽：《行为主义政治学研究方法》，武汉大学出版社，2004.

[77]叶青：《刑事诉讼证据问题研究》，中国法制出版社，1999.

[78]尹树广：《国家批判理论——意识形态批判理论，工具论，结构主义和生活世界理论》，黑龙江人民出版社，2005.

[79]俞可平：《社群主义》，中国社会科学出版社，1998.

[80]虞平、郭志媛：《争鸣与思辨：刑事诉讼模式经典论文选译》，北京大学出版社，2013.

[81]张晋藩：《中国古代监察法制史》，江苏人民出版社，2017年.

[82]张丽云：《刑事错案与七种证据》，中国法制出版社，2009.

[83]张明楷：《刑法的基本立场》，中国法制出版社，2002.

[84]张明楷：《刑法分则的解释原理》，中国人民公安大学出版社，2003.

[85]张明楷：《刑法学》(上)(第5版)，法律出版社，2016.

[86]张品泽：《人本精神与刑事程序——人权保障的一种探索》，中国人民公安大学出版社，2006.

[87]张志铭：《当代中国的律师业——以民权为基本尺度》，载夏勇主编：《走向权利的时代》(修订本)，中国政法大学出版社，2000.

[88]张子培：《刑事诉讼法教程》，群众出版社，1982.

[89]赵秉志：《中国疑难刑事名案法理研究：许霆案件的法理争鸣》第 4 卷，北京大学出版社，2008.

[90]郑欢等：《雄辩之美——法律、良知与辩才的角力》，新华出版社，2000.

[91]周旺生：《立法学》，法律出版社，2004.

[92]朱德宏：《辩护律师调查取证权研究》，中国检察出版社，2010.

[93]朱勇：《中国法制通史》（第 9 卷），法律出版社，1999.

（三）译作论文

[1][美]弗洛伊德·菲尼：《非法自白应否在刑事诉讼中作为证据使用》，郭志媛译，载《中国法学》2002 年第 4 期。

[2][美]维维恩·A. 施密特：《话语制度主义：观念与话语的解释力》，马雪松、田玉麒译，载《国外理论动态》2015 年第 7 期。

[3][美]乔恩·O. 纽曼：《认真对待"排除合理怀疑"证明标准》，江东译，载《证据科学》第 29 卷第 5 期。

[4][美]弗洛伊德·菲尼：《非法自白应否在刑事诉讼中作为证据使用》，郭志媛译，载《中国法学》2002 年第 4 期。

[5][土耳其]I. 库苏拉蒂：《正义：社会正义和全球正义》，赵剑译，载《世界哲学》2010 年第 2 期。

[6][西班牙]胡塞·路易斯·德拉奎斯塔：《全球化和刑事司法》，喻贵英译，载《法律科学》2006 年第 1 期。

（四）中文论文

[1]安文录：《2001 年全国诉讼法学年会综述（刑事诉讼法学部分）》，载《政治与法律》2002 年第 1 期。

[2]卞建林、孔祥伟：《论刑事诉讼法的修法技术——由 2018 年〈刑事诉讼法〉再修改展开》，载《法学》2020 年第 6 期。

[3]曹胜：《新制度主义视野中的制度与行为关系——一种比较的视点》，载《黄河科技大学学报》2009 年第 4 期。

[4]陈金龙、李越瀚：《中国式现代化叙事的世界观和方法论》，载《广东社会科学》网络首发，2022 年 11 月。

[5]陈邦达：《推进监察体制改革应当坚持以审判为中心》，载《法律科学》（西北政法大学学报）2018 年第 6 期。

[6]陈光中、陈海光、魏晓娜：《刑事证据制度与认识论——兼与误区论、

法律真实论、相对真实论商榷》，载《中国法学》2001 年第 1 期。

[7]陈光中：《如何理顺刑事司法中的法检公关系》，载《环球法律评论》
2014 年第 1 期。

[8]陈光中：《刑事证据制度改革若干理论与实践问题之探讨——以两院
三部〈两个证据规定〉之公布为视角》，载《中国法学》2010 年第 6 期。

[9]陈家喜、黄卫平：《西方一些发达国家党纪监督的做法及其启示》，载
《当代世界与社会主义》2014 年第 1 期。

[10]陈家喜：《党纪与国法：分化抑或协同"》，载《武汉大学学报(人文
科学版)》2016 第 1 期。

[11]陈瑞华：《程序正义论——从刑事审判的角度分析》，载《中外法学》
1997 年第 2 期。

[12]陈瑞华：《程序正义的理论基础——评马修的"尊严价值理论"》，载
《中国法学》2000 年第 3 期。

[13]陈瑞华：《从认识论走向价值论——证据法理论基础的反思与重构》，
载《法学》2001 年第 1 期。

[14]陈瑞华：《论国家监察权的性质》，载《比较法研究》2019 年第 1 期。

[15]陈瑞华：《论监察委员会的调查权》，载《中国人民大学学报》2018 年
第 4 期。

[16]陈瑞华：《刑事证明标准中主客观要素的关系》，载《中国法学》2014
年第 3 期。

[17]陈瑞华：《有效辩护问题的再思考》，载《当代法学》2017 年第 6 期。

[18]陈甦：《体系前研究到体系后研究的范式转型》，载《法学研究》2011
年第 5 期。

[19]陈卫东、刘计划：《关于完善我国刑事证明标准体系的若干思考》，
载《法律科学》(西北政法大学学报)2001 年第 3 期。

[20]陈卫东：《论刑事诉讼法的法典化》，载《中国法学》2021 年第 3 期。

[21]陈兴良：《案例指导制度的规范考察》，载《法学评论》2012 年第
3 期。

[22]陈雪珍：《论"排除合理怀疑"入律与证明标准的虚置化》，载《江汉
论坛》2019 年第 5 期。

[23]程味秋：《庭审方式之比较》，载《政法论坛》1996 年第 4 期。

[24]单民、薛伟宏：《新中国检察制度的演变与特色》，载《法学杂志》
2008 年第 1 期。

[25]丁煌、梁健：《话语与公共行政：话语制度主义及其公共行政价值评

析》，载《上海行政学院学报》2022年第1期。

[26] 董秀：《深圳非政府组织（NGO）参与社区治理模式研究——以深圳社工组织为例》，武汉大学政治与公共管理学院2010年博士论文。

[27] 范进学：《"五四宪法"的立法目的之反思》，载《法商研究》2008年第4期。

[28] 范勇鹏、王欢：《党纪与政党类型及宪法关系国际观察》，载《人民论坛》2014年12月（中）。

[29] 封利强：《辩护律师执业纠纷仲裁制度的构——完善执业权利救济机制的另一种思路》，载《浙江工商大学学报》2018年第6期。

[30] 冯志峰：《提高政治学研究科学化水平的路径探求——一项对79本政治学基础类教材的研究报告》，载《探索》2010年第2期。

[31] 冯志峰：《政治学方法论30年：现状、问题与发展——一项对86本有关政治学方法论教材的研究报告》，载《政治学研究》2008年第4期。

[32] 高春芽：《方法论范式变迁视野中的新制度主义政治学》，载《政治学研究》2010年第5期。

[33] 高尚：《刑事裁判文书说理的基本要求与理想模式——基于三则改判案件的经验考察》，载《东北师大学报》（哲学社会科学版）2022年第4期。

[34] 高通：《监察机关收集和运用证据的要求与标准：基于〈监察法〉第三十三条第二款的分析》，载《政法学刊》2019年第1期。

[35] 高通：《美国陪审团事实认知机制研究》，载《比较法研究》2018年第6期。

[36] 顾培东：《也论中国法学向何处去》，载《中国法学》2009年第1期。

[37] 顾永忠：《公职人员职务犯罪追诉程序的重大变革、创新与完善——以〈监察法〉和〈刑事诉讼法〉的有关规定为背景》，载《法治研究》2019年第1期。

[38] 顾永忠：《以审判为中心背景下的刑事辩护突出问题研究》，载《中国法学》2016年第2期。

[39] 郭文涛：《论监察委员会的双重属性及其制度优势》，载《深圳社会科学》2020年第6期。

[40] 韩大元：《中国共产党依宪执政论析》，载《中共中央党校学报》2014年第6期。

[41] 何家弘：《司法证明标准与乌托邦——答刘金友兼与张卫平、王敏远

商榷》，载《法学研究》2004 年第 6 期。

[42] 何家弘：《对法定证据制度的再认识与证据采信标准的规范化》，载《中国法学》2005 年第 3 期。

[43] 何梦笔：《国家结构与制度变迁》，载《读书》2010 年第 12 期。

[44] 洪浩、操旭辉：《基层法院审判委员会功能的实证分析》，载《法学评论》2011 年第 5 期。

[45] 胡健：《公共管理伦理变迁：从传统社会到大数据时代》，载《中国行政管理》2019 年第 6 期。

[46] 胡铭、钱文杰：《侦查与调查：职务犯罪追诉的模式演进及制度完善》，载《浙江大学学报》(人文社会科学版)2019 年第 5 期。

[47] 黄健荣：《论现代政府合法性递减：成因、影响与对策》，载《浙江大学学报》(人文社会科学版)2011 年第 1 期。

[48] 黄健荣：《从国家治理视界认知社会治理》，载《贵州省党校学报》2016 年第 5 期。

[49] 黄少安：《制度变迁主体角色转换假说及其对中国制度变革的解释——兼评杨瑞龙的"中间扩散型假说"和"三阶段论"》，载《经济研究》1999 年第 1 期。

[50] 黄文艺：《法律职业话语的解析》，载《法律科学》(西北政法学院学报)2005 年第 4 期。

[51] 黄宗昊：《历史制度论的方法、立场与理论建构》，载《问题与研究》2010 第 49 卷第 3 期。

[52] 霍春龙：《新制度主义政治学视域下制度有效性研究》，吉林大学博士论文 2008 年 4 月。

[53] 季卫东：《拨乱反正话程序》，载《北大法律评论》2007 年第 8 卷第 2 辑。

[54] 姜明安：《国家监察法立法的若干问题探讨》，载《法学杂志》2017 年第 3 期。

[55] 孔繁斌：《治理对话统治——一个政治发展范式的阐释》，载《政治学研究》2005 年第 11 期。

[56] 李昌盛：《证明标准因何而设》，载《学术界》2020 年第 7 期。

[57] 李国强、徐湘林：《新制度主义与中国政治学研究》，载《四川大学学报》(哲学社会科学版)2008 年第 2 期。

[58] 李建勇：《构建法治中国必须维护宪法权威》，载《上海大学学报》(社会科学版)2015 年第 1 期。

[59]林劲松:《美国无效辩护制度及其借鉴意义》,载《华东政法大学学报》2006年第4期。

[60]刘金东:《当代发达国家执政党维护党纪的基本特征》,载《环球视野》2007年第12期。

[61]李文健:《转型时期的刑诉法学及其价值论》,载《法学研究》1997年第4期。

[62]李树民:《裁判职责的元点:一元论还是二元论》,载《华东政法大学学报》2019年第4期。

[63]李晓广:《新制度主义政治学中国化研究及其启示》,载《学术界(月刊)》2010年第4期。

[64]李玉华、李华晨:《合规不起诉考察程序的启动条件——以最高检企业合规典型案例为样本》,载《北京科技大学学报(社会科学版)》2022年第5期。

[65]李忠诚:《中国法学会诉讼法学研究会'97年会综述(刑事诉讼部分)》,载《中国法学》1998年第1期。

[66]龙宗智:《以审判为中心的改革及其限度》,载《中外法学》2015年第4期。

[67]龙宗智:《李庄案法理研判——主要从证据学的角度》,载《法学》2010年第2期。

[68]龙宗智:《中国法语境中的"排除合理怀疑"》,载《中外法学》2012年第6期。

[69]刘俊:《判决过程中法官的价值发现》,载《法律科学》(西北政法大学学报)2009年第6期。

[70]刘朋:《国家治理现代化视域下的中国政党政治走向》,载《广东行政学院学报》2016年第1期。

[71]刘洋:《案件事实认定的新思维:从诉讼证据到定案根据》,载《甘肃社会科学》2017年第3期。

[72]刘作翔:《当代中国的规范体系:理论与制度结构》,载《中国社会科学》2019年第7期。

[73]马静华、夏卫:《日本刑事庭审程序对我国庭审实质化改革的借鉴价值——以"江歌案"庭审为分析样本》,载《江苏行政学院学报》2019年第1期。

[74]马岭:《监察委员会与其他国家机关的关系》,载《法律科学》(西北政法大学学报)2017年第6期。

[75]马明亮：《非法证据排除规则与警察自由裁量权》，载《政法论坛》
　　　2010 年第 4 期。

[76]马长山：《智能互联网时代的法律变革》，载《法学研究》2018 年第
　　　4 期。

[77]潘驰：《陪审团裁判传统与排除合理怀疑标准的确立》，载《中西法律
　　　传统》2015 年第 2 期。

[78]彭江辉：《有效辩护与辩护质量——美国有效辩护制度窥探》，载《湘
　　　潭大学学报》(哲学社科学版)2015 年第 4 期。

[79]祁建建：《"刑事辩护制度四十年的发展、不足与展望"研讨会综
　　　述》，载《中国司法》2019 年第 7 期。

[80]强世功：《法制的观念与国家治理的转型——中国的刑事实践
　　　(1976—1982 年)》，载《战略与管理》2000 年第 4 期。

[81]秦前红、刘怡达：《国家监察体制改革的法学关照：回顾与展望》，
　　　载《比较法研究》2019 年第 3 期。

[82]任惠华、金浩波：《纪委调查材料司法证据化的困境和路径》，载《湖
　　　南警察学院学报》2016 年第 6 期。

[83]上官丕亮：《部门宪法的实质》，载《法学论坛》2022 年第 5 期。

[84]施鑫：《社会抗争理论视域下中国仇恨犯罪的治理研究》，吉林大学
　　　法学院 2018 年博士论文。

[85]石泰峰、张恒山：《论中国共产党依法执政》，载《中国社会科学》
　　　2003 年第 1 期。

[86]宋英辉等：《证据法学基本问题之反思》，载《法学研究》2005 年第
　　　6 期。

[87]孙国祥：《新时代刑法发展的基本立场》，载《法学家》2019 年第
　　　6 期。

[88]孙婷：《"排除合理怀疑"证明标准适用状况的实证研究》，安徽财经
　　　大学法学院 2021 年硕士论文。

[89]孙远：《刑事证明标准层次性理论之适用问题研究——以〈刑事诉讼
　　　法〉第 55 条第 2 款之解释为视角》，载《法学家》2019 年第 5 期。

[90]索琪、王力媛：《官方—民间舆论场协同驱动的异质层次网络个体传
　　　播力影响力评价》，载《情报探索》2022 年第 1 期。

[91]唐海军等：《当今一些发展中国家政党严明党纪问题的实践与经验教
　　　训》，载《当代世界与社会主义》2014 年第 1 期。

[92]万毅：《法典化时代的刑事诉讼法变革》，载《东方法学》2021 年第

6 期。

[93] 田全华：《"严打"的社会背景分析》，载《中国人民公安大学学报》
1998 年第 2 期。

[94] 王海燕、范培根：《论刑事证明标准层次性——从证明责任角度的思
考》，载《政法论坛》2001 年第 5 期。

[95] 王立峰：《党规与国法一致性的证成逻辑——以中国特色社会主义法
治为视域》，载《南京社会科学》2015 年第 2 期。

[96] 王永杰：《论辩护权法律关系的冲突与协调——以杭州保姆放火案辩
护律师退庭事件为切入》，载《政治与法律》2018 年第 10 期。

[97] 王友武：《监察委员会调查权研究》，湘潭大学法学院·知识产权学
院 2020 年博士论文。

[98] 魏建国：《形式理性、数学思维与现代法治的实现》，载《学术论坛》
2006 年第 8 期。

[99] 魏昌东：《国家监察委员会改革方案之辨正：属性、职能与职责定
位》，载《法学》2017 年第 3 版。

[100] 魏小伟：《论刑事审判对监察机关职务犯罪调查的制约》，载《安徽
大学学报(哲学社会科学版)》2021 年第 6 期。

[101] 吴建雄：《论党纪反腐与司法反腐》，载《中共中央党校学报》2015
年第 2 期。

[102] 吴畏：《作为治理哲学的话语制度主义》，载《江苏行政学院学报》
2021 年第 3 期。

[103] 夏锦文、徐英荣：《现实与理想的偏差：论司法的限度》，载《中外
法学》2004 年第 1 期。

[104] 夏勇：《中国宪法改革的几个基本理论问题》，载《中国社会科学》
2003 年第 2 期。

[105] 萧功秦：《中国转型期地方庇荫网形成的制度因素》，载《文史哲》
2005 年第 3 期。

[106] 谢小剑：《监察调查与刑事诉讼程序衔接的法教义学分析》，载《法
学》2019 年第 9 期。

[107] 谢佑平、邓立军：《中国封建社会秘密侦查史略考》，载《中国人民
公安大学学报》(社会科学版)2006 年第 2 期。

[108] 熊秋红：《对刑事证明标准的思考——以刑事证明中的可能性和确
定性为视角》，载《法商研究》2003 年第 1 期。

[109] 熊秋红：《有效辩护、无效辩护的国际标准和本土化思考》，载《中

国刑事法杂志》2014 年第 6 期。

[110]徐鹤喃：《从始点到起点——刑事诉讼法学 50 年回顾与前瞻（上）》，载《国家检察官学院学报》2000 年第 1 期。

[111]徐静村：《侦查程序改革要论》，载《中国刑事法杂志》2010 年第 6 期。

[112]晏向华：《美国大陪审团与检察官的公诉权》，载《人民检察》2004 年第 10 期。

[113]阳平：《论监察取证规则的建构逻辑》，载《行政法学研究》2022 年第 5 期。

[114]杨柳：《我国刑事治理模式与理论反思》，载《法学论坛》2021 年第 5 期。

[115]杨瑞龙：《论制度供给》，载《经济研究》1993 年第 8 期。

[116]姚仁安：《"严打"整治斗争中如何理解和贯彻"两个基本"的办案原则》，载《人民司法》2001 年第 7 期。

[117]应琦：《论纪检监察证据在刑事诉讼中的属性》，载《江西社会科学》2017 年第 1 期。

[118]虞崇胜、罗亮：《当代中国政治制度创新的路径选择——基于新制度主义政治学的考察》，载《政治学研究》2011 年第 1 期。

[119]虞崇胜：《国法与党纪："双笼关虎"的制度逻辑》，载《探索》2015 年第 2 期。

[120]岳海湧：《新制度主义政治学发展趋势跟踪研究》，载《兰州交通大学学报》2010 年第 2 期。

[121]张继成、杨宗辉：《对法律真实证明标准的质疑》，载《法学研究》2002 年第 4 期。

[122]张培田：《检察制度在中国的形成》，载《中国刑事法杂志》2001 年第 3 期。

[123]张若枫：《刑事审判认识论》，中国人民公安大学 2022 年博士论文。

[124]张泽涛：《认罪认罚从宽制度立法目的的波动化及其定位回归》，载《法学杂志》2019 年第 10 期。

[125]张正德：《刑事诉讼法价值评析》，载《中国法学》1997 年第 4 期。

[126]张志铭：《司法判决的结构和风格——对域外实践的比较研究》，载《法学》1998 年第 10 期。

[127]甄贞、王丽：《美国大陪审团与人民监督员制度比较》，载《人民检察》2007 年第 9 期。

[128]郑曦：《监察委员会的权力二元属性及其协调》，载《暨南学报》（哲学社会科学学报）2017年第11期。

[129]钟林燕：《司法裁判修辞说理的情感需求和理性限度》，载《江西社会科学》2022年第8期。

[130]周少华：《法典化制度下刑事判例的制度功能》，载《环球法律评论》2010年第6期。

[131]周少华：《刑罚的内部功能解释》，载《法律科学》（西北政法大学学报）2007年第3期。

[132]周佑勇：《推进国家治理现代化的法治逻辑》，载《法商研究》2020年第4期。

[133]周淑真、袁野：《论国家法律与党纪党规关系之协调——以当代德国为例》，载《中共中央党校学报》2015年第3期。

[134]周雪光、艾云：《多重逻辑下的制度变迁：一个分析框架》，载《中国社会科学》2010年第4期。

[135]周叶中：《论"党纪新条例"的法技术与法属性》，载《武汉大学学报》（人文科学版），2016年第1期。

[136]朱德宏：《非法证据排除规则有效性的制度逻辑：以检察机关公诉权能为视角》，载《学术界》2014年第10期。

[137]朱德宏：《国家机关工作人员的刑事司法识别》，载《政法论丛》2021年第2期。

[138]朱德宏：《刑事审判合法性与法官责任》，载《学术界》2016年第7期。

[139]朱德米：《理念与制度：新制度主政治学的最新进展》，载《国外社会科学》2007年第4期。

[140]朱昔群：《当代世界政党制度：制度类型与运行机制的相关性研究》，载《当代世界与社会主义》2010年第5期。

[141]祝灵君：《政治学的新制度主义：背景、观点及评论》，载《浙江学刊》2003年第4期。

[142]邹玉华：《立法语言规范化的语言哲学思考》，载《中国政法大学学报》2012年第1期。

[143]左卫民：《迈向实践：反思当代中国刑事诉讼知识体系》，载《中外法学》2011年第2期。

[144]左卫民：《有效辩护还是有效果辩护？》，载《法学评论》2019年第1期。

二、英文文献

（一）著作

[1] Paul Robbins: Political Ecology. Blackwell Publishing 2004.

[2] Isaiah Berlin: Two Concepts of Liberty, Farrar, Straus, Giroux, 1997.

[3] Sven Steinmo, Kathleen Thelen, Frank Longstreth: Structuring politics——Historical institutionalism in comparative analysis, Cambridge university press, 1992.

[4] John ferejohn, Practical Institutionalism, in edited by Daniel Galvin, Ian Shapiro, Stephen Skowronek, Rethinking Political Institutionalism: The Art of the State, New York University Press, 2007.

[5] Vivien A. Schmidt: Discursive Institutionalism: Ideas and Discourse in Political Analysis, Oxford University Press, 2020.

[6] J. A. G. Griffith: The Politics of the Judiciary, Fontana Press, 1997.

[7] John Jackson, Sean Doran, Judge Without Jury: Diplock Trials in the Adversary System, Clarendon Press, 2010.

（二）论文

[1] Ali Lombardo, The Grand Jury and Exculpatory Evidence: Shoud the Prosecutor Be Required to Disclose Exculpatory Evidence to the Grand Jury? 48 CLEV . St. L. REV. 829, 2000.

[2] Andrew Abbott, An Old Institutionalist Reads the New Institutionalism. Contemporary Sociology, Nov, 1992, Vol. 21, No. 6, Nov, 1992.

[3] Anna Ohanyan, Network Institutioanalism and NGO Studies, International Studies Perspectives, Volume13, Issue4, 2012.

[4] Arye Rattner, Convicted but Innocent: Wrongful Conviction and the Criminal Justice System, 12 Law and Hum. Behav. 283, 1988.

[5] Christopher Ansell, Network institutionalism, in edited by Rhodes R. A. W., Binder Sarah A., Rockman Bert A., The Oxford Handbook of Political Institutionalsm, Oxford University Press, 2006.

[6] Colin hay, The Interdependence of Intra- and Inter-Subjectivity in Constructivist Institutionalism, Critical Review, Vol. 29, 2017.

[7] Dimitris Papadimitriou, Adonis Pegasiou & Sotirios Zartaloudis, European

elites and the narrative of the Greek crisis: A discursive institutionalist analysis, European Journal of Political Research 58: 435-464, 2019.

[8] Dimitris Papadimitriou, Adonis Pegasiou, Sotirios Zartaloudis, European elites and the narrative of the Greek crisis: A discursive institutionalist analysis, European Journal of Political Research, Vol. 58, 2019.

[9] Dugger, William M., Douglass C. North's new institutionalism, Journal of Economic Issues, Vol. 29 Iss. 2, Jun, 1995.

[10] Ellen M. Immergut, The Theoretical Core of the New Institutionalism, Political & Society, Vol. 26, No. 1, 1998.

[11] Research: Effect of Mapp v. Ohio on Police Search-and-Seizure Practices in Narcotics Cases, 4 Colum. J. L. & Soc. Probs. 87, 1968.

[12] Vivien Schmidt, Taking ideas and discurse seriously: Explaining Change Through Discursive Institutionalism as the Fourth "New", European Political Science Review, Vol. 2, Iss. 1, 2010.

[13] Investigation and Police Practice, 34 Geo. L. J. Ann. Rev. Crim. Proc. 3, 2008.

[14] James G. Marcha, Johan P. Olsen, The New Institutionalism: Organizational Factors in Political Life, American Political Science Review, Volume78, Issue3, 1983.

[15] Jan Assmann, John Czaplicka, Collective Memory and Cultural Identity, No, 65, Cultural History Cultural Studies, Spring—Summer, 1995.

[16] Jens Blom-Hansen, A New Institutional Perspective on Policy Networks, Administration, Vol. 75, Winter 1997.

[17] John H. Langbein, Historical foundations of the Law of Evidence: A View from the Ryder Sources, 96 Colum. L. Rev. 1168, 1996.

[18] George P. Fletcher. Law, Truth, and Interpretation: A Symposium on Dennis Patterson's Law and Truth. 50 SMU L. Rev. 1599, 1997.

[19] K. Jurow., Untimely Thoughts: A Reconsidertion of the Origins of Due Process of Law, American Journal of legal History, Vol. 19, 1975.

[20] Martin H. Redish, Federal Judicial Indepence: Constitutional and Political Perspectives, Amrcer Law Review, Vol. 46, 1995.

[21] Mirjan Damaska, Evidentiary Barriers to Conviction and Two Models of Criminal Procedure: A Comparative Study, 121University of Pennsylvania Law Review 506, 1973.

[22] Niki Kuckes, The Useful, Dangerous Fiction of Grand Jury Independence, 41Am. Crim. L. Rev. 1, 2004.

[23] Noam Chomsky, Paul Lauter, and Florence Howe, Reflections on a Political Trial, The New York Review of Books, August 22, 1968.

[24] Oliver Wendell Holmes, Jr. , the path of the law, Harvard Law Review, Vol. 10, 1897.

[25] Oliver Wendell Holmes, Jr. The common law, Transaction Publishers, 2005.

[26] Paul Ingram, Karen Clay, The Choice-within-Constraints New Institutionalism and Implications for Sociology, Annual Review of Sociology, Vol. 26, 2000.

[27] Paul R. Tremblay, Judith A. McMorrow, Lawyers and the New Institutionalism, University of St. Thomas Law Journal, vol. 9, no. 2, 2011.

[28] Peter A. Hall, Rosemary C. R. Taylor, Political Science and the Three New Institutionalisms, Political Studies, Vol. 44, No. 5, 1996.

[29] Philip Selznick, Institutionalism " Old " and " New ", Administrative Science Quarterly, Vol. 41, No. 2, 1996.

[30] Philip A. Hamburger, Natural Rights, Natural Law, and American Constitutions,, Yale L aw Journal, Vol. 102, 1993.

[31] Ronald C. Kahn, Presidential Power and the Appointments Process: Structuralism, Legal Scholarship, and the New Historical Institutionalism, 47 Case W. Res. L. Rev. 1419, 1997.

[32] Shepsle K A, Rational choice institutionalism, The Oxford handbook of political institutions, 2006.

[33] Thomas A. Koelble, Review: The New Institutionalism in Political Science and Sociology, Comparative Politics, Vol. 27, No. 2, 1995.

[34] Vivien A. Schmidt, From Historical Institutionalism to Discursive Institutionalism: Explaining Chance in Comparative Political Economy, American Political Science Association Meeting(February, 2008), 25.

[35] Vivien Lownpes, Varieties of New Institutionalism: a Critical Appraisal, Public Administration, Vol. 74, Summer 1996.

[36] Keith A. Findley, Learning from Our Mistakes: A Criminal Justice Commission to Study Wrongful Convictions。 38 Ca1 W L Rev333, 2002.

[37] Noam Chomsky, Paul Lauter, and Florence Howe, Reflections on a Political Trial, The New York Review of Books, August 22, 1968.

致 谢

江南的小镇宛如一幅山水画。初冬时节，皖南的城市，画隐山水，绿景含春，银杏叶黄，悠静飘然。山涧溪痕浅窄，沙粒如豆。校园没有青石板那样仿古或忆旧。现代气息氤氲满园。孤灯随形，流年虚空。终以堆砌文字，聊为自慰！

感谢国家社科基金办公室和安徽省社科规划办公室将本研究主题列为国家社科基金后期资助项目。既为资助，又是鼓励！感谢国家社科基金项目匿名评审委员对本课题研究的鼓励和批评！匿名评审委员的意见，已经成为本课题研究的指导意见，成为本研究成果的一部分。

感谢在学术生涯中，对我教育、鼓励、指导、批评的学界前辈和学者们！我永远敬仰您他们，更崇敬他们的人品、学识、智慧、魅力！我本愚钝，深感辜负他们的期望，唯低首惭愧！

感谢西北政法大学法学院、西南政法大学法学院、南京大学政府学院和安徽师范大学法学院的朋友们对我的支持、鞭策和帮助！千江有水千江月，万里无云万里天！友谊如江水绵长，与明月同升！

感谢我的妻子纪长兰女士！她不仅无怨无悔地承担着教育孩子、操持家务的辛苦劳动，还始终给予我鼓励！我谨将本书稿赠与她！

话语有界，真情无限！唯有感谢……

朱德宏

于安徽，芜湖，赭山

2022 年 11 月